Spanish Business Dictionary

Spanish Business Dictionary

Multicultural Business Spanish

Third Revised Edition

Morry Sofer

Schreiber Publishing
Rockville, Maryland

Spanish Business Dictionary
Third Revised Edition

Schreiber Publishing
Post Office Box 4193
Rockville, MD 20849 USA

Second Printing, 2002
Third printing, Revised 2005
Fourth printing, Revised July 2013

Library of Congress Cataloging-in-Publication Data

Sofer, Morry.
  Spanish business dictionary : multicultural business Spanish / Morry Sofer. -- 3rd rev. ed.
      p. cm.
  ISBN 978-088400-339-7 (pbk.)
  1. Business--Dictionaries. 2. English language--Dictionaries--Spanish.
3. Busines--Dictionaries--Spanish. 4. Spanish language--Dictionaries--English. I. Title: Multicultural business Spanish. II. Title.
  HF1002 .S58 2005
  650'. 03--dc22

                                                                    2012949996

Printed in the United States of America

Contents

Publisher's Note

The original edition of this multicultural Spanish business dictionary was inspired by an innovative book we published titled *Multicultural Spanish Dictionary*. It showed how everyday Spanish words vary from country to country. That book must have answered a long-felt need, since it was necessary to do a second printing in its first year. What we learned from the research done for that innovative project in 23 Spanish-speaking countries, was that inasmuch as Spanish is one language spoken in many countries, there are many basic words that differ from country to country. In some cases (such as the word "grocery"), there are as many as twelve variations in as many countries.

At the same time, we learned that technical words in Spanish also vary more than most people realize. This includes business terminology that, albeit fairly uniform, still shows many variations from Argentina to Mexico and from Venezuela to Spain. It also includes the use of words that describe emerging technologies and the impact they are having on how business is conducted around the world. The result is the present dictionary, the product of linguists representing the major trading countries of the Spanish-speaking world. Like its predecessor, it is a reference tool that breaks new ground. To the best of our knowledge, never before has it been attempted to compile business terminology that varies throughout the Spanish-speaking world. In today's increasingly global and technological economy, such a tool is intended to serve the needs of local, regional, and international business, particularly in the Americas and in Spain.

The Third Revised Edition features hundreds of new computer and Internet terms used regularly in business, making this dictionary a truly twenty-first century business tool.

Editorial Board

General Editor: Morry Sofer

Contributors

Dr. Saúl Cano, Mexico
Patricia Cejas, Argentina
Maria Boszko, Venezuela
Kevin Hagen, Chile

How to use the dictionary

This dictionary covers a wide variety of business terminology. The first part of the dictionary provides English source words that are set apart from the definitions on a separate line and are bolded. The next line begins with the most common Spanish equivalent/s of the English source term. Those are followed by country-specific terms, preceded by a country designator in parentheses.

For example:

> **acceleration clause**
> cláusula de aceleración
> (Ar) cláusula de caducidad de los plazos
> (Es) cláusula de opción al pago anticipado
> (Mex) cláusula de vencimiento anticipado

Thus, the English term **acceleration clause** is commonly rendered as "cláusula de aceleración"

In Argentina (Ar) it is called "cláusula de caducidad de los plazos"

In Spain (Es) "cláusula de opción al pago anticipado"

In Mexico (Mex) "cláusula de vencimiento anticipado"

Another example:

> **job cost sheet**
> (Ch) hoja del costo del trabajo o faena
> (Ven) hoja de costos de trabajo

Here the first definition is from Chile, and the second from Venezuela.

For certain business terms in English, particularly those that are a product of the American business lingo, we were not able to find a Spanish equivalent. Instead, we provided a Spanish definition. For example:

churning
> operaciones con un valor para dar impresión
> de actividad en el mercado

In other instances, there is a Spanish equivalent to the English term, at least in one of the countries covered. But to ensure a clear understanding of the source term, a definition was added in parentheses at the end of the entry. For example:

padding
> (Ch) relleno
> (Mex) relleno, acolchado
> (Ven) falsificación, relleno ficticio de
> documentos contables
> (agregando un monto aditional, como en
> un presupuesto o cotización, para cubrir
> cualquier imprevisto)

A disclaimer: none of the terms or definitions are cast in stone. Due to the rapid rate of globalization in today's world, particularly in the areas of trade and finance, language has become extremely fluid. A Mexican company may operate in Argentina, or a Chilean expert may work in Venezuela, and terms may become mixed. Language is not mathematics. Use this dictionary with caution (as all dictionaries ought to be used), not as the final word on any particular term.

English into Spanish

A

a priori statement
declaración a priori

abandonment
abandono
(Es) eliminación de un activo
fijo en uso

abandonment clause
cláusula de abandono

abatement
rebaja, descuento, reducción,
anulación
(Ar) (Es) bonificación

ABC method
método guía
(Ven) método de ventas ABC

ability to pay
capacidad de pago, disposición
de pago

abort
anular, cancelar

above the line
sobre la línea
(Mex) partidas ordinarias
(ingresos y gastos)
(Ven) por encima de la línea

abrogate
abrogar, anular, cancelar,
suprimir
(Ar) rescindir
(Es) revocar, abolir, casar
(Mex) derogar

absence rate, absenteeism
tasa de ausencia,
ausentismo
(Es) absentismo
(Ven) índice de ausencia

absentee owner
propietario ausente

absolute advantage
ventaja absoluta

absolute liability
responsabilidad absoluta
(Ar) responsabilidad objetiva

(Es) responsabilidad
incondicional

absolute sale
venta absoluta
(Ven) venta incondicional

absorbed
absorbido

absorption costing
costo por absorción, cálculo de
absorción
(Es) imputación de costes fijos y
variables entre la producción,
absorción de costes

absorption rate
tasa de absorción
(Ven) índice de absorción

abstention
abstención

abstract of record
sinopsis de los autos
(Ar) resumen de un expediente
judicial
(Ven) resumen breve del
expediente

abstract of title
resumen de título
(Ar) informe de los antecedentes
de título
(Es) resumen de antecedentes de
un título en propiedad, extracto de
un título

abusive tax shelter
abrigo contributivo abusivo

**accelerated cost recovery system
(ACRS)**
sistema acelerado de
recuperación de costos
(SARC)

accelerated depreciation
depreciación acelerada
(Ar) amortización acelerada

acceleration
aceleración

acceleration clause
  cláusula de aceleración
  (Ar) cláusula de caducidad de los
  plazos
  (Es) cláusula para vencimiento
  anticipado de una deuda, cláusula
  de opción al pago anticipado
  (Mex) cláusula de vencimiento
  anticipado
accelerator
  acelerador
accelerator principle
  principio del acelerador
acceptance
  aceptación
  (Es) letra aceptada
acceptance sampling
  muestra de aceptación
  (Ven) muestreo de aceptación
access
  acceso
  v. tener acceso
access right
  derecho de acceso
access time
  tiempo de acceso
accession
  acceso, admisión, toma de
  posesión, adhesión, aceptación,
  acuerdo, incremento, aumento
  (Es) consentimiento
**accommodation endorser, maker
or party**
  endosante de favor, firmante
  de acomodación, parte por
  acomodación
accommodation paper
  documento de favor
  (Ar) documento a favor
  (Es) efectos de favor
  (Ven) pagaré de favor, documento
  de garantía
accord and satisfaction
  acuerdo, aceptación como
  finiquito
  (Ven) acuerdo y conciliación
account
  cuenta

  v. dar cuenta y razón
account executive
  administrador de cuenta
  (Ch) ejecutivo de cuenta
account number
  número contable
  (Es) (Mex) número de cuenta
account statement
  cuenta contable
  (Ar) (Ch) (Ven) estado de cuenta
accountability
  responsabilidad, deber, obligación
  (Es) (Ven) exigibilidad,
  obligación de dar cuenta
accountancy
  contabilidad
  (Mex) técnica contable, técnica de
  contabilidad
accountant
  contador
  (Es) contable, tenedor de libros
accountant's opinion
  opinión del contador
  (Ar) dictamen o informe del
  auditor
accounting change
  cambio contable
accounting cycle
  ciclo contable
accounting equation
  ecuación contable
accounting error
  error contable
accounting method
  método contable
accounting period
  período contable
  (Ch) ejercicio
  (Es) período de liquidación
**accounting principles, accounting
standards**
  principios contables, principios de
  contabilidad, normas contables
accounting procedure
  procedimiento contable
accounting rate of return
  tasa de rendimiento contable
  (Mex) tasa de retorno

accounting records
registros contables
(Ar) libros contables
accounting software
software de contabilidad
(Mex) programa de contabilidad
accounting system
sistema contable
accounts payable
cuentas por pagar, cuentas
de proveedores
(Ch) auxiliar de proveedores
(Es) acreedores diversos
(Mex) deudas a corto plazo
accounts payable ledger
libro mayor de cuentas por pagar,
registro de cuentas por pagar
accounts receivable
cuentas por cobrar, cuentas de
clientes
(Es) contabilidad de deudores,
cuentas a cobrar, deudores
diversos
(Mex) créditos a corto plazo
accounts receivable financing
financiamiento de cuentas por
cobrar
accounts receivable ledger
libro mayor de cuentas por cobrar
(Ch) auxiliar de clientes
accounts receivable turnover
ventas a crédito al promedio de
cuentas por cobrar
accredited investor
inversionista acreditado
(Ar) inversionista autorizado
accretion
crecimiento, aumento, incremento
(Ar) acrecentamiento
(Ch) (Es) plusvalía
accrual method
método de acumulación
(Ar) método contable basado en
el criterio de lo devengado
(Ven) método de acumulación de
lo devengado
accrue
acumular, devengar

(Mex) vencer
accrued interest
intereses devengados o acumulados
(Es) intereses vencidos, cupón
corrido
accrued liabilities
pasivos acumulados
(Ar) (Es) pasivo transitorio
(Ch) provisiones
(Mex) interés vencido
accrued taxes
impuestos devengados o
acumulados
(Ar) impuestos vencidos
(Es) impuestos por pagar
accumulated depletion
agotamiento acumulado
accumulated depreciation
amortización acumulada, fondo
de amortización
(Ar) amortización
(Ch) (Es) depreciación acumulada
accumulated dividend
dividendo acumulado
(Ar) dividendos impagos
**accumulated earnings tax or
accumulated profits**
ganancias acumuladas
(Ar) impuestos sobre las
utilidades acumuladas
(Mex) impuestos acumulados
sobre las ganancias o rentabilidad
acumulada
acid test ratio
coeficiente de liquidez a corto
plazo, relación de tesorería
(Ar) prueba ácida
(Es) prueba del ácido, relación entre
activo disponible y pasivo corriente,
coeficiente de liquidez
acknowledgment
constancia, reconocimiento,
recibo, acuse de recibo
acquisition
adquisición, compra, transacción
acquisition cost
costo de la compra, costo de la
transacción

(Ch) (Mex) (Ven) costo de
adquisición
(Es) gastos de adquisición
acre
acre
(Mex) 40 áreas
acreage
acres
(Ar) superficie en acres, superficie
cultivada
(Mex) extensión
across the board
general
act of bankruptcy
acto de quiebra
(Ar) hecho revelador del estado
de cesación de pagos
(Ven) manifestación de
insolvencia
act of God
caso de fuerza mayor,
caso fortuito
active cell
celda activa
active income
ingreso activo
(Ar) ingreso corriente
active market
mercado activo
(Ar) mercado corriente
activate
activar
activate a file
activar un archivo
activate a macro
activar una macro
actual cash value
valor real en efectivo, precio real
de venta
(Es) valor efectivo de mercado
(Ven) valor monetario real
actual cost
costo real
(Es) coste efectivo
actual damages
daños reales
(Es) daños efectivos
actuarial science

ciencia actuarial
actuary
actuario
(Es) notario, oficial de sala
ad infinitum
sin fin, indefinidamente
ad item
según ítem
ad valorem
según el valor, función del
valor
(Ar) según valor
(Es) ad valorem, con arreglo al
valor
add
agregar
addendum
añadidura, suplemento, adición
(Ar) (Mex) adenda
(Ch) (Ven) anexo
**additional first-year depreciation
(tax)**
amortización adicional del primer
año (impuesto)
(Ch) depreciación adicional del
primer año (tributario)
additional mark-on
(Ar) recargo
(Ch) margen de beneficio
agregado al precio
(Es) margen complementario
adicional
additional paid-in capital
prima de emisión
(Ar) aportes de los accionistas
por encima del valor nominal de
la acción
(Ch) sobreprecio en venta
de acciones propias
add-on interest
interés complementario
adequacy of coverage
suficiencia de cobertura,
suficiencia de campo de
aplicación, conformidad de
cobertura
adhesion contract
contrato de adhesión

adhesion insurance contract
contrato de seguro de adhesión
adjective law
derecho adjetivo, ley adjetiva,
derecho procesal
adjoining
lindante, adyacente
(Mex) colindante
adjudication
adjudicación, asignación
(Mex) concesión
(Ven) otorgamiento de la Buena
Pro (in bid tenders)
adjustable life insurance
seguro de vida ajustable
adjustable margin
margen ajustable
adjustable mortgage loan (AML)
préstamo hipotecario ajustable
adjustable-rate mortgage (ARM)
tasa hipotecaria ajustable
(Es) hipoteca con tipo de interés
ajustable
adjusted basis or adjusted tax basis
base ajustada o base de impuesto
ajustada
(Ch) valor base tributario ajustado
adjusted gross income
ingreso bruto ajustado
adjuster
ajustador, componedor,
arreglador, tasador
(Es) asesor
(Ven) perito
adjusting entry
asiento de ajuste o rectificativo
administer
administrar, tramitar
administered price
precio administrado
(Ar) (Es) (Mex) (Ven) precio
controlado
administrative expense
gastos administrativos
(Es) gastos (generales) de
administración
administrative law
derecho administrativo

administrative management society
sociedad de gestión
administrativa, sociedad de
gerencia administrativa
administrative services only (ASO)
servicios administrativos
solamente (SAM)
administrator
administrador, operador
administrator's deed
acción del administrador
(Ar) escritura del administrador
advance
adelanto
(Ch) (Mex) (Es) anticipo
v. adelantar, pagar por
adelantado, pagar por anticipado
advanced funded pension plan
plan de jubilación financiado por
adelantado
adversary
adversario, contrario
adverse opinion
opinión adversa, opinión
contraria
(Ven) dictamen desfavorable
adverse possession
posesión adversa, posesión
contraria
(Ar) prescripción adquisitiva
advertising
publicidad
advertising appropriation
incautación de publicidad
(Ven) partida para publicidad
affective behavior
conducta afectiva
affidavit
declaración jurada, testimonio,
afidávit, atestiguación
(Es) certificación, acta notarial
(Mex) acta
affiliate
afiliado
affiliated chain
cadena afiliada
affiliated company
compañía asociada, empresa

afiliada
(Ch) filial
(Es) compañía afiliada, sociedad
filial
affiliated retailer
menudista asociado, detallista
afiliado
(Ar) minorista subsidiario
affirmative action
política que hace obligatoria la
contratación y promoción de
mujeres y de minorías de acuerdo
al promedio que ocupan dentro de
la población
affirmative relief
reparación positiva
after market
mercado secundario
Ar) mercado de reposición
after-acquired clause
cláusula de adquisición
subsecuente
after-acquired property
propiedad de adquisición
subsecuente
(propiedad adquirida por
el deudor después del
perfeccionamiento de un derecho
de garantía que lo afecte)
after-tax basis
base posterior a impuestos
(Ch) (Ven) base después de
impuestos
after-tax cash flow
flujo de caja posterior a impuestos
(Ven) flujo de caja después de
impuestos
after-tax real rate of return
tasa de rendimiento real posterior
a impuestos
(Mex) tasa de rendimiento real
después de impuestos
against the box
venta al descubierto
(Ar) vender corto contra la caja
age discrimination
discriminación de edad
agency

agencia, oficina, órgano, sucursal
(Es) organismo oficial organismo
público, dirección general (en
ministerios)
agency by necessity
agencia por menester
agent
agente, apoderado, gestor,
representante
(Es) mandatario, corresponsal
agglomeration
aglomeración, acumulación
agglomeration diseconomies
acumulación de deseconomías
aggregate demand
demanda global
aggregate income
ingreso global
(Ar) renta global
**aggregate indemnity (aggregate
limit)**
indemnidad total (límite global)
(Ar) compensación, indemnización o reparación global
aggregate supply
provisiones totales, suministro
total
(Ch) oferta total
**aging of accounts receivable or
aging schedule**
clasificación por antigüedad
(Ar) antigüedad de las cuentas o
estado de cuentas por cobrar
(Ch) informe de antigüedad de
clientes
(Mex) análisis de antigüedad (de
las cuentas)
(Ven) plan basado en la antigüedad
agreement
acuerdo, contrato, convenio
(Es) consenso
agreement of sale
contrato de compraventa,
convenio de venta
(Ar) acuerdo de venta
(Ch) compraventa
agribusiness
agroindustrias, agricultura

industrial, industria
agroalimentaria

air rights
derechos aéreos
(derecho al espacio aéreo existente sobre un terreno, que puede
venderse separadamente de éste)

airbill
guía aérea
(Ven) conocimiento de embarque
aéreo

airfreight
flete aéreo
(Es) carga por avión, aerocarga

aleatory contract
contrato aleatorio, contrato
fortuito

alien corporation
corporación extranjera
(Ar) sociedad constituida en otra
jurisdicción

alienation
alienación, transmisión

alimony
pensión alimenticia
(Ar) prestaciones alimentarias

all risk/all peril
todo riesgo/todo peligro

allegation
alegación, alegato
(Ar) pretensión

allocate
asignar, atribuir, imputar
(Mex) repartir
(Ven) distribuir, destinar, aplicar

allocated benefits
beneficios asignados, asignación
de beneficios

allocation of resources
asignación/distribución de
recursos

allodial
alodial

allodial system
sistema alodial

allowance
asignación, prestación,
indemnización, pensión

allowance for depreciation
deducción por depreciación,
amortización acumulada
(Ch) depreciación acumulada
(Ven) reserva/provisión para
depreciación

allowed time
tiempo concedido, tiempo
permitido
(Ven) permiso laboral retribuido
para resolver asuntos propios

alternate coding key (Alt key)
tecla Alt

alternative hypothesis
hipótesis alterna, suposición
alterna
(Ar) hipótesis sustitutiva

alternative minimum tax
impuesto mínimo alternativo

**alternative mortgage instrument
(AMI)**
instrumento hipotecario
alternativo (IHA)

amass
acumular, amontonar

amend
enmendar, reformar, modificar
(Ch) rectificar
(Ven) corregir

amended tax return
declaración de impuestos
modificada
(Ar) modificación de la
declaración de rentas o ingresos
(Ch) rectificatorio

amendment
enmienda, reforma, modificación
(Es) rectificación

amenities
amenidades, entretenimiento
(Ar) (Mex) comodidades

American Stock Exchange (AMEX)
bolsa de valores estadounidense

amortization
amortización

amortization schedule
programa de amortización
(Ar) plan de pagos

(Es) plan de amortización
analysis
  análisis, examen, estudio
  (Ven) desglose
analysis of variance (ANOVA)
  estudio de cambio, análisis de
  cambio
  (Ar) análisis de las variaciones
  (Ch) análisis de desviaciones
analyst
  analista, investigador
analytic process
  proceso analítico
analytical review
  revisión analítica, estudio
  analítico
anchor tenant
  arrendatario principal
  (Ar) inquilino de anclaje
animate
  animar
annexation
  anexión, unión
  (Ven) incorporación
annual basis
  anualmente, anual
annual debt service
  servicio de la deuda anual
  (Ch) (Ven) servicio anual a la
  deuda
annual earnings
  ganancias anuales
  (Ch) utilidades anuales
annual meeting
  reunión anual, asamblea anual
  (Ch) junta anual
annual mortgage constant
  constante hipotecario anual
annual percentage rate (APR)
  tasa porcentual anual (TPA)
  (Ar) tasa de interés anual
  (Ch) porcentaje anual
  (Es) tipo porcentual anual sobre
  descubiertos
annual renewable term insurance
  seguro de término renovable
  anualmente
annual report

informe anual
  (Ar) (Ch) (Es) memoria anual
annual wage
  salario anual
annualized rate
  tasa anualizada
annuitant
  rentista, pensionado
  (Ar) beneficiario de una renta
  vitalicia
  (Es) beneficiario de una
  anualidad
annuity
  anualidad
  (Es) pago periódico
annuity due
  anualidad vencida
  (Es) anualidad de pago inicial
  inmediato
  (renta vitalicia en la que los pagos
  se realizan al comienzo de cada
  período)
annuity factor
  factor de anualidad
annuity in advance
  anualidad anticipada
annuity in arrears
  anualidad en atrasos
answer
  respuesta, réplica, afirmación
  (Es) contestación
  v. contestar, responder, replicar
anticipated holding period
  período de decisión anticipado
anticipatory breach
  violación anticipada
  (Ar) extinción de las obligaciones
  contractuales o violación/
  incumplimiento de las cláusulas
  del contrato
  (Ven) incumplimiento anticipado
antitrust acts
  acto antimonopólico
antitrust laws
  leyes antimonopólicas
  (Ar) derecho antimonopólico
  (Es) (Ven) leyes antimonopolios
app

aplicación
apparent authority
poder aparente
(Ar) mandato implícito
appeal bond
fianza de apelación
appellate court (appeals court)
tribunal de apelaciones
applet
applet
application of funds
solicitud de fondos, subscripción
de fondos, registro de fondos
(Ar) (Ven) asignación de fondos
(Es) empleo/ aplicación de los
fondos
application program
programa de aplicación
application software
software de aplicación
application window
ventana de aplicación
applied economics
economía aplicada
applied overhead
gastos generales aplicados
(Ar) gastos fijos, costos comunes
aplicados
applied research
investigación aplicada
apportionment
repartición, distribución,
imputación
(Ar) (Es) prorrateo, derrama
appraisal
evaluación, valuación
(Ar) (Ch) tasación
(Es) valoración
appraisal rights
derechos de valuación
(Ar) derechos del accionista
(Ch) derechos de tasación
appraise
evaluar, valuar
(Ar) (Ch) (Es) tasar
appraiser
evaluador
(Ar) (Ch) (Es) tasador

appreciate
apreciar, aumentar el valor,
revalorizar, revaluar
appreciation
incremento, aumento, crecimiento
(Ar) valoración, valuación
(Es) apreciación, revalorización
(Mex) plusvalía
appropriate
apropiar, asignar, dotar
(Ar) apropiarse de una cosa
appropriated expenditure
gasto asignado
appropriation
apropiación, asignación, dotación
(Ar) asignación de fondos
(Es) aplicación, aplicación
de utilidades, distribución de
beneficios, estimación
approved list
lista aprobada, listado aprobado
appurtenant
accesorio, anexo
(Ar) adjunto, perteneciente
appurtenant structures
estructuras accesorias
arbiter
árbitro, arbitrador
arbitrage
arbitraje
arbitrage bond
fianza de una parte en arbitración
(Mex) fianza de una parte en
arbitraje
arbitration
arbitraje, arbitración, juicio arbitral
(Es) laudo, componenda, tercería
arbitrator
árbitro, arbitrador
(Es) amigable componedor
archive storage
almacenamiento de archivos,
depósito de archivos
arm's length transaction
transacción imparcial
(Ar) transacción entre iguales
array
arreglo, alineación, distribución,

ordenación

arrearage
atraso, saldo de cuentas
(Ch) morosidad

arrears
atraso, atrasos
(Ar) mora, deuda impaga
(Ch) en mora

articles of incorporation
documento/escritura de
incorporación, artículos de
incorporación
(Es) estatutos de constitución
(Ven) acta constitutiva

artificial intelligence (AI)
inteligencia artificial

as is
en las condiciones actuales,
como está
(Es) tal cual, según es(tá),
en el estado en que se encuentra

asked
solicitado, demandado

asking price
precio demandado, precio
solicitado
(Es) cambio de venta, precio de
oferta precio de venta

assemblage
reunión

assembly line
cadena o línea de montaje
(Ar) planta de montaje
(Es) línea de fabricación en cadena

assembly plant
planta de montaje

assess
evaluar, valorar, estimar
(Ar) tasar
(Mex) gravar

assessed valuation
valuación evaluada

assessment
valoración, evaluación, tasación
(Es) valor catastral,
peritación, dividendo pasivo,
contribuciones
(Mex) estimación

assessment of deficiency
valoración de deficiencia

assessment ratio
razón de valoración
(Ven) índice de valorización

assessment role
papel de valoración

assessor
asesor, persona que se encarga de
una evaluación
(Ar) tasador
(Ven) perito evaluador

asset
bienes, activo
(Ar) fondos, capital

asset depreciation range (ADR)
alcance de depreciación de bienes

assign
asignar, ceder

assignee
cesionario
(Ar) (Es) apoderado

assignment
asignación, cesión
(Es) traspaso, transferencia

assignment of income
transferencia de ingresos

assignment of lease
transferencia de arrendamiento
(Ar) cesión de locación

assignor
comisionista, cedente, asignante
(Es) comitente, ordenante,
cesionista

assimilation
asimilación, incorporación

association
asociación, sociedad

assumption of mortgage
apropiación hipotecaria
(Ven) asunción de una obligación
hipotecaria

asterisk
asterisco

asynchronous
asíncrono

@ (at)
arroba

at par
a la par, tipo de la par
at risk
bajo riesgo, en riesgo
at the close
al terminar, al concluir
(Ar) (Ch) al cierre
at the opening
a la apertura, al principio
attachment
archivo adjunto, embargo,
incautación
(Es) (de) comiso, secuestro, juicio
ejecutivo, entrada en vigor (del
seguro)
attained age
llegar a o alcanzar cierta edad
attention
atención, cuidado
attention line
línea de atención
(Mex) salutación, apertura (de la
carta)
attest
atestiguar, asegurar, certificar
(Es) atestar, deponer, dar fe
attorney-at-law
abogado, consejero, procurador,
apoderado
(Es) letrado
(Mex) licenciado en derecho
attorney-in-fact
apoderado, representante,
procurador
(Es) mandatario de hecho
attribute sampling
muestreo de característica
attrition
usura, degradación, reducción natural
del personal, retiro de personal por
causa de edad avanzada
auction or auction sale
subasta o venta de liquidación,
remate
(Es) v. subastar, rematar, sacar a
subasta
audience
audiencia, público, el derecho a

ser escuchado ante un tribunal
audit
auditoría, verificación,
comprobación
(Es) examen de cuentas, revisión
de cuentas, glosa, censura de
cuentas
v. auditar, verificar, comprobar
(Es) revisar las cuentas
audit program
programa de auditoría
audit trail
rastro de auditoría
(Es) referencia de auditoría
auditing standards
normas de auditoría
auditor
auditor, revisor, verificador,
inspector de cuentas
(Es) censor jurado de cuentas
auditor's certificate
certificado de auditor
**auditor's certificate, opinion, or
report**
certificado, dictamen o informe
de auditor
(Es) informe de los censores
jurados de cuentas
(Ven) pista de auditoría
authentication
autenti(fi)cación, refrendo
certificación
(Es) legalización
**authorized shares or authorized
stock**
acciones autorizadas
(Ar) capital autorizado
automatic checkoff
eliminación automática
automatic (fiscal) stabilizers
estabilizador automático (fiscal)
automatic merchandising
comercialización automática,
mercadotecnia
automatic reinvestment
reinversión automática
automatic withdrawal
retiro automático

auxiliary file
    archivo auxiliar
average
    promedio, medio, prorrateo
    (Es) avería
    v. establecer un promedio,
    alcanzar un promedio, promediar
average cost
    costo promedio
average (daily) balance
    saldo promedio (diario)
average down

    establecer promedio hacia abajo
average fixed cost
    costo fijo promedio
average tax rate
    porcentaje de impuesto medio
    (Ar) tasa impositiva media
    (Ch) tasa promedio de impuestos
avoirdupois
    sistema de pesas en países de
    habla inglesa
avulsion
    avulsión

B

baby bond
  bono de valor nominal inferior a
  1.000 dólares
  (Ar) título por valor inferior a
  1.000 dólares
baby boomers
  personas nacidas entre 1946 y
  1964
back haul
  viaje de retorno, manejo excesivo
  e innecesario de carga
back office
  "back office" (bolsa)
  (Mex) oficina de operaciones
  (departamento de un banco o
  sociedad de bolsa que no está
  directamente relacionado con sus
  clientes)
back up
  copia de seguridad
backdate
  antedatar, dar efecto
  retroactivo
  (Es) antefechar
  (Ven) poner en vigor con efecto
  retroactivo
background investigation
  investigación de antecedentes
background check
  verificación de antecedentes
backlog
  rezago de pedidos, atrasos
  (Ar) (Ven) volumen de trabajo
  atrasado
  (Mex) pendientes
  (Es) pedidos sin cumplimentar
backpay
  pago de sueldos atrasados,
  sueldo(s) atrasado(s), atrasos
  (Ar) pago con efecto retroactivo
  (Mex) salarios caídos
backslash
  barra invertida

backspace key
  tecla de retroceso
backup file
  archivo de seguridad
backup withholding
  retención de reserva
  (Ven) retención de atrasos
backward-bending supply curve
  curva atípica
backward vertical integration
  integración vertical inversa
bad debt
  deuda o crédito incobrable
  (Es) créditos dudosos, deudores
  morosos, fallidos
bad debt recovery
  recuperación de deuda o crédito
  incobrable
bad debt reserve
  reservas para deudas o créditos
  incobrables
bad title
  título imperfecto
  (Ven) título de propiedad
  defectuoso o imperfecto
bail bond
  fianza, caución
bailee
  depositario, comodatario, locatario
  (Mex) depositario de bienes en
  custodia
bailment
  depósito, locación, comodato
  (Es) objeto depositado
  (Ven) cesión, entrega en depósito
bailout
  rescate
bait and switch advertising
  (Ven) publicidad de venta con
  señuelo engañoso
  (método de comercialización
  mediante el cual se ofrecen
  bienes baratos con el propósito de

captar la atención del cliente y así
venderle otros, más caros)

bait and switch pricing
fijación de precios para atraer
clientela con una mercancía y
ofrecer otra

balance
balance, saldo, equilibrio
v. saldar, dar finiquito, nivelar
un presupuesto
(Mex) remanente

balance of payments
balanza de pagos

balance of trade
balanza comercial o de comercio
o de intercambio

balance sheet
balance, balance de situación,
balance general, hoja de balance

balance sheet reserve
reserva del balance, reserva de
balance de situación
(Ar) reserva de estado
(Ven) reserva de balance general

balanced mutual fund
sociedad de inversiones
estable, fondo mutuo equilibrado
(Ven) fondo de inversión formado
por valores de bajo riesgo y alto
rendimiento)

balloon payment
pago balloon, pago cuyo último
plazo de amortización es mayor
que los demás
(Ar) pago sustancialmente
superior a las cuotas anteriores
(Es) último pago de un préstamo,
arrendamiento financiero o
adquisición con pagos aplazados
(Ven) pago globo

ballot
boleta
v. votar
(Ar) papeleta, votación

bandwidth
ancho de banda

bank
banco, casa de banca

v. depositar en el banco, tratar
con banco
(Es) hacer operaciones bancarias
(Ven) realizar negocios bancarios

bank holding company
compañía tenedora o matriz
bancaria, sociedad de control
bancaria

bank line
línea bancaria

bank trust department
departamento fiduciario o de
fideicomiso bancario

banker's acceptance
aceptación bancaria o de
banco
(Ven) letra bancaria
(Ven) línea de crédito bancario

bankruptcy
bancarrota, quiebra, insolvencia

bar
impedimento, obstáculo
v. impedir, prohibir

bar code
código de barras

bar code label
etiqueta del código de barras

bargain and sale
compraventa

bargain hunter
cazador de gangas
(Mex) especulador
(Ven) buscador de ofertas (gangas)

bargaining agent
agente de negociación, agente de
gestión

bargaining unit
unidad de negociación, unidad de
gestión
(Ar) sindicato que representa a los
trabajadores en una negociación

barometer
barómetro
(Ven) indicador, índice

barter
trueque, intercambio
v. intercambiar, permutar, realizar
un trueque

base period
período base, plazo base
base rate pay
salario básico
(Ar) sueldo base
(Mex) salario base
base rent
alquiler base, arrendamiento base
base year analysis
análisis de año base
basic input-output system
sistema básico de entrada/salida
(BIOS)
basic module
modulo básico
basic limits of liability
límites básicos o fundamentales
de responsabilidad
basic operating system
sistema operativo básico
basis
base, criterio
(Es) diferencia entre el precio de
un instrumento en efectivo y un
contrato a plazo
(Mex) (Ven) fundamento
basis point
punto base (100th of 1%)
(Es) centésimo de
entero, punto base, punto
básico, centésimo
batch application
aplicación por lotes
batch file
archivo por lotes
batch processing
elaboración por lotes o por
series
(Ar) proceso discontinuo
(Es) (Mex) procesamiento por
lotes
battery
batería, pila, serie, grupo, juego,
agresión
baud
baudio
baud rate
velocidad en baudios

bear
bajista, especulador de la
baja (bolsa)
(Ven) inversor bursátil con
expectativas bajistas
bear hug
oferta favorable
bear market
mercado bajista
bear raid
(Mex) acción por parte de los
bajistas
(Ven) manipulación a la baja
(bolsa)
(intento por parte de los inversores
de bajar el precio de las acciones
de una determinada sociedad por
medio de la venta corta de gran
cantidad de acciones)
bearer bond
título o bono al portador
(Es) obligación al
portador
before-tax cash flow
flujo dc cfectivo antcs dc
impuestos
bellwether
indicador de tendencia
below par
bajo la par, por debajo de la
par (Ven) por debajo del valor
nominal
benchmark
punto de referencia, señal,
indicación
(Ch) comparación competitiva
(Mex) cotización
beneficial interest
derecho de usufructo, derecho
beneficioso
(Ar) beneficio contractual
(Mex) producto de usufructo
beneficial owner
propietario beneficioso,
usufructuario
(Es) propietario beneficiario
beneficiary
beneficiario, derecho habiente

benefit
   beneficio, prestación
benefit principle
   principio de beneficios
benefit-based pension plan
   plan de jubilación basado en
   beneficios
   (Mex) plan de jubilación por
   prestaciones
benefits, fringe
   beneficios marginales
   (Es) beneficios complementarios
   (Mex) prestaciones adicionales
   (Ven) beneficios accesorios
bequeath
   legar, donar, testar
   (Es) mandar
bequest
   donación, legado, manda,
   cesión
best rating
   mejor valor asignado, mejor
   tasación
beta coefficient
   coeficiente beta
betterment
   mejora, mejoramiento
   (Mex) (Ven) mejora
biannual
   semestral
bid and asked
   ofrecido y demandado
   (Ar) precio de compra y venta,
   cotización
   (Es) oferta y demanda
bid bond
   fianza de oferta
   (Ar) (Ven) fianza de licitación
   (Es) fianza de participación en
   puja
bidding up
   oferta
   (Ar) licitación
   (Ch) hacer una mejor propuesta
   (Ven) oferta en puja hacia arriba
biennial
   (Ar) (Mex) (Ven) bienal
   (Ch) bisanual

big board
   bolsa de comercio de Nueva
   York
   (Ar) bolsa garantizada más grande
   (Ch) tabla de acciones más
   cotizadas
   (Mex) NYSE (Bolsa de Valores
   de Nueva York)
big-ticket items
   artículos de mayor valor
   (Ven) artículos de importancia
bilateral contact
   contacto bilateral
bilateral mistake
   error bilateral
bill
   factura, cuenta, pagaré
   v. facturar, girar
bill of exchange
   letra de cambio, efecto cambiario
   (Es) cambial libranza
bill of lading
   conocimiento de embarque
   (Mex) nota de embarque
billing cycle
   ciclo o período de facturación
binder
   recibo de pago preliminar
   (Ar) resguardo provisional
bit error rate
   rango de error de bits
bit map
   mapa de bits
black list
   lista negra
   (Mex) índice desventajoso
   (países y organizaciones con los
   que se prohíbe operar)
black market
   mercado negro
blank cell
   celda en blanco
blanket contract
   contrato múltiple (seguro)
   (Ar) contrato global
blanket insurance
   seguro múltiple
   (Ar) seguro general

blanket mortgage
   hipoteca colectiva
   (Es) hipoteca general
blanket recommendation
   recomendación colectiva
bleed
   arrancar dinero a
   (Ven) explotar, sangrar
blended rate
   tasa combinada
   (Ven) tipo de interés combinado
blended value
   valor combinado
blighted area
   área arruinada
   (Ar) zona afectada
   (Ven) zona de pobreza
blind pool
   fondo ciego
   (Ar) "pool" sin oportunidades
blind trust
   fideicomiso ciego
blister packaging
   embalaje o envase de plástico
   (Ven) embalaje de plástico de
   burbuja
block
   bloque (de acciones)
   v. bloquear, obstruir
block policy
   política de bloquear fondos
block sampling
   (Ar) (Ch) (Mex) muestreo de
   bloque
   (Ven) muestreo en bloque
blockbuster
   mercader de bienes raíces quien
   se dedica a "blockbusting" (ver a
   continuación)
blockbusting
   la práctica de instigar a
   propietarios en un vecindario en
   particular a vender sus casas
   rápidamente, generalmente con
   pérdida, creando la incertidumbre
   que compradores actuales o
   futuros de grupos minoritarios
   traerían una pérdida de valor

blog
   blog
blowout
   vendido rápidamente
   (Ar) venta casi inmediata debido
   a la gran demanda
blue collar
   trabajador manual
   (Ar) obrero, operario
   (Mex) (Ven) obrero manual
blue laws
   ley que prohíbe realizar negocios
   el domingo
   (Ar) ley de descanso
   dominical
blueprint
   heliográfica, plan, proyecto
   (Ar) plan maestro
blue-sky law
   legislación de control de emisión
   y ventas de valores
   (Ar) dentro de los límites del
   estado
   (Mex) leyes que rigen el mercado
   bursátil
board of directors
   junta directiva, consejo de
   administración, directorio
   (Ven) junta directiva, junta de
   directores
board of equalization
   consejo de equidad
   (Ven) junta de revisión de
   avalúos
boardroom
   sala del directorio, sala de
   asamblea
   (Ven) sala de juntas
boilerplate
   cláusulas estándar de un convenio
   o documento legal
   (Ch) formato tipo
   (Ven) cláusulas fijas o esenciales
   de un acuerdo o contrato
bold
   negrita
bona fide
   buena fe

bona fide purchaser
comprador de buena fe
bond
bono, obligación, fianza
(Es) título-valor de renta fija
responsiva
v. dar fianza, prestar fianza
(Es) hipotecar
bond broker
corredor de bonos
bond discount
descuento de bono
(Ven) descuento sobre bonos
bond premium
prima de bono
bond rating
clasificación de bonos
bonded debt
deuda consolidada, deuda en
obligaciones, deuda en
bonos
(Ven) deuda afianzada
bonded goods
mercancías en depósito franco,
sujetas al pago de derechos
arancelarios
book
libro, registro
v. contabilizar, reservar, registrar
book inventory
inventario en libros
(Es) inventario contable
book value
valor contable, valor en libros
book-entry securities
valores sin certificado
bookkeeper
contable, tenedor de libros
bookmark
marcador, bookmark, favorito
boondoggle
proyecto quimérico, despilfarro
boot
inicio o arranque
v. iniciar o arrancar
boot record
registro de inicio o arranque
borrowed reserve

reservas prestadas, reserva ajena,
reserva obtenida en préstamo
borrowing power of securities
capacidad de endeudamiento de
valores
bottom
fondo, parte inferior o baja
v. tocar fondo, alcanzar el punto
más bajo
bottom line
última línea, beneficios, resultado
final, conclusión
Boulewarism
Boulewarismo: estilo de
negociación implantado por
Lemuel Boulware, ex CEO de
General Electric donde la primera
oferta hecha es también la última
boycott
boicot, aislamiento
(Ven) bloqueo económico
v. boicotear, aislar
bracket creep
paso gradual a tasas impositivas
más elevadas
(Mex) entrada en categoría fiscal
más alta por la inflación
brainstorming
aportación masiva de ideas
tormenta de ideas
branch office manager
director de sucursal
(Es) director de (agencia) urbana
(Ar) (Mex) (Ven) gerente de
sucursal
brand
marca
v. marcar
brand association
asociación de marca, asociación
de producto
brand development
desarrollo de marca, desarrollo de
producto
brand development index (BDI)
índice de desarrollo de marca
(IDM)
brand extension

extensión de marca, extensión de
producto
brand image
imagen de marca, imagen de
producto
brand loyalty
lealtad de marca
brand manager
gerente de marca, gerente de
producto
(Es) jefe de producto
brand name
nombre de marca
(Mex) marca registrada, nombre
industrial
brand potential index (BPI)
índice potencial de marca (IPM)
brand share
participación de marca
breach
infracción, violación
v. quebrantar, infringir, violar
breach of contract
incumplimiento de contrato
breach of warranty
violación de garantía
breadwinner
sostén de la familia
(Mex) sueldo, salario, jornal
break
baja de precios, baja en los
cambios, caída rápida
v. romper, violar, dejar de cumplir
(Es) cambio de precio rápido y
sensible
break-even analysis
análisis de punto crítico,
análisis de punto muerto o de
equilibrio
break-even point
punto crítico, punto de equilibrio,
punto muerto
(Ven) umbral de rentabilidad
breakup
ruptura, disolución
v. romper, disolver
(Mex) desmantelar
bridge loan

préstamo temporal, préstamo
puente
(Ar) préstamo de empalme o de
enlace
brightness
brillo
broken lot
lote incompleto
(Ven) lote suelto de acciones
broker
corredor, agente de bolsa, agente
mediador
(Es) intermediario por cuenta
ajena, corredor de comercio,
intermediario financiero
broker loan rate
tasa de préstamo de corredor
brokerage
corretaje, comisión de agente,
intermediación
(Mex) correduría
brokerage allowance
prestación de corretaje
browser
explorador, navegador
browse the Internet
navegar por Internet
bucket shop
bolsa clandestina
(Ar) oficina ilegal de corretaje
(Ven) oficina de reventa, agencia
paralela
budget
presupuesto, plan, proyecto
(Es) estimación
v. presupuestar, estimar
budget mortgage
hipoteca presupuestaria
buffer stock
inventario de regulación
(Mex) inventario de seguridad
(Ven) reserva de estabilización,
existencias de seguridad
building code
código de construcción
building line
línea de construcción
building loan agreement

convenio de préstamo a la
construcción
building permit
permiso de construcción
built-in stabilizer
estabilizador integrado
(Ar) estabilizador interno o
automático
bull
alcista, especulador a la alza,
mercado alcista
v. comprar al descubierto,
especular al alza
bull market
mercado alcista
(Es) mercado al alza
bulletin
boletín, folleto, comunicado
bulletin board system (BBS)
sistema de pizarra de anuncios
(Ar) sistema de tablero de anuncios
bunching
agrupamiento
(Ar) aglomeración, acumulación
bundle-of-rights theory
teoría de conjunto de derechos
burden of proof
peso o carga o cargo de la prueba,
obligación de probar
bureau
despacho, oficina, división
administrativa
bureaucrat
burócrata
burnout
agotamiento, fatiga, disminución
de la capacidad de trabajo
business
comercio, negocios
(Ch) empresa
business combination
combinación de negocios
(Ven) concentración de empresas
business conditions
condiciones de negocios
business cycle
ciclo económico
(Ar) ciclo coyuntural

business day
día de negocios, día hábil, día
laborable
(Es) día comercial
business ethics
ética de los negocios
(Ven) ética empresarial
business etiquette
normas profesionales
comerciales
business interruption
interrupción de negocios
(Ven) lucro cesante
business reply card
tarjeta de respuesta de negocios
(Mex) (Ven) tarjeta de respuesta
comercial
business reply envelope
sobre de respuesta de negocios
(Mex) sobre de respuesta
comercial
business reply mail
correspondencia de respuesta de
negocios
(Mex) correspondencia de respuesta comercial
business risk exclusion
exclusión de riesgos de negocios
(Mex) exclusión de riesgos
comerciales
business-to-business advertising
publicidad de negocio a negocio
(Ar) publicidad de empresa a
empresa
(Mex) publicidad de comercio a
comercio
bust-up acquisition
adquisición fracasada
(Ven) adquisición de
desmembramiento
buy
comprar, adquirir
buy down
tasa de interés reducida mediante
el pago de puntos de descuento
extra
buy in
cubrir una posición corta

buy order
orden de compra
buy-and-sell agreement
convenio de compra y venta
(Mex) contrato de compraventa
buy-back, buy-back agreement
recompra, convenio de recompra, convenio de recuperación
v. volver a comprar, recuperar
(Mex) contrato de recompra, contrato de recuperación
buyer
comprador, adquiriente
buyer behavior
conducta del comprador
buyer's market
mercado favorable al comprador
buying on margin

compra de margen, compra sobre provisión
(Ven) compra al/sobre el margen
buyout
compra, recuperación
(Es) (Ven) comprar al cien por cien
buy-sell agreement
convenio de compraventa
(Mex) contrato de compraventa
by the book
de acuerdo a lo especificado
bylaws
estatutos, reglamentos interiores
bypass trust
fideicomiso para evitar el pago de impuestos sucesorios
by-product
subproducto, producto derivado

C

cable transfer
transferencia por cable
(Mex) transferencia cablegráfica
cache
caché
cadastre
catastro
cafeteria benefit plan
(Ar) plan de beneficios
(Ch) plan flexible de beneficios,
plan de beneficios a elección
(Mex) plan de prestaciones estilo
cafetería
calendar year
año civil, año calendario
call
citación, convocatoria, redención
de bonos
v. citar, convocar, reembolsar,
reintegrar, redimir
call feature
característica amortizable
(Ar) característica rescatable
(Mex) disposición de redención
call option
opción de compra
call premium
prima de opción a comprar
(Ar) (Ven) prima de rescate (Mex)
prima de opción de compra, prima
por redención
call price
precio de demanda, precio de
amortización
(Ar) amortización, precio de rescate
call report
informe de amortización
(Ven) BANCA informe financiero
de una institución bancaria
callable
redimible, amortizable, exigible
(Ar) rescatable
(Mex) a la vista

cancel
cancelar, anular, rescindir
cancellation clause
cláusula resolutiva, cláusula de
anulación
(Mex) cláusula de cancelación
(Ven) cláusula de rescisión,
cláusula abrogatoria
cancellation provision clause
cláusula de provisión de
anulación
(Mex) cláusula provisoria de
cancelación
capacity
capacidad, aptitud
capital
capital
capital account
cuenta de capital
capital assets
activo fijo, activo de capital,
activo inmovilizado
(Ven) bienes de capital
capital budget
presupuesto de capital
capital consumption allowance
descuento de consumo de
capital
(Ar) (Ven) reserva para
depreciación
**capital contributed in excess of par
value**
aportación de capital en exceso
del valor nominal, reserva de
prima de emisión
(Ch) sobreprecio en venta de
acciones propias
capital expenditure
inversión de capital, gastos para
inversiones de capital
(Ar) gastos de capital
capital flight
fuga de capital

capital formation
formación de capital
capital gain (loss)
ganancia de capital, plusvalía
capital goods
bienes de capital, bienes de
inversión, medios de producción
capital improvement
mejoramiento de capital
(Ar) mejoras
(Mex) aumentos de capital
capital intensive
uso intensivo de bienes de capital
capital investment
inversión de capital, colocación
de capital
capital lease
arrendamiento de capital
(Ar) arrendamiento financiero,
"leasing"
(Ch) "leasing" financiero
capital loss
pérdida de capital, minusvalía
capital market
mercado de capitales
capital rationing
racionamiento de capital
capital requirement
requisito de capital
capital resource
recurso de capital
(Ar) bienes de equipo
capital stock
acciones de capital
(Ar) capital autorizado
capital structure
estructura del capital
(Ven) composición del capital
capital surplus
superávit o excedente de capital
capital turnover
rotación de capital, giro de capital
capitalism
capitalismo
capitalization rate
tasa de capitalización
capitalize
capitalizar

capitalized value
valor capitalizado
(Ar) evolución del capital
caps lock key
tecla bloq mayús
captive finance company
compañía financiera cautiva
(Ven) compañía financiera
dependiente o que pertenece a un
grupo industrial o comercial
cargo
cargamento, carga
cargo insurance
seguro de carga
carload rate
tasa de carga de un carro
(Ven) tarifas por carros
completos, flete por vagonada
carrier
transportador, transportista
(Ar) (Ven) empresa de transporte
carrier's lien
privilegio del transportista,
gravamen del transportador (Mex)
gravamen del transportista
carrot and stick
(Ar) política de incentivo o de
autoayuda
(Ven) política de palo y zanahoria
carryback
retroactivación de los beneficios,
aplicación de los beneficios a
períodos anteriores
carrying charge
interés que se carga sobre una
cuenta, gasto incidental
carryover
arrastre, suma anterior
v. arrastrar una suma
(Ar) sobrante, remanente
(Ch) suma y sigue, imputar al
período siguiente
(Mex) saldo anterior
cartage
transporte
(Es) acarreo
cartel
cartel, monopolio

case-study method
  método de estudio de casos
cash
  efectivo, caja, tesorería
  v. cobrar al contado, hacer
  líquido
cash acknowledgement
  constancia de efectivo,
  reconocimiento de efectivo
cash basis
  en efectivo
  (Ar) valores de caja
  (Mex) base de valor en efectivo,
  base de contado
cash budget
  presupuesto de caja o en efectivo
  (Mex) presupuesto financiero,
  presupuesto de caja
cash buyer
  comprador de caja o en efectivo
cash cow
  vaca lechera
  (producto o servicio que
  constituye el principal recurso de
  una empresa o sector, compañía
  que genera mucho más efectivo
  que el que consume)
cash disbursement
  desembolso de caja o de efectivo
cash discount
  descuento en efectivo, descuento
  por pago en efectivo
  (Mex) descuento de caja,
  descuento por pago al contado
cash dividend
  dividendo en efectivo
cash earnings
  ganancias en efectivo
  (Mex) ingresos en efectivo
cash equivalence
  equivalencia en efectivo
cash flow
  flujo de efectivo, flujo de caja
  (Mex) flujo de fondos
cash market
  mercado al contado
  (Ar) mercado presente
cash on delivery (COD)

envío contra reembolso (ECR)
  (Ar) entrega contra reembolso
  (Mex) pago contra entrega
cash order
  orden al contado, pago con el
  pedido
  (Mex) diario de caja, registro de
  caja
  (Mex) (Ven) pedido al contado
cash payment journal
  libro de pago al contado
cash position
  encaje, posición de liquidez
cash ratio
  razón de efectivo
  (Es) coeficiente de caja
cash register
  caja registradora
cash reserve
  reserva en efectivo
  (Ar) reserva para inversiones
  (Mex) disponibilidad
cash surrender value
  valor de rescate
  (Ven) valor de rescate en efectivo
cashbook
  libro de caja, libro de movimientos de fondos
cashier
  cajero
cashier's check
  cheque de caja, cheque a cargo
  del propio banco emisor
  (Ar) cheque de caja, cheque de la
  caja central
  (Ch) vale vista
  (Ven) cheque de gerencia
casual laborer
  trabajador ocasional o temporero
  (Ar) (Mex) trabajador eventual
casualty insurance
  seguro de accidente
  (Ar) seguro contra daños
  (Mex) seguro contra riesgos
  (Ven) seguro de responsabilidad
  civil
casualty loss
  pérdida por accidente

(Ar) pérdidas resultantes de un
accidente
(Mex) pérdida por fuerza mayor
(Ven) pérdida por siniestro

catastrophe hazard
peligro de catástrofe
(Mex) riesgo de catástrofe

catastrophe policy
póliza de catástrofe

cats and dogs
acciones y obligaciones de valor
dudoso

cause of action
motivo de acción

CD writer/ CD burner
grabador de CD/quemador de CD

cell definition
definición de celda

cell format
formato de celda

censure
censura
v. censurar

central bank
banco central

central business district (CBD)
distrito comercial central (DCC)

central buying
compras centralizadas

central planning
planificación centralizada

central processing unit (CPU)
unidad central de proceso o CPU

central tendency
tendencia central

centralization
centralización

certificate of deposit (CD)
certificado de depósito (CD)

certificate of incorporation
certificado de incorporación
(Mex) escritura/acta constitutiva
(Ven) acta de constitución

certificate of occupancy
certificado de ocupación
(Ar) certificado de habilitación
(Ven) certificado de
habitabilidad

certificate of title
certificado de título

certificate of use
certificado de uso

certification
certificación

certified check
cheque certificado, cheque
confirmado, cheque aprobado

certified financial statement
estado financiero certificado

certified mail
correo certificado

C&F
costo y flete

chain of command
cadena de mando, línea o vía
jerárquica

chain feeding
alimentación en cadena

chain store
sucursal de una cadena de
establecimientos

chairman of the board
presidente de la junta directiva,
presidente del consejo de
administración, presidente del
directorio

chancery
cancillería, tribunal de
equidad

change
cambio, variación, canje,
fluctuación
v. cambiar

change of beneficiary provision
cláusula de cambio de
beneficiario, estipulación o
disposición de cambio de
beneficiario

channel of distribution
canal de distribuición, circuito de
distribución

channel of sales
canal de ventas, medio o circuito
de ventas

character
carácter

charge
cargo, adeudo, débito
v. adeudar, debitar, cargar
(Ar) precio, costo, derecho
charge buyer
comprador a cargo
chart
gráfico
chart of accounts
lista de cuentas
(Ar) (Ch) plan de cuentas
(Mex) catálogo de cuentas
(Ven) código de cuentas
charter
escritura o acta de constitución,
contrato de fletamiento
v. fletar, contratar, conceder una
escritura
(Es) escritura social
chartist
analista
(Ar) proyectista
chat forum
foro de chat
chattel
bienes muebles, mobiliario
chattel mortgage
hipoteca sobre bienes muebles,
hipoteca mobiliaria
(Ar) hipoteca prendaria,
gravamen sobre bienes
muebles
chattel paper
documentos de bienes muebles
o mobiliarios
(Mex) documentos en pago
check
cheque, verificación, punteo
v. verificar, puntear
check digit
dígito de comprobación, dígito
de control, dígito de verificación
check protector
protector de cheques
check register
registro de cheques
(Mex) chequera
check stub

talón de cheques, comprobante
de cheques
check-kiting
emisión de cheques sin fondos
chief executive officer
funcionario ejecutivo principal
o CEO, director general de la
empresa, consejero delegado
(Ar) presidente del directorio
chief financial officer
funcionario financiero principal,
director general de finanzas
(Ar) "CFO", vicepresidente
ejecutivo de la compañía
chief operating officer
funcionario de operaciones
principal
(Ar) "COO"
(Es) director general
(Mex) Director General de
Operaciones
child and dependent care credit
crédito por cuidado de niños y
dependientes
(Mex) acreditamiento por cuidado
de menores y dependientes
económicos
chi-square test
(Ar) prueba del chi cuadrado
(Mex) prueba de ji cuadrada
chose in action
derecho de acción, derecho de
propiedad literaria, garantía de
póliza de seguros (derechos
personales, reales e intelectuales
y los créditos que pueden hacerse
valer solo judicialmente)
churning
operaciones con un valor para
dar impresión de actividad en el
mercado
CIF
costo, seguro y flete
cipher
cifra, código secreto
v. cifrar, calcular, codificar
circuit
circuito

circuit board
placa de circuito
civil law
derecho civil
civil liability
responsabilidad civil
civil penalty
penalidad civil
(Ar) sanciones administrativas
claim
reclamación, demanda de
indemnización por siniestro
v. reclamar, presentar una
declaración por daños y prejuicios
(Ar) crédito, derecho a recibir
un pago, reclamo
class
clase social, categoría, género
v. clasificar, ordenar
class action B shares
(Ar) (Mex) acciones de clase
B (Ven) clase de acción de
propietarios de acciones tipo B
classification
clasificación
classified stock
acciones clasificadas
clause
cláusula, artículo
clean
limpio, neto, sin reservas
v. limpiar, purificar
(Ar) en materia de comercio
internacional, sin presentación de
documentos
clean hands
sin culpa, con conciencia limpia
cleanup fund
fondo de eliminación
clear
liquidar, compensar, sacar de la
aduana
clear title
título seguro o limpio
clearance sale
venta de liquidación, venta de
saldos
(Mex) liquidación de mercancías

clearinghouse
cámara de compensación,
casa de liquidación
(Ar) liquidación bancaria
clerical error
error de escritura
clerk
empleado, funcionario
(Mex) escribiente
client
cliente
click on
hacer clic en
clipboard
portapapeles
close
cierre, fin de sesión
v. cerrar, concluir, clausurar
(Ar) cierre de una rueda bursátil
close corporation plan
plan de sociedad de capital
cerrado, plan de sociedad
controlado por un pequeño
número de accionistas
close out
cancelar (con una operación
inversa)
(Ar) liquidar
closed account
cuenta cerrada, cuenta saldada
closed economy
economía cerrada
closed stock
mercancías vendidas en conjunto
indivisible
closed-end mortgage
hipoteca limitada, hipoteca no
variable, hipoteca cerrada
(Mex) hipoteca cancelada
closed-end mutual fund
fondo mutuo de acciones limitadas
(Ar) fondo mutuo con capital fijo
closely held corporation
corporación cerrada
(Ar) sociedad por acciones
cerradas
(Ch) sociedad anónima
cerrada

(Ven) sociedad de pocos
accionistas

closing
cierre, clausura, conclusión

closing agreement
acuerdo final

closing cost
gastos de cierre, costo de cierre
(Ar) gastos de la compra-venta de
un buen inmueble

closing date
fecha de cierre, fecha límite (Ven)
fecha tope

closing entry
asiento de cierre

closing inventory
inventario de cierre, inventario
final (al cierre del ejercicio)

closing price
precio de cierre

closing statement
declaración del cierre
(Ar) resumen del precio y gastos
correspondientes a una operación
inmobiliaria

cloud on title
imperfección del título
(Ar) gravámenes o embargos que
recaen sobre un bien inmueble

cluster analysis
análisis en grupo

cluster housing
viviendas en grupo

cluster sample
muestras en grupo

cluster sampling
muestreo en grupo

code
código
v. codificar, clasificar

code of ethics
código de ética

codicil
codicilio, codicilo

coding of accounts
clasificación de cuentas
(Mex) catálogo de cuentas

coefficient of determination

coeficiente de determinación

coinsurance
coseguro
(Ar) seguro copartícipe

collapsible corporation
sociedad mercantil defraudadora
de impuestos

collateral
garantía, fianza, prenda
(Mex) garantía subsidiaria o
colateral

collateral assignment
asignación de colateral

collateralize
colateralizar, avalar

**collateralized mortgage obligation
(CMO)**
obligación hipotecaria
colateralizada, obligación
hipotecaria de remuneración por
tramos

colleague
colega, compañero

collectible
cobrable, recuperable, que se
puede coleccionar

collection
cobro, cobranza, recuperación

collection ratio
razón de cobros
(Mex) rotación de cuentas por
cobrar
(Ven) índice de cobro

collective bargaining
negociación colectiva
(Ar) paritarias
(Mex) contrato colectivo

collusion
colusión, acto fraudulento

collusive oligopoly
oligopolio colusorio

column chart/graph
gráfico de columna

combinations
combinaciones

comfort letter
(Ven) carta de ratificación,
apoyo, garantía, reafirmación o

alivio; informe favorable a
efectos financieros (informe que
presenta un   contador público
nacional mediante el cual declara
no haber encontrado información
falsa en los estados contables uti-
lizados en relación con una oferta
de títulos valores)

command
mando, autoridad, control
v. ordenar, controlar, detentar

command economy
economía de control
(Mex) economía dirigida
(Ven) economía controlada

commencement of coverage
inicio de amparo, inicio de
cobertura

commercial
comercial, mercantil, especulativo

commercial bank
banco comercial

commercial blanket bond
fianza general comercial
(Mex) fianza de fidelidad
colectiva

commercial broker
corredor
(Es) corredor de comercio

commercial credit insurance
seguro de crédito comercial

commercial forgery policy
seguro contra falsificación
comercial

commercial forms
formularios comerciales
(Mex) formas comerciales

commercial health insurance
seguro de salud comercial
(Mex) seguro médico

commercial law
derecho mercantil o comercial

commercial loan
préstamo comercial

commercial paper
papel comercial
(Ch) efectos de comercio
(Es) pagaré de empresa, bonos de

caja a corto plazo
(Mex) documentos comerciales

commercial property
propiedad comercial

commercial property policy
póliza de propiedad comercial

commingling of funds
mezclar fondos

commission
comisión

commission broker
comisionista, corredor de
bolsa

commitment
compromiso

commitment free
libre de compromiso

commodities futures
contrato de futuros, mercado a
futuro para mercancías en
general

commodity
mercancía, productos
(Ar) materias primas
(Es) productos básicos

commodity cartel
cartel de mercancías,
cartel de productos

common area
área común

common carrier
transportador público
(Ar) empresa de transporte
público

**common disaster clause or
survivorship clause**
cláusula de desastre común,
cláusula de sobrevivientes

common elements
elementos comunes

common law
derecho común
(Ven) derecho consuetudinario

common stock
acciones comunes, acciones
ordinarias

common stock equivalent
equivalente en acciones comunes

common stock fund
fondo de acciones comunes
common stock ratio
razón de acciones comunes
(Ar) proporción de acciones
ordinarias
communications network
red de comunicaciones
communism
comunismo
community association
asociación comunitaria
community property
propiedad comunitaria
(Ar) bienes gananciales
commutation right
derecho a pago total
(Mex) derecho de cambio
commuter
viajero, usuario de trayecto
público que hace el mismo
trayecto y tiene un abono
(Ar) viajero frecuente
(Mex) usuario suburbano
commuter tax
impuesto de viajero
(Ar) impuesto al viajero frecuente
co-mortgagor
codeudor hipotecario
company
empresa, compañía, sociedad
company benefits
beneficios de la empresa
(Mex) prestaciones de la
empresa o compañía
company car
automóvil de la empresa
company union
sindicato de la empresa
comparable worth
valor comparable
comparables
comparables
comparative financial statements
estados financieros comparativos,
informes financieros comparativos
(Ar) estados contables
comparativos

comparative negligence
negligencia comparativa
comparison shopping
tendencia de comparar
precios y condiciones de venta
compensating balance
balance compensatorio
compensating error
error compensatorio
compensation
compensación, indemnización,
remuneración
compensatory stock options
opciones de compra de acciones
compensatorias, opciones compensatorias
compensatory time
tiempo compensatorio
competent party
parte competente
competition
competencia, rivalidad
(Ar) concurso, oposición
competitive bid
oferta competitiva
competitive party
parte competitiva
competitive party method
método de parte competitiva
competitive strategy
estrategia competitiva
competitor
competidor, rival, concursante
compilation
compilación
compiler
compilador
complete audit
auditoría completa
completed contract method
método de contrato completo
completed operations insurance
seguro de operaciones concluidas
completion bond
caución de terminación
(Es) fianza de cumplimiento
complex capital structure
estructura de capital compleja

complex trust
fideicomiso complejo
compliance audit
auditoría de cumplimiento o
acatamiento
compliant
acomodaticio, cumplidor
component part
componente, pieza constitutiva,
parte suelta
composite depreciation
depreciación combinada
composition
composición, ajuste, arreglo
compound growth rate
tasa de crecimiento compuesta
(Ven) índice de crecimiento
compuesto
compound interest
interés compuesto
compound journal entry
asiento de diario compuesto
**comprehensive annual financial
report (CAFR)**
informe financiero anual completo
o detallado
comprehensive insurance
seguro global, seguro contra todos
los riesgos
(Mex) seguro total
(Ven) seguro a todo riesgo
compress
comprimir
comptroller
contralor, contador principal,
verificador, interventor
compulsory arbitration
arbitraje forzoso o compulsorio
(Ven) arbitraje obligatorio
compulsory insurance
seguro obligatorio
compulsory retirement
jubilación obligatoria
(Ar) jubilación forzosa
computer
computadora, ordenador
computer-aided
asistido por computadora

concealment
ocultamiento, encubrimiento
concentration banking
banca de concentración
concept test
prueba de concepto
concern
empresa, negocio, preocupación
(Mex) asunto
v. interesar, incumbir, competer
concession
concesión, reducción, franquicia
conciliation
conciliación, arbitraje
conciliator
conciliador
condemnation
expropiación, confiscación,
condena
condition precedent
condición previa
condition subsequent
condición subsecuente
conditional contract
contrato condicional
(Es) contrato condicionado
conditional sale
venta condicional
conditional-use permit
permiso de utilización condicional
conference call
llamada en conferencia
confidence game
embaucamiento, fraude, estafa
confidence interval
intervalo de confianza
confidence level
nivel de confianza
confidential
confidencial, secreto
confirmation
confirmación
conflict of interest
conflicto de intereses
conformed copy
copia adaptada, copia conformada
confusion
confusión

conglomerate
conglomerado
conservatism
conservatismo
conservative
conservador, moderado
consideration
consideración, remuneración,
premio
consignee
consignatario, destinatario
consignment
consignación, remesa, expedición
consignment insurance
seguro de consignación
consignor
expedidor, remitente, consignador
consistency
coherencia, concordancia, de
forma habitual
console
consola, pupitre
consolidated financial statement
estado financiero consolidado
(Ar) estado contable consolidado
consolidated tax return
declaración de impuestos
consolidada
consolidation loan
préstamo consolidado, crédito
consolidado
consolidator
consolidador
consortium
consorcio
constant
constante
constant dollars
dólares constantes
constant-payment loan
crédito de pago constante
constituent company
compañía dentro de un grupo
de afiliados
constraining (limiting) factor
factor limitante
construction loan
préstamo de construcción

(Ven) préstamo para la
construcción
constructive notice
notificación implícita
(Ven) notificación sobreentendida
o presunta
constructive receipt of income
percepción de ingresos para
efectos contributivos,
recepción constructiva de ingresos
consultant
asesor, consultor
consumer
consumidor
consumer behavior
conducta del consumidor
(Ven) comportamiento del
consumidor
consumer goods
bienes de consumo
consumer price index (CPI)
índice de precios al consumidor
(IPC)
consumer protection
protección del consumidor
consumer research
investigación del consumidor,
estudios del consumo
consumerism
consumismo
consumption function
función de consumo
container ship
portacontenedores, barco para el
transporte de contenedores
(Mex) buque de carga
contestable clause
cláusula disputable
contingencey fund
fondos de contingencia
(Ar) fondo para imprevistos
(Ven) fondo para imprevistos,
fondo de previsión/contingencias
contingency planning
plan o planificación para
contingencias, plan que
deberá aplicarse en caso de
urgencia

contingency table
tabla de contingencias
contingent fee
honorario contingente
(Mex) tarifa variable
(Ven) derecho contingente o
compensatorio
contingent liability
responsabilidad contingente,
pasivo contingente o eventual
**contingent liability (vicarious
liability)**
responsabilidad contingente
(responsabilidad delegada)
continuing education
educación continua, enseñanza
continua
(Ar) educación permanente
continuity
continuidad
continuous audit
auditoría continua o constante
continuous process
proceso continuo
continuous production
producción continua
contra-asset account
contracuentas, cuentas cruzadas,
cuentas de orden
(Ar) cuenta de contrapartida
contract
contrato
v. contratar, comprometerse a
contract carrier
portador por contrato
(Ven) empresa transportadora
por contrato
contract of indemnity
contrato de indemnidad
contract price (tax)
precio contractual (impuesto) (Ar)
precio convenido en el contrato
contract rate
tasa contractual
contract rent
alquiler o arrendamiento contractual
contraction

contracción, reducción
contractor
contratista
contrarian
(Ven) inconformista
(inversor que decide realizar
una determinada operación
bursátil totalmente opuesta a la
que efectúan todos los demás
inversores)
contrast
contraste
contribution
contribución, cotización,
aportación
(Ch) aporte
contribution margin
margen de contribución,
utilidades de aportación
(Es) margen de aportación
contributory negligence
negligencia contribuyente,
negligencia contributiva
contributory pension plan
plan de jubilación contribuyente
control
control, reglamentación
v. controlar, dirigir, ordenar
control account
cuenta de control
control key (CTRL)
tecla de Control
controllable costs
costos o gastos controlables
controlled company
compañía controlada, compañía
subsidiaria, sociedad filial
controlled economy
economía controlada
(Ar) economía dirigida
controller
contralor, contador principal
controlling interest
interés mayoritario, participación
de control
(Ar) participación mayoritaria
convenience sampling
muestreo de conveniencia

conventional mortgage
hipoteca convencional, hipoteca
simple
conversion
conversión, transformación
conversion cost
costo de conversión
(trabajo directo más gastos
generales)
**conversion factor for employee
contributions**
factor de conversión para
contribuciones de empleados
conversion parity
paridad de conversión
conversion price
precio de conversión
conversion ratio
razón de conversión
(Ven) coeficiente, índice
de conversión
convertibles
convertibles
convertible term life insurance
seguro de vida a plazo fijo
convertible
(Mex) seguro de vida temporal
convertible
convey
transportar, transmitir, comunicar
conveyance
transporte, transferencia, cesión
cooling-off period
período de apaciguamiento,
período de reflexión, plazo de
reflexión
co-op
cooperativa, alternación
cooperative
cooperativa
cooperative advertising
publicidad cooperativa
cooperative apartment
apartamento cooperativo
copy
copiar
copy-protected
protección de copia

copyright
derechos de autor
v. proteger los derechos de autor
de una publicación
corner the market
acaparar el mercado
corporate bond
bono corporativo, fianza
corporativa
(Ar) obligaciones negociables
corporate campaign
campaña corporativa
corporate equivalent yield
rendimiento equivalente
corporativo
corporate strategic planning
planificación estratégica
corporativa
corporate structure
estructura corporativa
corporate veil
pretexto o velo corporativo
corporation
corporación, empresa, organismo
(Ch) (Mex) sociedad anónima
corporeal
corpóreo, corporal
corpus
capital, principal menos intereses,
principal de una herencia, fondo o
fideicomiso
correction
corrección, movimiento contrario
a la tendencia
(baja abrupta y repentina que
interrumpe en forma temporaria la
tendencia alcista del mercado o del
precio de un determinado capital)
correlation coefficient
coeficiente de correlación
correspondent
correspondiente
(Ar) entidad corresponsal o
financiera
corrupted
corrupto
cosign
firmar conjuntamente

cost
> costo, coste, gastos
> v. costar, calcular el precio de
> costo

cost accounting
> contabilidad de costos

cost application
> aplicación de costos

cost approach
> enfoque o estrategia de costos

cost basis
> base de costos
> (Ar) costo base

cost center
> centro de costos
> (Ar) sección de una empresa
> u organización que no genera
> utilidades

cost containment
> control de costos

cost method
> método dc costos

cost objective
> objetivo de costos

cost of capital
> costo de capital

cost of carry
> costo de posesión
> (Es) coste del transporte

cost of goods manufactured
> costo de la mercancía fabricada
> (Mex) costo de producción

cost of goods sold
> costo de la mercancía vendida
> (Ch) (Mex) costo de ventas

cost overrun
> exceso de gastos sobre el
> presupuesto
> (Ar) sobrecostos excesos de
> costos

cost records
> registros de costos

cost-benefit analysis
> análisis del costo-beneficio

cost-effectiveness
> eficacia de costos
> (Ar) relación costo-rendimiento

cost-of-living adjustment (COLA)
> ajustes por el costo de vida,
> indexación de los salarios

cost-plus contract
> contrato a costo más ganancias

cost-push inflation
> inflación por costos
> (Ar) inflación provocada por el
> alza de los costos

cotenancy
> tenencia conjunta,
> coarrendamiento

cottage industry
> industria artesanal o casera

counsel
> abogado, asesor jurídico

counterclaim
> contrademanda,
> contrarreclamación, reconvención
> v. hacer una contrademanda

counterfeit
> falso, contrahecho, falsificado
> v. falsificar

countermand
> contraorden

counteroffer
> contraoferta

coupon bond
> bono al portador, vale o bono
> de descuento, bono con
> cupones

court of record
> tribunal de registro o de autos

covariance
> covarianza

covenant
> pacto, convenio, contrato,
> compromiso

covenant not to compete
> convenio de no competir

cover
> cubierta, cobertura, garantía,
> protección, provisión de fondos,
> seguro
> v. cubrir, garantizar, proteger,
> revestir

covered option
> opción cubierta, opción protegida,
> opción garantizada

craft union
    sindicato de obreros calificados
    (Ar) gremio por oficios, sindicato
    profesional
    (Ven) sindicato gremial
crash
    colapso de la bolsa, bloqueo
    (Ar) "crash"
creative black book
    libro negro creativo
creative financing
    financiamiento creativo
credit
    crédito, abono, dato
    v. acreditar, asentar al haber
credit analyst
    analista de créditos
credit balance
    saldo acreedor, saldo al haber
credit bureau
    oficina o departamento de crédito
credit card
    tarjeta de crédito
credit order
    orden de crédito
credit rating
    capacidad financiera, nivel de
    solicitud
    (Ar) solvencia, grado de solvencia
    estimado, calificación

    de solvencia
    (Mex) línea de crédito
    (Ven) solvencia crediticia
credit requirements
    requisitos de crédito
credit risk
    riesgo sobre créditos concedidos
    (Ar) riesgo crediticio
credit union
    banco de crédito
    (Ar) (Ven) cooperativa de crédito
creditor
    acreedor
creeping inflation
    inflación lenta
    (Es) inflación subyacente
critical path method (CPM)
    método de vía crítica

    (Ar) método de camino crítico
    (Ven) método de sendero crítico
critical region
    región crítica
crop
    recortar
cross
    cruzar, contrarrestar, atravesar
cross merchandising
    mercadería cruzada
cross purchase plan
    plan de compras cruzado
cross tabulation
    tabulación cruzada
cross-footing
    suma horizontal
    (Mex) sumar en forma cruzada
    crowd
impedir, excluir
    (sociedades de bolsa que tienden a
    congregarse alrededor del puesto
    del especialista para ejecutar sus
    operaciones)
crowding out
    excluir, capturar
    (una parte de un mercado, impedir
    que la competencia penetre un
    mercado)
crown loan
    (Ar) préstamo preciado
    (Ven) préstamo sin interés
    otorgado por un padre a su hijo
**cum dividend, cum rights or cum
    warrant**
    con dividendo, derechos anexos
    o con garantía
cumulative dividend
    dividendo acumulativo
cumulative liability
    responsabilidad acumulativa
cumulative preferred stock
    acciones preferidas
    acumulativas
    (Ven) acciones preferentes
    acumulativas
cumulative voting
    votación cumulativa
    (Ar) voto acumulativo

curable depreciation
   depreciación o amortización
   remediable
currency futures
   futuros de monedas
currency in circulation
   moneda en circulación
   (Ven) dinero en circulación
current
   corriente, actual
current asset
   activo corriente, activo
   realizable
current assumption whole life insurance
   asunción corriente de seguro
   de vida total
current cost
   costo corriente
   (Es) costo actual
current dollars
   dólares actuales
current liabilities
   pasivo corriente, pasivo exigible,
   deudas a corto plazo
current market value
   valor corriente de mercado,
   valor del mercado actual
current ratio
   razón corriente
   (Ar) relación corriente
   (Mex) razón de capital de
   trabajo
current value accounting
   contabilidad de valor
   corriente
    (Ar) contabilidad de valor de
   reposición
current yield
   rendimiento corriente
   (Ar) tasa de retorno
cursor
   cursor
curtailment in pension plan
   reducción del plan de jubilación
curtilage
   límite de terreno o

edificios inmediatamente
alrededor de una casa o vivienda
custodial account
   cuenta de custodia, cuenta
   custodial
custodian
   custodio, conservador, guardián
custody
   custodia, guarda
customer
   cliente
customer profile
   perfil del cliente
customer service
   servicio al cliente
   (Mex) atención a clientes
customer service representative
   representante de servicio al
   cliente
customize
   personalizar
customs
   aduana
customs court
   tribunal aduanero
cutoff point
   punto límite, punto de
   interrupción
   (Ar) límite (de inclusión)
cyberspace
   espacio cibernético
   (Ven) ciberespacio
cycle billing
   facturación por ciclos
   (Ar) facturación coyuntural (Mex)
   facturación cíclica
cyclical demand
   demanda cíclica
   (Ar) demanda coyuntural
cyclical industry
   industria cíclica
cyclical stock
   acciones cíclicas
cyclical unemployment
   desempleo cíclico
cyclic variation
   variación cíclica

D

daily trading limit
límite de variación diaria, límite
de explotación comercial diario
(Ar) límite diario de operaciones

daisy chain
cadena "daisy"
(manipulación de operaciones
por parte de un pequeño grupo de
individuos o instituciones, para
dar la impresión de gran actividad
en un mercado)

damages
averías, daños, deterioro,
reparación por daños y perjuicios,
indemnización

data
datos, informaciones
(Mex) información

data collection
recolección de datos

data maintenance
mantenimiento de datos

data processing insurance
seguro informático, seguro de
proceso de datos
(Mex) seguro de procesamiento
de datos

data retrieval
recuperación de datos

data transmission
transmision de datos

database
base de datos

database management
gestión de base de datos,
administración de base de datos

date of issue
fecha de emisión

date of record
fecha de registro

dating
establecimiento de una fecha,
fechado, relativo a las fechas

(Mex) vencimiento
(en transacciones comerciales,
extensión del crédito más allá
de los términos usuales del
proveedor)

deactivate
desactivar

dead stock
capital improductivo, inventario
muerto, mercancías invendibles

dead time
tiempo muerto, tiempo que no se
aprovecha

deadbeat
deudor moroso, pagador
incumplido

dead-end job
trabajo sin porvenir
(Ven) trabajo/empleo sin futuro

deadhead
vehículo que se desplaza sin
llevar ninguna carga

deadline
fecha límite, fecha de exclusión,
fecha de cierre, fecha de
vencimiento

dealer
comerciante, negociante,
proveedor, concesionario,
distribuidor

death benefit
indemnización o beneficio por
muerte
(Ar) prestación en caso de muerte
(Ch) cuota mortuoria, beneficio
por fallecimiento
(Mex) prestación por muerte

debasement
degradación, alteración,
depreciación, envilecimiento
(reducción del contenido metálico
de una moneda)

debenture

obligación, título, certificado de
reintegro
(Ar) "debenture"
(Ch) bono
(Mex) deuda

debit
débito, cargo, adeudo
v. cargar, adeudar, debitar
(Ch) haber

debit memorandum
memorando de débito
(Ar) nota o volante de débito (Ch)
aviso de débito
(Mex) nota de cargo

debt
deuda, endeudamiento, crédito

debt coverage ratio
razón de cobertura de deudas,
relación de endeudamiento
(Ar) relación del servicio de
la deuda
(Ven) coeficiente de endeudamiento

debt instrument
instrumento de deuda

debt retirement
retiro de crédito
(Ar) rescate de la deuda
(Ch) amortización o liquidación
de deuda

debt security
garantía de una deuda

debt service
pago sobre deuda contraída,
servicio de la deuda

debtor
deudor

debt-to-equity ratio
razón de deuda-capital
(Ar) coeficiente de
endeudamiento

debug
depurar

decentralization
descentralización

deceptive advertising
publicidad defraudadora
(Ven) publicidad engañosa

deceptive packaging

embalaje o envase defraudador
(Mex) empaque engañoso
(Ven) embalaje o envase
engañoso

decision model
modelo de decisiones

decision package
paquete o serie de decisiones

decision support system (DSS)
sistema de apoyo de decisiones

decision tree
árbol de decisión, árbol de toma
de decisiones

declaration
declaración

declaration of estimated tax
declaración de impuestos
estimados

declaration of trust
declaración de fidcicomiso

declare
declarar, decretar

declining-balance method
método de saldo declinante
(depreciación)
(Ar) depreciación sobre el saldo
(Mex) método de disminución de
saldo

decryption
desencriptación

dedicated line
línea dedicada

dedication
dedicación, dedicación a
uso público

**deductibility of employee
contributions**
habilidad de deducción de
contribuciones de empleados
(Ar) deducible de los aportes de
los empleados
(Ch) aportes de los trabajadores
como gastos de renta

deduction
deducción, retención
(Ch) gasto de renta

deductive reasoning
razonamiento deductivo

deed
título, escritura de propiedad
inmobiliaria
(Mex) título de propiedad, acta
(notarial), contrato

deed in lieu of foreclosure
escritura de propiedad
inmobiliaria en lugar de embargo
de un bien hipotecado

deed of trust
escritura de fideicomiso, cesión a
un fideicomiso

deed restriction
restricción de escritura

deep discount bond
bono emitido en mercado
internacional, con gran
descuento, sobre su nominal
y tasa de interés moderada,
obligaciones al descuento

de facto corporation
corporación de hecho,
corporación de facto

defalcation
desfalco, defraudación,
malversación

default
incumplimiento, falta de pago,
negligencia, inobservancia, ruina,
quiebra, predeterminado
v. no cumplir con, fallar, no hacer
frente a

default judgment
fallo por falta de comparencia

defeasance
anulación, abrogación (de un
derecho), revocación

defective
defectuoso, imperfecto, en mal
estado

defective title
título defectuoso

defendant
demandado, defensor (por lo
civil), acusado (por lo penal)

defense of suit against insured
defensa de litigio contra
asegurado

defensive securities
(Ar) título valor firme
(Mex) valores seguros
(Ven) valores defensivos, valores
seguros y poco sensibles a la
coyuntura

deferred account
cuenta diferida

deferred billing
facturación diferida

deferred charge
cargo diferido

deferred compensation
compensación diferida

deferred compensation plan
plan de compensación diferida

deferred contribution plan
plan de contribución diferida

deferred credit
crédito diferido

deferred group annuity
anualidad de grupo diferida

deferred interest bond
bono de interés diferido

deferred maintenance
mantenimiento diferido,
conservación diferida

deferred payments
pagos diferidos, pagos mediante
liquidaciones escalonadas, crédito
de proveedores, crédito comercial

deferred profit-sharing
participación diferida de los
trabajadores en las utilidades de
la empresa

deferred retirement
jubilación diferida

deferred retirement credit
crédito de jubilación diferida

deferred wage increase
aumento de salario diferido

deferred-payment annuity
anualidad de pagos diferidos,
anualidad de abonos aplazados

deficiency
deficiencia, insuficiencia, déficit,
faltante

deficiency judgment

fallo de deficiencia, sentencia por
la diferencia

deficiency letter
(Ven) carta de deficiencia
(carta de la Securities and
Exchange Commission a un futuro
emisor de títulos valores por la
cual se expresa desaprobación)

deficit
déficit, faltante
(Ar) descubierto, saldo negativo

deficit financing
financiación mediante déficit,
financiamiento del déficit

deficit net worth
valor neto negativo
(Ar) patrimonio neto negativo

deficit spending
gastos que superan los ingresos
(Es) gastos deficitarios

defined-benefit pension plan
plan de pensiones con
prestaciones definidas
(Ven) plan de pensiones con
beneficios definidos

defined contribution pension plan
plan de pensión de contribuciones
definidas

deflation
deflación
(contracción de la masa monetaria
del crédito o de ambos que
desencadena una baja general en
el nivel de precios)

deflator
índice deflacionario, índice de
ajuste
(Ar) índice de deflación

defunct company
compañía difunta

degression
degresión, disminución progresiva
(de la relación que guardan los
impuestos respecto del ingreso)

deindustrialization
desindustrialización

delegate
delegado

v. delegar

delete
suprimir, borrar

delete key (DEL)
tecla Suprimir

delinquency
morosidad, incumplimiento de
una obligación

delinquent
delincuente, negligente, moroso,
vencido y pendiente de pago

delisting
acto de retirar una sociedad
de las cotizaciones oficiales

delivery
entrega, distribución

delivery date
fecha de entrega

demand
demanda, exigencia, reclamación
v. demandar, exigir, reclamar

demand curve
curva de demanda
(Ar) curva de la relación entre la
demanda y precio

demand deposit
depósito a la vista, depósito
disponible, imposición a la vista,
cuenta corriente a la vista
(Mex) giro o letra a la vista

demand loan
préstamo a la vista

demand note
pagaré a la vista, compromiso de
pago al primer requerimiento

demand price
precio de demanda

demand schedule
curva de la demanda, tabla de
demanda
(Ven) cuadro de demanda

demand-pull inflation
inflación provocada por un
aumento de la demanda
(Ar) inflación inducida por la
demanda

demarketing
descomercialización

demised premises
locales arrendados, locales cedidos
demographics
demográfica
demolition
demolición, derrumbe,
destrucción
demonetization
desmonetización
demoralize
desmoralizar
demurrage
demora, sobreestadía, derechos de
almacenamiento
demurrer
excepción, objeción, se dice de
quien establece excepciones ante
circunstancias determinadas
denomination
valor nominal, denominación,
corte (sentido monetario), unidad
(peso, medida, etc.)
density
densidad
density zoning
leyes contra densidad urbana
department
departamento, sección, ministerio
dependent
dependiente, subordinado, persona encargada
(Ch) carga familiar
dependent coverage
cobertura de dependiente
(Ch) cobertura de carga familiar
depletion
agotamiento (de los recursos)
(Ar) disminución, reducción,
rarefacción
deposit
depósito, imposición
v. depositar, hacer un depósito
deposit administration plan
plan de administración de
depósitos
deposit in transit
depósito en tránsito
deposition

declaración, deposición,
confesión judicial
(Ven) declaración jurada
depositors forgery insurance
seguro de falsificación de
depositante
depository trust company (DTC)
compañía fiduciaria depositaria,
banco fiduciario depositario
depreciable life
vida depreciable
(Ar) seguro de vida amortizable
(Ch) vida útil
(Ven) vida amortizable
depreciable real estate
bienes inmuebles depreciables
(Ar) bienes raíces amortizables
depreciate
depreciar, desvalorizar,
amortizar
depreciated cost
costo depreciado
(Ar) valor contable, valor según
libros
depreciation
depreciación, desvalorización,
amortización
depreciation recapture
recuperación de depreciación,
amortización
depreciation reserve
reserva para depreciación,
amortización
depression
baja, reducción, depresión, receso
económico
depth interview
entrevista exhaustiva, entrevista a
profundidad
(Ar) entrevista de fondo
deregulation
desregulación
(Ar) eliminación de restricciones,
liberalización de normas
derived demand
demanda derivada, demanda
inducida
descent

descendencia, linaje, transmisión
de bienes

description
descripción, profesión, calidad
(de un postulante), designación
(mercancías)

descriptive memorandum
memorándum descriptivo

descpriptive statistics
estadísticas descriptivas

desk
pupitre, buró, jefatura de
redacción, sala de despacho, caja,
taquilla
(Ch) mesa, mesón
(Mex) bufete
(Ven) escritorio

desktop
escritorio

desktop publishing
autoedición por computadora

destination file (network)
archivo de destino (red)

detail person
persona o grupo seleccionado
para el desempeño de una tarea en
particular

devaluation
devaluación

developer
promotor
(Ar) sociedad inmobiliaria,
sociedad urbanizada

development
desarrollo, explotación
(Ch) fomento

development stage enterprise
empresa en etapa de desarrollo

developmental drilling program
(Ch) programa de sondajes de
exploración
(Ven) programa de perforación de
desarrollo

deviation policy
política de desviación

devise
legado (inmobiliario),
disposiciones testamentarias de

bienes inmuebles
v. combinar, inventar, disponer
por testamento
(Mex) papel moneda, giros,
divisas

dialup
marcar un número de teléfono,
sintonizar un aparato receptor

diagonal expansion
expansión diagonal

diary
diario, memorándum personal,
agenda, libreta de compromisos y
fechas de vencimiento

differential advantage
ventaja diferencial

differential analysis
análisis diferencial

differentiation strategy
estrategia de diferenciación

digits deleted
dígitos suprimidos, dígitos
eliminados

dilution
dilución, dilución de capital,
reducción en el valor de los activos

diminishing-balance method
método de saldo decreciente

diplomacy
diplomacia

direct access
acceso directo

direct charge-off method
método de amortización directo
(Ch) método de castigo directo

direct cost
costo directo

direct costing
cálculo directo de los costos

direct financing lease
arrendamiento financiero directo
(Ch) "leasing" financiero
(Ven) arrendamiento de
financiación directa

direct investment
inversión directa

direct labor
mano de obra directa

direct liability
responsabilidad directa
direct marketing
mercadeo directo
(Ch) "marketing" directo
direct material
materiales directos
direct overhead
gastos generales directos
direct response advertising
publicidad de respuesta directa
direct sales
ventas directas
direct production
producción directa
direct-action advertising
publicidad de acción directa
directed verdict
veredicto mandado por el juez
(Ch) sentencia mandada por el
juez
director
director, gerente, administrador,
consejero, miembro del consejo
de administración
directorate
consejo de administración, cuerpo
directivo
(Ven) Dirección General
directory
directorio
direct-reduction mortgage
hipoteca de reducción directa
disability benefit
beneficio por incapacidad
(Mex) prestación por incapacidad
(Ven) por invalidez
disability buy-out insurance
seguro de recuperación por
incapacidad
(Ven) por invalidez
disability income insurance
seguro de ingresos por incapacidad
(Ven) por invalidez
disaffirm
suprimir, contradecir, anular
(contratos)
disbursement

desembolso, gasto, egreso
discharge
descargo, destitución, finiquito v.
descargar, desembargar, licenciar,
despedir, finiquitar (Mex) pagar
una deuda, cancelar
discharge in bankruptcy
rehabilitación del quebrado,
rehabilitación del fallido
discharge of lien
cancelación de gravamen
disiplinary layoff
despido disciplinario de
trabajadores
disclaimer
renuncia, denegación de
responsabilidad, cláusula de
renuncia, denegación, rechazo,
objeción
(Mex) negación de opinión,
renuncia
disclosure
revelación, declaración, divulgación
(Mex) nota aclaratoria
discontinuance of plan
cesación o abandono de plan
discontinued operation
operación descontinuada
discount
rebaja, reducción, descuento
v. descontar, bonificar,
rebajar
discount bond
bono descontado, bono cotizado
bajo la par
discount broker
agente o corredor de descuento
discount points
puntos de descuento
discount rate
tasa de descuento, tipo de
descuento
discount window
ventana de descuento
(Ar) facilidad de préstamo de
la Reserva Federal de Estados
Unidos
(Ven) ventanilla de descuentos

discount yield
rendimiento de descuento
(rendimiento de un título valor
vendido a un precio inferior a su
valor nominal)
discounted cash flow
flujo de efectivo descontado
(Ar) actualización de los flujos de
fondos
discounting the news
variar el precio del valor según las
noticias
discovery
descubrimiento, conocimiento
discovery sampling
muestreo de descubrimiento
discrepancy
discrepancia, desacuerdo,
oposición, desviación
discretion
discreción, sabiduría, juicio
discretionary cost
costo discrecional
discretionary income
ingreso discrecional, ingreso
disponible
discretionary policy
política discrecional
discretionary spending power
poder de compra discrecional
(Ven) poder adquisitivo
discrecional
discrimination
discriminación, discernimiento,
juicio, distinción
diseconomies
deseconomías
dishonor
deshonra, falta de pago de un
cheque, falta de aceptación (de un
título de crédito)
v. deshonrar, incumplir (el pago
de una deuda)
disinflation
deflación, desinflación, cese de
inflación
disintermediation
desintermediación

disjoint events
eventos de separación, eventos
desarticulados
disk
disco
disk drive
unidad de disco
dismissal
despido, destitución, rechazo (de
una demanda)
(Mex) dimisión
dispatcher
despachador, expedidor,
tramitador
disposable income
ingreso (individual) disponible
después del pago de los
impuestos directos y que se utiliza
consecuentemente para el consumo
y el ahorro
dispossess
desposeer, expropiar
(Mex) desalojar
dispossess proceedings
juicio o diligencia de desalojo
(Mex) desalojo
(Ven) procedimiento de
desalojo
dissolution
disolución, anulación
distressed property
propiedad en juicio hipotecario
(Ven) propiedad vendida como
parte de una ejecución judicial
distribution
distribución, asignación,
repartición
distribution allowance
descuento de distribución
(Ar) bonificación de distribución
(Ch) asignación de distribución
(Ven) subvención para distribución
distribution cost analysis
análisis de costo de distribución
distributor
distribuidor, concesionario
diversification
diversificación

diversified company
empresa diversificada
divestiture
desposesión, privación, cesión de
activos, venta de activos
(Ar) (Mex) venta o liquidación
de una división o subsidiaria de
una compañía
dividend
dividendo
dividend addition
suma de dividendos
dividend exclusion
exclusión de dividendos
dividend payout ratio
razón o relación de pago de
dividendos, razón o relación de
distribución de dividendos con
relación a las utilidades
(Ven) porcentaje de pago de
dividendos
dividend reinvestment plan
plan de reinversión de dividendos
dividend requirement
requisito de dividendos
dividend rollover plan
plan renovable/prorrogable de
dividendos a tasa variable
dividends payable
dividendos por pagar
division of labor
división del trabajo
docking
uso de instalaciones portuarias
docking station
estación de acoplamiento
documentary evidence
documento probatorio
(Ar) prueba documental
(Ch) documentación de respaldo
documentation
documentación
doing business as (DBA)
hacer negocios como o bajo el
nombre de
dollar cost averaging
compra de acciones en cantidad
constante

dollar drain
fuga o drenaje de dólares
dollar unit sampling (DUS)
muestreo unitario en dólares
dollar value LIFO
valor en dólares de últimas
entradas, primeras salidas
(inventarios, informática, etc.)
domestic corporation
corporación doméstica
(Ch) sociedad anónima nacional
domicile
domicilio
v. domiciliar, residir
dominant tenement
propiedad dominante
donated stock
acciones donadas
donated surplus
superávit donado
donor
donador, donante
double click
doble clic
v. hacer doble clic en
double declining balance
doble disminución de saldo
double precision
(Ar) precisión doble
(Mex) doble precisión
double taxation
doble imposición, doble gravamen,
doble impuesto fiscal
(Ch) (Ven) doble tributación
double time
tiempo doble
double (treble) damages
doble (triple) indemnización por
daños y perjuicios
double-digit inflation
inflación de dos dígitos
(Ar) tasa de inflación de 10% o
más
double-dipping
(Ar) doble empleo con miras de
obtener dos pensiones
(Ch) sacar provecho dos veces
(Mex) doble inmersión

double-entry accounting
contabilidad con doble registro
Dow theory
teoría de índice bursátil que indica
el curso de los valores industriales
de la bolsa de valores de Nueva
York
dower
propiedad vitalicia de la viuda en
los bienes inmuebles del marido,
habilidad, dote, beneficio
download
descargar
down payment
adelanto, pago a cuenta
(Ch) pago de pie, abono
(Es) arras
(Mex) enganche
(Ven) por adelantado
downside risk
riesgo en descenso, riesgo a la baja
(Ar) pérdidas potenciales que
pueden producirse si se realiza
una determinada inversión
downsizing
reducción de personal efectivo
para mayor eficiencia
down tick
baja ligera (bolsa)
(operación ejecutada a un precio
inferior con respecto a la operación anterior con el mismo título
valor)
downtime
tiempo de suspensión, tiempo
muerto, tiempo ocioso
(Ch) tiempo de detención
downturn
cambio bajista en un ciclo
(Ar) caída del precio de un título
valor
downzoning
(Mex) (Ven) rezonificación para
disminuir la intensidad de uso
dowry
dote, bienes dotales
draft
proyecto, documento de

crédito, letra de cambio, efecto
cambiario, cheque
v. redactar, expresar, incorporar,
hacer un bosquejo (de un
proyecto)
(Ch) borrador
draining reserves
agotamiento de las reservas
draw
mercancía en reclamación,
empate (en las votaciones)
v. girar, descontar, librar, cobrar
(salarios)
(Ch) giro
draw tool
herramienta de dibujo
drawee
girado, librado, aceptador (de una
letra)
drawer
girador, librador, suscriptor,
diseñador
drawing account
cuenta corriente
(Mex) cuenta personal
drive
unidad
drop-down menu/ pull-down menu
menu desplegable
drop-shipping
embarque directo
dry goods
artículos de confección
dumping
saturación ilegal
dun
exigencia de pago
duplex copying/printing
copiado duplex/ impresión
duplication of benefits
duplicaciones de beneficios
(Mex) duplicación de prestaciones
duress
coacción, compulsión
dutch auction
subasta holandesa, mercancías
rebajadas, venta de descuento
duty

E

deber, función, derecho,
impuesto, arancel, tasa

each way
aprovechar de la compra
y la venta

early retirement
jubilación temprana
(Ch) (Mex) (Ven) jubilación
anticipada

early retirement benefits
beneficios de jubilación temprana
(Mex) prestaciones por
jubilación prematura o anticipada
(Ven) beneficios de jubilación
anticipada

early withdrawal penalty
penalidad de retiro de fondos
prematuro
(Mex) sanción por retiro
prematuro de fondos

earned income
rentas del trabajo
(Ar) ingreso personal
(Ch) (Mex) (Ven) ingresos
devengados

earnest money
prenda, señal, arras
(Ar) seña
(Ven) pago inicial,
depósito

earnings and profits
ganancias y beneficios
(Mex) ingresos y utilidades

earnings before taxes
ganancias antes de impuestos
(Ar) utilidad preimpositiva
(Mex) ingresos antes de
impuestos

earnings per share
ingresos por acción, beneficios
por acción

earnings report
informe de ingresos

(Ar) estado de resultados
(Ven) informe de resultados

easement
servidumbre, derecho de uso (por
ejemplo, derecho de transmisión
de una propiedad)

easy money
dinero fácil, crédito económico

e-commerce
comercio electrónico

econometrics
econometría

economic
económico

economic analysis
análisis económico

economic base
base económica

economic depreciation
depreciación económica

economic freedom
libertad económica

economic growth
crecimiento económico

economic growth rate
tasa de crecimiento económico
(Ven) índice de crecimiento
económico

economic indicators
indicadores económicos

economic life
vida útil de un activo, vida
económica

economic loss
pérdida económica

economic rent
alquiler o arrendamiento
económico
(Ar) renta económica

economic sanctions
sanciones económicas

economic system
sistema económico

economic value
   valor económico
economics
   economía, ciencia económica,
   economía política
economies of scale
   economías de escala
economist
   economista
economy
   economía
edit
   editar
effective date
   fecha efectiva, valor, fecha en
   vigor
   (Mex) vigencia
   (Ven) fecha tope, de entrada en
   vigor
effective debt
   deuda efectiva
effective net worth
   valor neto efectivo
   (Ven) valor efectivo neto
effective rate
   tasa efectiva
effective tax rate
   tasa contributiva efectiva
   (Ch) carga tributaria efectiva
   (Mex) tasa fiscal o impositiva real
efficiency
   eficiencia, rendimiento
efficient market
   mercado eficiente, mercado
   competente
efficient portfolio
   cartera eficiente
   (Ch) portafolio eficiente
eject
   expulsar
ejectment
   desahucio, lanzamiento
   (acción dirigida a recuperar la
   posesión de un inmueble)
elasticity of supply and demand
   flexibilidad de la oferta y
   demanda (variaciones en función
   del precio)

elect
   elegir, escoger
electronic mail (email)
   correo electrónico
eligibility requirements
   requisitos de elegibilidad,
   requisitos de aceptabilidad
   (Ch) requerimientos para calificar
eligible paper
   papel redescontable
   (Ar) valores o efectos negociables
   (Ven) efectos redescontables
email address
   dirección de correo electrónico
   dirección electrónica
emancipation
   emancipación
embargo
   embargo, confiscación, decomiso
   v. embargar, requisar
embed
   incrustar, insertar
embedded link
   enlace hipertextual inserto
embezzlement
   desvío de fondos, malversación
   (Mex) desfalco, peculado
emblement
   cosecha, frutos cultivados
eminent domain
   dominio eminente, derecho de
   expropiación
employee
   empleado, asalariado
   (Ch) trabajador
employee association
   asociación de empleados
   (Ch) asociación de trabajadores
employee benefits
   beneficios de empleados
   (Ch) beneficios de los
   trabajadores
   (Mex) prestaciones laborales
   (Ven) prestaciones sociales
employee contributions
   contribuciones de empleados (Ch)
   aportes de los trabajadores
employee profit sharing

(Mex) reparto de utilidades
(plan de participación de los
empleados en las ganancias de la
empresa)

employee stock option
opción de empleados de
suscripción de acciones
(Ar) derecho de opción a adquirir
acciones en la empresa, Programa
de Propiedad Participada (PPP)
(Mex) opción de compra de
acciones para empleados

**Employee Stock Ownership Plan
(ESOP)**
plan de posesión de acciones de
los empleados

employer
patrón, empresario, empleador

employer interference
interferencia de patrón
(Mex) interferencia patronal

employment agency
agencia de empleos, oficina
de colocaciones, agencia de
reclutamiento
(Mex) agencia de colocaciones

employment contract
contrato de empleo
(Ch) (Ven) contrato de trabajo
(Mex) contrato laboral, contrato
colectivo de trabajo

enable
habilitar

enabling clause
cláusula de autorización, cláusula
habilitante

encoding
codificación

encroach
invadir, entablar, usurpar,
inmiscuirse en asuntos o
funciones ajenas

encroachment
invasión, usurpación

encryption
codificación

encumbrance
gravamen, carga, hipoteca

(Ar) derecho de garantía sobre un
bien inmueble

end of month
fin de mes
(Ch) cierre de mes

end user
usuario final

endorsement or indorsement
endoso, respaldo, autorización,
póliza adicional

endowment
dotación, fundación

energy tax credit
crédito de impuesto energético
(acreditamiento fiscal o
impositivo por consumo de
combustibles)

enjoin
imponer, dictaminar, prescribir,
ordenar, impedir
(Ven) mandar, requerir

enterprise
empresa, proyecto

enterprise zone
zona empresarial
(Ven) zona/polo de desarrollo
empresarial

entity
entidad, ente

entrepreneur
empresario, emprendedor

entry-level job
trabajo de aprendiz

**Environmental Impact Statement
(EIS)**
declaración de impacto
ambiental

environmentally friendly
ecológico

EOM dating
(Ch) con fecha al fin de mes
(Mex) fechado cada tercer mes

equal opportunity employer
patrón de igualdad de
oportunidades
(Mex) (empresa que practica) la
igualdad laboral
(empleador que no discrimina con

respecto a edad, color, religión,
nacionalidad, creencias)

equal protection of the laws
igual protección de ley, derecho a
un igual trato bajo la ley
(Ven) igualdad ante la ley

equalization board
comité equitativo, consejo de
estabilización o igualación

equilibrium
equilibrio

equilibrium price
precio de equilibrio

equilibrium quantity
(Ar) (Mex) cantidad de
equilibrio
(Ven) cantidad de una mercancía
comprada o vendida en un
mercado en equilibrio

equipment
cquipo, material, instalación

equipment leasing
arrendamiento de equipo

equipment trust bond
obligación de fideicomiso de
equipos
(bono a largo plazo o mediano
plazo que paga un rendimiento
fijo sobre el monto cobrado por el
alquiler de equipos)

equitable
equitativo, justo

equitable distribution
distribución equitativa

equity
equidad, imparcialidad,
recursos propios, patrimonio
(Mex) propiedad neta, capital
contable, acción, participación

equity financing
financiamiento a través de fondos
propios
(Ar) financiación a través de la
emisión de acciones
(Mex) financiamiento de
patrimonio

equity method
método de participación

(Ch) método de valor patrimonial
proporcional

equity of redemption
derecho (hipotecario) de rescate
(Ar) derecho de recuperar el bien
ejecutado

equity REIT
(Ar) compañía de inversiones
inmobiliarias que se especializa
en adquirir todo tipo de bienes
raíces
(Ven) entidad de inversión
mobiliaria que adquiere los
inmuebles en los que invierte

equivalent taxable yield
rendimiento gravable equivalente

erase
borrar

error
error, falta, equivocación

error message
mensaje de error

escalator clause
cláusula de revisión, cláusula de
indexación
(Ar) cláusula de ajuste sobre la
basc de la evolución de precios
minoristas

escape key (esc)
tecla Escape

escheat
desheredación, devolución de
una herencia al estado
(Ven) ley de reversión al estado
v. incurrir en un estado de
desheredación, confiscar una
sucesión
(Ven) pasar a ser propiedad del
estado por falta de herederos

escrow
plica, retención
(acuerdo escrito que autoriza a un
tercero a mantener títulos valores
en custodia)

escrow agent
agente de retención
(Mex) depositario

espionage, industrial

espionaje industrial

essential industry
industria esencial o indispensable
(Mex) industria básica

estate
bienes, propiedad, patrimonio,
inmueble
(Ch) cuerpo de la herencia

estate in reversion
propiedad en reversión

estate in severalty
propiedad de dominio de una sola
persona
(Ven) propiedad unititular

estate planning
planificación de patrimonio,
planificación de propiedad
(Ch) planificación de la herencia

estate tax
impuesto sucesorio, impuesto
sobre sucesiones

estimate
evaluación, estimación,
apreciación, previsión, pronóstico,
presupuesto

estimated tax
impuesto estimativo, impuesto
estimado

estimator
estimador

estoppel
impedimento, preclusión,
exclusión

estoppel certificate
certificado de exclusión

estovers
derecho a cortar árboles en un
predio arrendado

ethical
ético, moral

ethics
ética

euro
euro (referente a Europa)

European Common Market
Mercado Común Europeo
(Mex) Mercomún
Europeo

**European Economic Community
(EEC)**
Comunidad Económica Europea
(CEE)

eviction
expulsión, desplazamiento,
desposesión, desahucio
(Ch) desalojamiento
(Mex) (Ven) desalojo

eviction, actual
(Ar) desalojo real
(Ch) desalojamiento
efectivo
(Mex) deshaucio efectivo,
desalojo efectivo
(Ven) desalojo físico, evicción
efectiva

eviction, constructive
(Ar) desalojo constructivo
(Ch) desalojamiento
constructivo
(Mex) deshaucio o desalojo
implícito
(Ven) desalojo indirecto

eviction, partial
(Ar) (Mex) (Ven) desalojo parcial
(Ch) desalojamiento parcial

evidence of title
escritura de propiedad
(Mex) título de propiedad

exact interest
interés calculado sobre año
natural

"except for" opinion
opinión "salvo a"
(Ch) dictamen con
salvedad

excess profits tax
impuesto adicional sobre
ganancias

excess reserves
reservas en exceso

exchange
intercambio, cambio
v. intercambiar, cambiar, canjear,
permutar

exchange control
control de cambios

exchange rate
    tasa de cambio, tipo de
    cambio

excise tax
    impuesto al consumo (de tabaco,
    alcohol)

exclusion
    exclusión

exclusion of coverage
    exclusión de cobertura

exclusions
    exclusiones

exculpatory
    eximente, justificativo

ex-dividend date
    fecha sin dividendo

execute
    ejecutar, realizar, formalizar,
    firmar

executed
    ejecutado, realizado, formalizado,
    firmado

executed contract
    contrato ejecutado, contrato
    cumplido
    (Ch) contrato celebrado

execution
    ejecución, desempeño, ejercicio
    (de funciones), embargo,
    ejecución por embargo de bienes
    inmuebles

executive
    ejecutivo, dirigente

executive committee
    comité ejecutivo, oficina de una
    asociación
    (Ch) comité directivo

executive perquisites
    beneficios ejecutivos
    adicionales

executor
    albacea testamentario,
    ejecutor testamentario

executory
    ejecutorio

exempt securities
    valores exentos

exemption

exención, dispensa, exoneración,
desgravación fiscal

exercise
    ejercicio
    v. ejercer, practicar, manifestar

exit interview
    entrevista de partida

ex-legal
    ex legal

expandable
    expandible

expansion
    expansión, extensión, desarrollo,
    crecimiento

expected value
    valor esperado, valor previsto

expense
    gasto, cargo, desembolso
    v. gastar, ejercer un gasto,
    presentar o cubrir una nota
    de gastos

expense account
    cuenta de gastos
    (Ch) fondo por rendir
    (Ven) cuenta de gastos de
    representación

expense budget
    presupuesto de gastos

expense ratio
    razón de gastos
    (Ar) relación de gastos

expense report
    informe de gastos
    (Ch) rendición de gastos

experience refund
    reembolso por experiencia

experience rating
    tasación de experiencia

expert power
    poder pericial

expiration
    expiración, fin, cesación,
    vencimiento

expiration notice
    notificación de vencimiento
    (Ch) aviso de vencimiento

exploitation
    explotación, producción de valor

exponential smoothing
suavización de datos exponencial

export
exportación, mercancía exportada
v. exportar

Export-Import Bank (EXIMBANK)
Banco de Importaciones y Exportaciones (EXIMBANK)
(Mex) Banco de Comercio Exterior de los Estados Unidos (EXIMBANK)

exposure
exposición, difusión, divulgación, riesgo

exposure draft
informe financiero preliminar

express
expreso, mensajero, rápido
v. expresar, enunciar, formular, enviar por exprés

express authority
autoridad expresa

express contract
contrato expreso

extended coverage
cobertura ampliada, cobertura extendida
(Mex) riesgo adicional

extended coverage endorsement
endoso de cobertura extendida

extension
prórroga, prolongación

extension of time for filing
prórroga de tiempo para registrar
(Ch) (Mex) prórroga de tiempo para declarar (impuestos)

extenuating circumstances
circunstancias atenuantes

external audit
auditoría externa

external documents
documentos externos

external funds
fondos externos

external report
informe externo

extra dividend
dividendo adicional

extractive industry
industria extractiva, industria minera
(Ven) industria de la extracción

extraordinary dividends
dividendos extraordinarios

extraordinary item
asiento contable extraordinario
(Ch) hecho extraordinario

extrapolation
extrapolación

F

fabricator
fabricante
face amount
valor nominal, valor facial
(Ar) importe nominal
face interest rate
(Ar) (Ch) (Mex) tasa de interés
nominal
face value
valor nominal
facility
facilidad, disposición, aptitud,
línea de crédito, equipo,
instalación
facsimile
facsímil (fax)
factor analysis
análisis factorial
factorial
factorial
factoring
descuento de facturas, factoring"
factory overhead
gastos indirectos o generales de
fábrica
fail to deliver
incumplimiento o falta de
entrega
fail to receive
falta de recepción
failure analysis
análisis de quiebra, análisis de
fracaso
fair market rent
alquiler o arrendamiento
equitativo de venta o de mercado
(Ar) comercio en condiciones de
reciprocidad
fair market value
valor equitativo de venta, valor
justo de mercado
(Mex) valor real de mercado
fair rate of return

tasa de rendimiento equitativa
fair trade
respeto de los acuerdos de
reciprocidad en las transacciones
comerciales, trato justo,
operación justa
fallback option
opción de recurso de emergencia
fallen building clause
(Mex) cláusula de construcción
derruida
(cláusula en algunas pólizas de
seguro que anula la cobertura en
el caso del colapso del edificio
asegurado debido a causas
distintas a las cubiertas por la
póliza)
false advertising
publicidad falsa
(Ven) publicidad engañosa
family income policy
política de ingresos familiar
(Ch) póliza de seguro para cubrir
los ingresos familiares
family life cycle
ciclo de vida familiar
family of funds
(Ar) (Ch) familia o grupos de
fondos
(Mex) familia de fondos mutuos
(Ven) diferentes fondos mutuos
ofrecidos por una sola empresa
inversionista
FAQ (frequently asked questions)
FAQ, preguntas frecuentes
farm surplus
superávit agrícola
fascism
fascismo
fast tracking
(Ch) seguir la pista rápida,
avanzar a un ritmo acelerado
(Mex) negociación rápida

(Ven) agilización por vía rápida
fatal error
error fatal
favorable trade balance
balanza comercial ventajosa o
favorable
(Ar) balanza comercial que arroja
un saldo positivo
feasibility study
estudio de viabilidad, estudio de
factibilidad
featherbedding
(Mex) exceso de personal
(prácticas laborales mediante las
cuales se mantiene artificialmente
el empleo incrementando la
cantidad de empleados o el tiempo
necesario para finalizar la tarea)
federal deficit
déficit federal
**Federal Deposit Insurance
Corporation (FDIC)**
Corporación de Seguro de
Depósito Federal (CSDF)
federal funds
fondos federales
(Ar) fondos del banco central
federal funds rate
tasa de fondos federales
(Ar) tasa de interés para fondos
federales
Federal Reserve Bank
Banco de la Reserva Federal
(Mex) Reserva Federal
Federal Reserve Board (FRB)
Consejo de la Reserva Federal
Federal Reserve System (FED)
Sistema de la Reserva Federal
**Federal Savings and Loan
Association**
Asociación de Préstamos y
Ahorros Federal
(Mex) Asociación Federal de
Crédito y Ahorro
Fed wire
cable federal
fee
honorarios, derechos, retribución,

comisión
fee simple or fee simple absolute
sin condición, libre, con toda
propiedad, con todos los derechos
de goce y de posesión
(Ar) derecho de dominio pleno
feeder lines
líneas (de autobuses, aviones,
trenes) secundaria que se derivan
de una línea principal
FHA mortgage loan
crédito hipotecario de la
Asociación de Viviendas Federal
(Mex) crédito hipotecario del
Instituto Nacional del Fondo para
la Vivienda (de Interés Social)
(FHA)
fidelity bond
seguro contra el robo
por empleados
fiduciary
fiduciario
fiduciary bond
obligación o bono fiduciario (Ven)
fianza de fidelidad
field staff
personal de campo
(Ch) personal de terreno
field theory of motivation
teoría de motivación externa
file
expediente, archivo, carpeta
v. clasificar, archivar, guardar un
documento, depositar, presentar,
registrar
file backup
copia de seguridad de archivo
file extension
extension de archivo
file format
formato de archivo
file transfer protocol (FTP)
protocolo de transferencia de
archivos
fill or kill (FOK)
orden de compra o venta
que se debe ejecutar o anular
inmediatamente

(Mex) pedido que se cancela si no
se ejecuta de inmediato

filtering down
(Ch) filtrar hacia abajo, cascada

final assembly
asamblea definitiva

finance charge
gasto financiero
(Ch) cargo financiero
(Mex) cargo por financiamiento,
intereses

finance company
sociedad o compañía financiera,
entidad de financiación

financial accounting
contabilidad financiera

financial advertising
publicidad financiera

financial future
contrato de instrumentos
financieros a plazo
(Ar) futuro financiero, contrato de
futuros sobre títulos valores

financial insitution
institución financiera

financial intermediary
intermediario financiero

financial lease
arrendamiento financiero
(Ar) (Ch) "leasing"

**Financial Management Rate of
Return (FMRR)**
tasa de rendimiento de administración financiera

financial market
mercado financiero

financial position
posición financiera

financial pyramid
pirámide financiera
(Ar) pirámide de riesgo

financial statement
estado financiero, documentación
financiera
(Ar) estados contables

financial structure
estructura financiera

financial supermarket
supermercado financiero

financing
financiamiento, financiación

finder's fee
honorario de intermediario
(Mex) comisión de
intermediación

finished goods
artículos terminados, productos
acabados

fire insurance
seguro contra incendios

firm
razón social, firma, casa,
sociedad; adj. firme, estable,
mantenido, sostenido

firm commitment
compromiso sólido,
compromiso firme

firm offer
oferta firme, oferta sólida

firm order
orden firme, orden sólida

firm quote
cotización firme, cotización sólida

first in, first out (FIFO)
método de costeo de los
inventarios "primeras entradas
primeras salidas" (PEPS)

first lien
primer gravamen, primera
hipoteca

first mortgage
primera hipoteca, hipoteca de
primer grado

first-line management
gestión o administración de
primer nivel
(Ven) gerencia de primera
línea

first-year depreciation
depreciación de primer año

fiscal
fiscal

fiscal agent
agente fiscal

fiscal policy
política fiscal

fiscalist
  fiscalista
fixation
  fijación
fixed annuity
  anualidad fija
  (Ar) renta vitalicia fija
fixed asset
  activo fijo
  (Ar) bienes de uso
fixed benefits
  beneficios fijos
  (Mex) prestaciones fijas
fixed charge
  cargo fijo
fixed cost
  costo fijo o constante
fixed fee
  honorario fijo o determinado
fixed income
  renta fija
fixed income statement
  declaración de renta fija
fixed premium
  prima fija
fixed-charge coverage
  cobertura de cargo fijo
fixed-price contract
  contrato a precio fijo
fixed-rate loan
  préstamo a tasa fija
fixture
  aparato fijo, instalación fija,
  mobiliario
flanker brand
  marca complementaria
flash memory
  memoria flash
flat
  fijo, constante, global, neto, sin
  interés
flat rate
  tasa uniforme
  (Ar) tarifa fija
  (Ch) tasa única
flat scale
  escala uniforme
  (Ch) escala única

flat tax
  impuesto fijo
  (Ch) impuesto único
flexible budget
  presupuesto flexible
flexible-payment mortgage (FPM)
  hipoteca de pago flexible
flextime
  horarios flexibles
flight to quality
  huida hacia la calidad
float
  producto en curso de fabricación,
  flotación de una moneda, títulos
  negociables, venta de títulos
  v. flotar, lanzar, emitir
  (Ar) fijar tipo de cambio libre
floatation cost
  costo de flotación
  (Ar) costo de emisión
floater
  emisión (de eurodólares, etc.)
floating debt
  deuda flotante o deuda
  a corto plazo
  (Mex) deuda circulante
floating currency exchange rate
  tipo o tasa de cambio de divisa
  flotante
floating exchange rate
  tipo o tasa de cambio flotante
floating securities
  valores circulantes, valores
  flotantes
floating supply
  provisión flotante, provisión
  circulante
  (Ar) acciones en circulación
floating-point number
  número de interés flotante
  (Mex) número de punto
  flotante
floating-rate note
  bono a tasa variable, bono a tasa
  flotante
flood insurance
  seguro de inundación
floor loan

(Ar) porcentaje mínimo para un préstamo
(Mex) préstamo mínimo

floor plan
plano de piso, planta de piso
(Ar) diagrama de planta
(Mex) diagrama

floor plan insurance
seguro de plano de piso, seguro de planta de piso
(Ar) seguro de diagrama de planta
(Mex) seguro de certificados de depósito

flow of funds
flujo de dinero, flujo monetario
(Ar) flujo de fondos

flowchart
diagrama de secuencia, diagrama de flujo, organigrama funcional
(Ch) flujigrama

fluctuation
fluctuación, variación, oscilación

fluctuation limit
límite de fluctuación
(Ch) banda (para fluctuación del tipo de cambio)

flush (left/right)
alineación (izquierda/derecha)

follow
seguir

follower
seguidor

follow-up letter
carta de seguimiento, letra de reactivación

font
fuente

footing
posición, situación, estado, total de una suma
(Ar) suma o total de una columna

footnote
nota al pie

for your information (FYI)
para su información

forced page break
salto forzado de página

forced sale
venta forzada

forced saving
ahorros forzados

forecasting
pronosticación, previsiones

foreclosure
juicio hipotecario,
privación de un derecho,
embargo (de un bien hipotecado)
(Ar) ejecución de hipotecaria
(Mex) entablar y decidir un juicio hipotecario

foreign corporation
corporación extranjera

foreign direct investment
inversión directa extranjera

foreign exchange
divisas, mercado de divisas

foreign income
ingresos extranjeros

foreign investment
inversión extranjera

foreign trade zone
zona de comercio exterior
(Ven) zona franca

forfeiture
decomiso, pérdida, caducidad, confiscación
(Ar) pérdida legal de un derecho

forgery
falsificación, fraude, documento falsificado

format
formato

formula investing
invertir por fórmula
(Ar) plan de inversión

fortuitous loss
pérdida fortuita, pérdida accidental

forward
adelantado, hacia adelante,
a plazo
v. expedir, enviar, transferir,
transferir el saldo hacia el futuro

forward contract
contratos a plazo

(Ar) contrato a término

forward integration
integración de empresas de
producción y de distribución
(Ven) integración progresiva

forward pricing
precio de acciones adelantado

forward stock
inventario protegido

forwarding company
empresa de expedición

foul bill of lading
conocimiento de embarque con
reservas
(Mex) conocimiento condicionado
(Ven) conocimiento de embarque
tachado, con defectos, viciado

401(k) plan
plan de ahorro para jubilación,
plan 401(k)

fourth market
(Ar) (Mex) cuarto mercado
(mercado de valores no
registrado, directamente de
inversor a inversor)

fractional share
acción fraccionada
(Ar) acción fraccionaria

frame rate
tasa de cuadros

franchise
franquicia, exención
(Mex) concesión

franchise tax
impuesto sobre franquicia

frank
exentar, eximir, franquear

fraud
fraude, estafa, dolo

fraudulent misrepresentation
declaración fraudulenta

free alongside ship (FAS)
franco (costado de la) barcaza,
franco sobre muelle
(Ar) libre al costado del buque
(Ven) franco al costado del
buque

free and clear

libre de gravámenes

free and open market
mercado libre

free enterprise
libre empresa

free market
mercado libre

free on board (FOB)
franco a bordo
(Ar) (Mex) libre a bordo

free port
puerto franco o libre
(Ven) zona franca

freehold (estate)
derecho de dominio absoluto
(Ar) dominio absoluto,
propiedad absoluta
(Ven) propiedad de dominio
absoluto

freight insurance
seguro de flete

frequency
frecuencia

frictional unemployment
desempleo friccional,
desempleo irreductible

friendly suit
juicio amigable

frontage
terreno al borde de, terreno entre
una casa y la carretera
(Mex) frente, fachada
(Ven) la parte del frente de
una propiedad, el frente de la
propiedad

front-end load
(Ar) carga frontal
(Ch) cargo de inicio (para un
crédito)
(Mex) fondo mutuo que cobra
comisiones por compra de
acciones, comisión por compra de
acciones
(Ven) cuota de entrada

front foot
(Ven) medida equivalente a un
pie de frente de una propiedad,
utilizada para fijar el valor de los

impuestos, tasas y contribuciones
front money
dinero por delante
front office
oficina principal
frozen account
cuenta congelada, cuenta
bloqueada
fulfillment
logro, ejecución, terminación (de
un período)
(Ar) (Ven) cumplimiento
full coverage
cobertura total
full disclosure
divulgación total
full faith and credit
fidelidad de compromiso y crédito
total
full screen display
visualización pantalla completa
full-service broker
corredor o agente de pleno
servicio
**fully diluted earnings per (common)
share**
ganancias por acciones (comunes)
totalmente diluidas
fully paid policy
póliza totalmente pagada
function key
tecla de function
functional authority
autoridad funcional

functional currency
moneda funcional
functional obsolescence
obsolescencia funcional
functional organization
organización funcional
fund accounting
contabilidad de fondos
fundamental analysis
análisis básico, análisis
fundamental
funded debt
deuda consolidada, pasivo
consolidado, deuda a largo plazo
funded pension plan
plan de jubilación consolidado
funding
financiamiento, consolidación (de
una deuda), colocación de fondos
fundraising
obtener o solicitar fondos
(Ch) recaudación de fondos
furlough
conceder permiso de ausencia
en el trabajo, suspender
temporalmente las actividades
laborales y los sueldos
(Ven) permiso laboral
future interest
interés futuro
futures contract
contrato de futuros
futures market
mercado de futuros

G

gain
ganancia, ventaja, aumento, utilidad, beneficio
(Ch) mayor valor
v. ganar, adquirir, obtener, aumentar

gain contingency
contingencia de ganancia

galloping inflation
inflación galopante, inflación súbita

game card
tarjeta de juegos

gaming
competir por un contrato

gap
diferencia, déficit, carencia de contacto entre el alto y bajo del día con las mismas variables, desequilibrio, desajuste
(Ar) (Ch) (Ven) brecha

gap loan
préstamo de diferencia

garnish
embargar, apelar a la justicia, guarnecer

garnishee
embargado

garnishment
embargo de bienes, embargo de terceros
(Mex) emplazamiento (de un juicio)

gender analysis
análisis por género

general contractor
contratista general, contratista principal

general equilibrium analysis
análisis de equilibrio general

general expense
gasto general

general fund
fondo general

general journal
diario general
(Ch) libro, diario

general ledger
libro mayor general
(Ch) (Mex) libro mayor

general liability insurance
seguro de responsabilidad general

general lien
gravamen general

general obligation bond
bono de compromiso general
(Ven) bono de responsabilidad general

general partner
socio general, socio regular, socio solidario
(Ven) socio capitalista

general revenue
ingreso general

general revenue sharing
distribución de ingresos generales

general scheme
plan general, proyecto general
(Ch) esquema general

general strike
huelga general

general warranty deed
acta de garantía general

generalist
generalista

generally accepted accounting principles
principios de contabilidad generalmente aceptados
(Ar) Principios Contables Generalmente Aceptados (PCGA)

generation-skipping transfer
(Ch) una transferencia que salta generaciones
(Ven) transferencia realizada no a la generación siguiente sino a la subsiguiente

generic appeal
  petición, apelación genérica
generic bond
  bono genérico
generic market
  mercado genérico
gentrification
  aburguesamiento
geodemography
  geodemografía
gift
  donación, prima
  (Mex) dote, prenda
  (Ven) regalo, dádiva
gift deed
  escritura sobre donaciones o
  transferencias a título gratuito
gift tax
  impuesto sobre donaciones o
  transferencias a título gratuito
girth
  circunferencia, dimensiones
glamour stock
  valores de primer nivel
glut
  saturación, oferta excesiva,
  inundación (de un mercado)
  (Mex) abundancia
  v. saturar, inundar (un mercado)
goal
  meta, objetivo
goal congruence
  congruencia de objetivos
goal programming
  programación de objetivos
goal setting
  establecimiento de objetivos
go-between
  intermediario (en una negociación)
going-concern clause
  cláusula de negocio en marcha
going long
  a largo plazo, vencimiento a largo
  plazo
going private
  proceso de sociedad que se
  hace privada
going public

entrar a la bolsa, cotizarse en la
bolsa, convertirse en una sociedad
anónima (para vender acciones en
la bolsa)
going short
  vender corto, vender acciones
  que uno no tiene
gold fixing
  (Ar) determinación del precio
  del oro por parte de los
  especialistas
  (Ch) fijar el precio o valor en base
  del oro
  (Mex) fijación del precio del oro
gold mutual fund
  fondo de inversiones en oro
gold standard
  patrón oro
goldbrick
  estafa, timo
  v. pasar el tiempo sin trabajar
goldbug
  dedicado al oro
  (analista que opina que los
  inversores deberían invertir solo
  en oro)
golden handcuffs
  prima de permanencia
  (incentivo monetario que una
  compañía ofrece a sus ejecutivos
  para evitar que se sientan tentados
  a aceptar las ofertas de trabajo de
  otras empresas)
golden handshake
  suma que se entrega a un
  dirigente que se jubila, regalo
  de despedida que se hace a un
  trabajador de cuyos servicios se
  va a prescindir, o a un empleado
  que ha sido despedido
golden parachute
  paracaídas (cláusula)
  (convenio que protege a los altos
  ejecutivos en caso de que la
  corporación cambie de control)
good delivery
  entrega satisfactoria, entrega
  buena

good faith
 buena fe
 (Ar) con garantía
good money
 dinero disponible
good title
 título válido o seguro
good-faith deposit
 depósito de buena fe
 (Ar) depósito de garantía,
 fondos disponibles
goodness-of-fit test
 prueba de la precisión del
 ajuste
goods
 mercancías, productos, bienes
goods and services
 bienes y servicios
good-till-canceled order (GTC)
 orden de compraventa vigente
 hasta su ejecución o
 cancelación
goodwill
 reputación o crédito mercantil
 (Ch) menor valor de inversión,
 plusvalía, llave
GPS
 sistema de posicionamiento
 global, GPS
grace period
 período de gracia
graduated lease
 arrendamiento escalonado
 (Ar) arrendamiento gradual
 (Ch) "leasing" con cuotas
 graduadas
**graduated payment mortgage
(GPM)**
 hipoteca de pagos progresivos
 (Mex) hipoteca de pagos escalonados
graduated wages
 salario escalonado
 (Ar) salario progresivo
graft
 injerto, corrupción, soborno
 v. cometer concusión
grandfather clause

 disposición legal que protege
 derechos adquiridos
 (Ar) cláusula de retroactividad
grant
 otorgamiento, entrega,
 subvención, dotación
 v. otorgar, conceder, entregar,
 asignar, conceder
 (Ar) subvención, subsidio,
 dádiva
grantee
 cesionario, beneficiario de una
 dotación, donatario
grantor
 otorgante, donante, cesionista
 (Mex) cesionario
grantor trust
 (Ch) (Ven) fideicomiso del
 otorgante
 (Mex) fideicomiso en el que el
 cesionario retiene el control de los
 ingresos para efectos fiscales
graph
 gráfico
graphics card
 tarjeta de gráficos
gratuitous
 gratuito, benévolo
gratuity
 gratificación, prima,
 indemnización en caso de deceso
graveyard market
 (Ar) mercado suicida
 (Mex) mercado gris
 (mercado en el que los que están
 dentro quieren salir y los que
 están fuera no les apetece entrar)
graveyard shift
 turno de la noche
gray scale
 escala gris
Great Depression
 crisis económica de 1929
greenmail
 maniobra para evitar un
 "takeover"
gross
 bruto, gruesa

v. obtener un beneficio bruto, producir, ganar (antes de deducción de gastos por concepto de impuestos)

gross amount
cantidad bruta
(Mex) importe total
(Ven) monto bruto

gross billing
facturación bruta

gross earnings
beneficios brutos, ganancias brutas

gross estate
propiedad o patrimonio bruto (antes de impuestos)

gross income
ingreso bruto

gross leaseable area
área a la gruesa que puede arrendarse

gross lease
arrendamiento bruto

gross national debt
deuda nacional bruta

gross national expenditure
desembolso o gasto nacional bruto

gross national product (GNP)
producto nacional bruto (PNB)

gross profit
ganancia bruta

gross profit method
método de ganancia bruta

gross profit ratio
razón o relación de ganancia bruta

gross rating point (GRP)
punto de clasificación bruta

gross rent multiplier (GRM)
multiplicador de alquiler bruto

gross revenue
ingreso bruto

gross tonnage
tonelaje bruto
(Ven) tonelada bruta

gross weight
peso bruto

ground lease

arrendamiento del terreno

ground rent
alquiler o renta del terreno

group credit insurance
seguro crediticio colectivo, seguro de grupo de deudores
(Ven) seguro crediticio colectivo

group disability insurance
seguro de grupo por incapacidad
(Ch) (Mex) (Ven) seguro colectivo por incapacidad

group health insurance
seguro de salud de grupo
(Ch) seguro de salud colectivo
(Mex) seguro médico colectivo
(Ven) seguro de enfermedad colectivo

group life insurance
seguro de vida de grupo
(Ch) (Mex) (Ven) seguro de vida colectivo

growing-equity mortgage (GEM)
hipoteca de recursos propios creciente

growth fund
fondo de crecimiento
(Ar) fondo de inversión
(Mex) fondo de desarrollo o apreciación

growth rate
tasa de crecimiento
(Ven) índice de crecimiento

growth stock
valor o acción de crecimiento
(Mex) acciones de apreciación

guarantee
garantía, caución, aval
v. garantizar, ser aval de, fiador de

guarantee of signature
firma garantizada

guaranteed annual wage (GAW)
salario anual garantizado

guaranteed bond
bono garantizado, obligación garantizada

guaranteed income contract (GIC)
contrato de ingresos garantizado

guaranteed insurability
asegurabilidad garantizada
guaranteed letter
carta garantizada o asegurada
(Ar) nota de garantía
guaranteed mortgage
hipoteca garantizada
guaranteed security
fianza, garantía o prenda
garantizada
guarantor
garante, avalista, fiador
guaranty
garantía, caución, fianza, aval
guardian
guardián, tutor, curador, protector
guardian deed
escritura o título de guardián
guideline lives
vidas útiles de referencia
guild
gremio, corporación

H

habendum
división de una escritura de propiedad que empieza con "To have and to hold"
(Mex) cláusula de una escritura que define los derechos transferidos

hacker
fanático, pirata de computadoras, pirata informático

half duplex
semiduplex, bidireccional alternativo

half-life
media vida
(Ar) vida promedio
(Mex) vida media

halo effect
(Ar) (Ven) efecto de espejismo
(Mex) efecto halo

hammering the market
hacer bajar las cotizaciones vendiendo al descubierto

handling allowance
descuento por manejo
(Ar) estipendio por manipulación

hangout
lugar de reunión habitual

hard cash
dinero contante y sonante, dinero líquido, efectivo

hard currency
moneda estable, moneda fuerte

hard disk
disco duro

hard dollars
dólares fuertes, dólares estables

hard drive
unidad de disco duro

hard goods
bienes durables, bienes (de consumo) duraderos

hard money
dinero efectivo, dinero líquido
(Ar) moneda fuerte
(Mex) moneda fraccionaria, morralla

hard return
retorno manual

hardware
hardware

hardwired
cableado

hash total
total de control
(Ch) suma de comprobación
(Mex) suma de verificación

hatch
puertilla

hazard insurance
seguro contra riesgos

head and shoulders
cuadro en el que el precio de un título llega a un pico y luego cae, sube nuevamente superando el pico anterior y vuelve a caer

head of household
cabeza de la casa
(Mex) jefe de familia

header
encabezado

headhunter
cazador de ejecutivos para reclutarlos, cazatalentos

Health Maintenance Organization (HMO)
organización de mantenimiento de la salud
(Mex) seguro médico de atención dirigida

hearing
audiencia, sesión (de un tribunal, de una comisión, de una encuesta), examen de un testigo

heavy industry
industria pesada

hectare
hectárea

hedge
barrera, medio de protección, cobertura, compensación de riesgos cambiarios, arbitraje, compra o venta a plazo para compensar los efectos de la fluctuación de las cotizaciones, valor de refugio

heirs
herederos

heirs and assigns
herederos y cesionarios

help index
índice de ayuda

help screen
pantalla de ayuda

help wizard
assistente

heterogenous
heterogéneo

heuristic
heurístico

hidden agenda
agenda oculta

hidden asset
bien oculto o encubierto
(Ven) activo oculto

hidden inflation
inflación subyacente, inflación latente

hidden tax
impuesto oculto

hierarchy
jerarquía

high credit
crédito alto, crédito superior

high flyer
acción que sube y baja rápidamente

high resolution
de alta resolución

high technology
alta tecnología, tecnología avanzada

highest and best use
el más alto y de mejor uso

high-grade bond
bono de primera clase

high-involvement model
modelo de implicación alta

highlight
resaltar

highs
puntos altos, cotizaciones máximas

high-speed
de alta velocidad

high-tech cost
acciones o valores de alta tecnología

historical cost
costo histórico, costo de adquisición

historical yield
rendimiento histórico

historical structure
estructura histórica

hit list
(Ch) lista de objetivos
(Ven) lista de los que debe haber oposición o a los que se debe eliminar

hit the bricks
ponerse en huelga

hobby loss
(Ar) pérdida de pasatiempo
(Ch) pérdida por una actividad de afición
(Mex) pérdida fiscal por pasatiempo

hold harmless agreements
convenios de amparo, dejar a salvo

hold harmless clause
cláusula de amparo, dejar a salvo
(Ar) cláusula liberatoria de responsabilidad

holdback
mantener la expectativa, no comprometerse, retener, disimular, guardar para sí mismo

(Ven) abstenerse

holdback pay
pago retenido

holder in due course
tercero portador, tenedor legal
(Ven) tenedor legítimo o de buena
fe

holder of record
tenedor registrado

holding, holdings
propiedad, posesión, inversión
(Ch) "holding"

holding company
sociedad tenedora, participación
accionaria
(Ar) empresa controlante
(Mex) casa matriz, compañía
tenedora, sociedad de control

holding fee
honorario de tenencia

holding period
período durante el cual un título
valor permaneció en poder de su
propietario
(Ch) (Mex) (Ven) período de
tenencia

holdover tenant
inquilino suspendido, aplazado

home key
tecla inicio

home page
página de inicio

homeowner's association
asociación de propietarios de
viviendas

homeowner's equity account
cuenta patrimonial de
propietarios de viviendas

homeowner's policy
póliza de propietarios de
viviendas

**homeowner warranty program
(HOW)**
programa de garantía de
propietarios de viviendas

homestead
propiedad residencial que incluye
casa y terreno

(Ar) finca

homestead tax exemption
exención de impuesto de casa
solariega

homogeneous
homogéneo

homogeneous oligopoly
oligopolio homogéneo

honor
honor
v. acoger, aceptar, pagar
(Ar) cancelar una deuda o
documento

honorarium
honorario

horizontal analysis
análisis horizontal

horizontal channel integration
integración por vía horizontal

horizontal combination
combinación horizontal

horizontal expansion
expansión o crecimiento
horizontal

horizontal merger
fusión horizontal

horizontal specialization
especialización horizontal

horizontal union
unión horizontal

host computer
computadora host

hot cargo
carga caliente, carga especulativa

hot issue
asunto de gran importancia,
emisiones de acciones de alta
cotización
(Ar) emisión de gran demanda

hot stock
acción de alta cotización
(Ar) acciones que sufren grandes
oscilaciones de precio en un
volumen de operaciones muy
elevado

house
casa comercial, empresa, asamblea
v. alojar, abrigar

house account
cuenta de la casa, cuenta de la
empresa
house to house
de casa en casa
house-to-house sampling
muestreo de casa en casa
house-to-house selling
venta a domicilio
(Ven) venta de puerta en puerta
housing bond
bono de vivienda
(Ar) bono municipal
housing code
código de vivienda
housing starts
número de viviendas en
construcción (índice de salud de
la industria de la construcción)
huckster
vendedor que hace falsas
promesas
human factors
factores humanos
human relations
relaciones humanas
human resource accounting
contabilidad de recursos
humanos
human resources
recursos humanos
(Mex) departamento de personal
**human resources management
(HRM)**
gestión de recursos humanos,
dirección de recursos humanos

(Mex) administración de recursos
humanos o de personal
(Ven) gerencia de recursos
humanos
hurdle rate
(Ar) tasa crítica de rentabilidad
(Mex) rendimiento al punto
crítico
hush money
precio de un silencio, dinero
con que se compra el silencio de
alguien
hybrid
híbrido
hybrid annuity
anualidad combinada
(Ar) renta vitalicia o anualidad
híbrida
hyperlink
hipervínculo
hyperinflation
hiperinflación
hypertext
información almacenada en
la computadora y organizada
especialmente para que los datos
relacionados se mantengan
juntos y se puedan acceder
fácilmente
hypothecate
hipotecar, pignorar, empeñar,
garantizar
hypothesis
hipótesis, suposición, posibilidad
hypothesis testing
prueba de hipótesis

I

icon
icono, símbolo
ideal capacity
capacidad ideal
idle capacity
capacidad no utilizada, potencial
inutilizado, capacidad ociosa
(Mex) capacidad desperdiciada
illegal dividend
dividendo ilegal
illiquid
no realizable, no líquido
image
imagen
image advertising
publicidad de representación
(Mex) publicidad de margen
image definition
definición de la imagen
image file
archivo de la imagen
impacted area
área de impacto,
área de incidencia
impaired capital
capital disminuido, capital dañado
impasse
atolladero, obstáculo, dificultad
imperfect market
mercado imperfecto
imperialism
imperialismo
implied
implícito
implied contract
contrato implícito, presunto o
tácito, cuasicontrato
implied easement
servidumbre tácita o
sobreentendida
implied in fact contract
contrato de hecho sobreentendido
implied warranty

garantía tácita
(Mex) garantía implícita
import
importación
v. importar
import quota
cuota de importación
imposition
imposición, gravamen
impound
confiscar, embargar
(mercancías)
(Ven) incautar
impound account
cuenta de confiscación
(Mex) cuenta de embargo
imprest fund, imprest system
fondo rotativo para gastos
menores, fondo fijo, sistema a
saldo fijo
improved land
terreno mejorado
improvement
mejoramiento, progreso
improvements and betterments
insurance
seguro de plusvalía y
mejoramiento
imputed cost
costo imputado, costo registrado,
costo atribuido
imputed income
ingreso imputado
(Ch) ingreso presunto
imputed interest
interés imputado
(Ch) interés presunto
imputed value or imputed income
valor imputado o ingreso
imputado
(Ch) valor o ingreso presunto
in perpetuity
en perpetuidad

(Mex) a perpetuidad
in the money
(Ar) a la par
(Ch) con el dinero
asegurado, adinerado, involucrado
en una actividad lucrativa
(Mex) "in the money"
in the tank
falta de objetividad, la
tendencia de analizar algo
de acuerdo con la experiencia
personal
inactive stock or inactive bond
acción o valor inactivo, bono
inactivo
inadvertently
por inadvertencia
incapacity
incapacidad
incentive fee
honorario o pago de incentivo
(Mex) escala de incentivos
incentive pay
pago de incentivo
(Ar) incentivo remuneratorio
(Mex) prima por producción
incentive wage plan
plan de salario de incentivo
(Mex) programa de primas por
producción
incentive stock option (ISO)
opción de acciones de incentivo
inchoate
comenzado pero no terminado
incidental damages
daños imprevistos, daños
incidentales
(Ven) daños indirectos o incidentales
income
ingreso, ingresos,
utilidades, entradas, renta
(Mex) ganancia, producto
income accounts
cuentas de ingresos
(Mex) estado de ingresos
income approach
(Ar) (Ch) método de ingresos

(Mex) aproximación de ingresos
(Ven) enfoque según rentas
income averaging
establecimiento de promedio de
ingresos
(Ar) determinación de ingresos
promedio
income bond
bono sobre ingreso, bono de
participación en utilidades,
obligación participativa
(Ar) bono de ajuste
(Mex) obligaciones de ganancia
income effect
efecto de ingreso
income group
categoría o grupo de
contribuyentes
income in respect of a decedent
ingresos con respecto a un difunto
income property
propiedad de renta
(Ar) inmueble que genera rentas
(Ven) propiedad que genera renta/
ingresos
income redistribution
redistribución de ingresos
income replacement
reemplazo de ingresos
income splitting
división de ingresos
income statement
estado de ganancias y pérdidas,
cuenta de resultados
(Ch) estado de resultados
income stream
flujo de ingresos
income tax
impuesto sobre la renta,
impuesto sobre los ingresos
income tax return
declaración de renta o del
impuesto sobre la renta, denuncia
del contribuyente
incompatible
incompatible
incompetent
incompetente

incontestable clause
cláusula indisputable, cláusula incontestable

inconvertible money
dinero no convertible

incorporate
incorporar, incluir, unir, constituir una sociedad

incorporation
incorporación, unión, constitución en sociedad (por acciones)
(Ven) constitución de una empresa/sociedad

incorporeal property
propiedad incorporal

incremental analysis
análisis incremental

incremental cash flow
flujo de fondos incremental
(Ar) flujo de fondos atribuible a un proyecto de inversión empresarial
(Ven) flujo incremental de circulante

incremental spending
gastos incrementales

incurable depreciation
amortización irreparable
(Ven) depreciación irreparable

indemnify
indemnizar, compensar, resarcir

indemnity
indemnidad
(Es) indemnización

indent
sangría o aplicar sangría

indenture
instrumento formal, contrato bilateral
(Ar) documento de emisión de bonos
(Mex) escritura, partida
v. ligar por medio de un contrato

independence
independencia

independent adjuster
ajustador externo, ajustador independiente
(Ch) tasador independiente

independent contractor
contratista externo, contratista independiente

independent store
almacén o negocio independiente
(Mex) tienda independiente

independent union
sindicato independiente

independent variables
variables independientes

indeterminate premium life insurance
seguro de vida de prima indeterminado

index
índice, tabla o cuadro coeficiente
v. proporcionar un índice, clasificar

index basis
base de índice

index fund
fondo índice
(Ar) fondo común de inversión

index lease
arrendamiento según un índice

index options
opciones de índice

indexation
indexación
(Ch) reajuste

indexed life insurance
seguro de vida indexado

indexed loan
préstamo reajustable

indexing
ordenar o clasificar basándose en un índice, indexación

indirect cost
costo indirecto

indirect labor
mano de obra indirecta

indirect overhead
gastos generales indirectos

indirect production
producción indirecta
individual bargaining
negociación individual
individual life insurance
seguro de vida individual
Individual Retirement Account (IRA)
cuenta de jubilación individual
inductive reasoning
razonamiento inductivo
industrial
industrial
industrial advertising
publicidad industrial
industrial consumer
consumidor industrial
industrial engineer
ingeniero industrial
industrial fatigue
agotamiento industrial
industrial goods
bienes industriales
industrialist
industrial
industrial park
parque industrial
industrial production
producción industrial
industrial property
propiedad industrial
industrial psychology
psicología industrial
industrial relations
relaciones industriales
industrial revolution
revolución industrial
industrial union
sindicato industrial
industry
industria
industry standard
norma industrial
inefficiency in the market
ineficacia en el mercado
infant industry agreement
convenio de industria naciente
inferential statistics

estadística deductiva
inferior good
producto o bien inferior
(Mex) producto o bien de menor calidad
inferred authority
autoridad inferida
inflation
inflación, aumento, crecimiento
inflation accounting
contabilidad que incluye los efectos de la inflación
inflation endorsement
endoso inflacionario
inflation rate
tasa de inflación, índice de precios al consumo
(Ar) índice de inflación
(Mex) índice de precios al consumidor
inflationary gap
vacío inflacionario
(Ven) brecha inflacionaria
inflationary spiral
aumento rápido inflacionario
(Mex) (Ven) espiral inflacionaria
informal leader
líder extraoficial
information flow
flujo de información
information page
página de información
information return
formulario de información
(Ch) declaración informativa
(Mex) forma de información
infrastructure
infraestructura
infringement
infracción, violación, transgresión
ingress and egress
entradas y salidas
inherit
heredar
inheritance
herencia, sucesión, patrimonio

inheritance tax
impuesto a la herencia
in-house
en el interior de la
empresa, internamente
initial public offering (IPO)
oferta pública inicial
(Ch) oferta pública de acciones
(OPA)
initiative
iniciativa
injunction
mandato, entredicho,
interdicto, embargo
(Mex) amparo, precepto
injunction bond
fianza de entredicho
injury independent of all other means
lesiones o daños independientes
de todos los otros medios
inland carrier
transportista terrestre,
transportista interior
inner city
ciudad interior, ciudad del interior
(Ven) casco de la ciudad
innovation
innovación
input
entrada
input field
campo de entrada
input mask
máscara de entrada
input-output device
dispositivo de entrada-salida
inside information
información confidencial
inside lot
lote interno
insider
persona informada
insolvency
insolvencia
insolvency clause
cláusula de insolvencia
inspection

inspección, auditoría, registro,
verificación
installation
instalacíon
installment
pago parcial, pago a cuenta, plazo
(Ch) cuota
(Mex) abono
installment contract
contrato de venta a plazos
(Mex) contrato de compraventa
a plazos o en abonos
installment sale
venta a plazos
(Mex) venta en abonos
institutional investor
inversionista institucional
institutional lender
prestamista institucional
instrument
instrumento, documento
instrumentalities of transportation
documentación de transporte
(Ven) agencia, medio de
transporte
instrumentality
documentación
(Ven) agencia, medio
insurability
asegurabilidad, susceptible de ser
asegurado
insurable interest
interés asegurable
insurable title
título asegurable
insurance
seguro
insurance company (insurer)
compañía de seguros,
aseguradora
insurance contract
contrato de seguro
insurance coverage
cobertura de un seguro
insurance settlement
ajuste o liquidación de seguro
insured
asegurado

insured account
cuenta asegurada
insurgent
insurgente, insurrecto
intangible asset
activo intangible
(Ar) bienes intangibles
intangible reward
recompensa intangible
intangible value
valor intangible
integrated circuit
circuito integrado
integration, backward
(Ar) integración retroactiva
(Ven) integración regresiva
integration, forward
(Ar) integración a futuro
(Mex) integración vertical hacia
abajo
(Ven) integración progresiva
integration, horizontal
integración horizontal
integration, vertical
integración vertical
integrity
integridad, honradez
interactive
interactivo
interactive system
sistema interactivo
interest
interés
interest group
(Ar) (Mex) (Ven) grupo de interés
(Ch) grupo interesado
interest rate
tasa de interés, tipo de interés
intersest-only loan
préstamo con interés
interest-sensitive policies
pólizas susceptibles a intereses
interface
acoplamiento mutuo, interfaz
(Mex) interfase
interim audit
auditoría preliminar, auditoría
interina

interim financing
financiamiento provisional
interim statement
estado interino, informes
preparados a fechas intermedias
(Ch) estado financiero interino
(Mex) estados a fechas intermedias
(Ven) estado provisional
interindustry competition
competencia entre industrias
interlocking directorate
junta directiva vinculada
(Mex) junta interina vinculada
(Ven) junta directiva vinculada
(común a varias empresas
interrelacionadas)
interlocutory decree
interlocutoria, auto interlocutorio
intermediary
intermediario, intermedio
intermediate goods
bienes intermedios
intermediate term
plazo intermediario
(Ven) plazo intermedio
intermediation
intermediación
intermittent production
producción intermitente,
producción discontinua
internal audit
auditoría interna, auditoría
privada
internal check
cheque interno,
verificación interna
internal control
control interno
internal expansion
expansión o ampliación interna
internal financing
financiamiento interno,
financiación interna
(Ven) autofinanciación
internal memory
memoria intern
internl modem
módem interno

internal rate of return (IRR)
tasa de rentabilidad interna,
tasa de rendimiento interno
(Ar) (Ch) tasa interna de retorno
(TIR)
Internal Revenue Service (IRS)
Servicio de Rentas Internas
(Ch) Servicio de Impuestos
Internos
(Mex) Servicio de Administración
Tributaria
**International Bank for
Reconstruction and
Development**
Banco Internacional para la
Reconstrucción y el Desarrollo
(BIRD)
international cartel
cartel internacional
international law
derecho internacional
**International Monetary Fund
(IMF)**
Fondo Monetario Internacional
International Monetary Market
Mercado Monetario Internacional
international union
sindicato internacional
Internet
Internet
internet protocol (IP) address
dirección de protocolo de Internet
internet service provider
proveedor de servicios de acceso
a Internet
interperiod income tax allocation
asignación de impuestos sobre la
renta entre períodos
interpleader
(Ven) tercería
(acción por la cual el tenedor de
una propiedad compele a dos o
más reclamantes de la misma
litigar entre sí el derecho a la
misma)
interpolation
interpolación
interpreter

intérprete
(Mex) interpretador
interrogatories
interrogatorios
interval scale
escala de intervalo
interview
entrevista
v. entrevistar
interview, structured
entrevista estructurada
interview, unstructured
entrevista no estructurada
interviewer bias
prejuicio del entrevistador
intestate
intestado
intraperiod tax allocation
asignación de impuestos dentro
del estado financiero
intrinsic value
valor intrínseco
insure
asegurar, certificar, garantizar
inventory
inventario, existencias de
mercancías, existencias de
almacén
inventory certificate
certificado de inventario
inventory control
control de inventario
inventory financing
financiamiento de inventario
inventory planning
planificación de inventario
inventory shortage (shrinkage)
escasez de inventario
(disminución)
(Ch) mermas
(Mex) faltantes de inventario
inventory turnover
rotacíon de inventario
(Ar) rotación de existencias
inverse condemnation
pleito contra el gobierno
inverted yield curve
curva de rendimiento inverso

invest
  invertir, colocar
investment
  inversión, colocación
investment advisory service
  servicio de asesoría de
  inversiones
investment banker
  banquero de inversiones,
  banquero de colocaciones
investment club
  club de inversiones
investment company
  compañía o empresa de
  inversiones, sociedad de cartera
investment counsel
  asesor o consejero de inversiones
investment grade
  grado o clase de inversiones
investment interest expense
  gastos de intereses por inversión
investment life cycle
  ciclo de vida de inversión
investment strategy
  estrategia de inversión
investment trust
  fideicomiso de inversión
investor relations department
  departamento de relaciones de
  inversionistas
invoice
  factura
involuntary conversion
  conversión involuntaria
involuntary lien
  gravamen involuntario
involuntary trust
  fideicomiso implícito o
  sobrentendido

involuntary unemployment
  desempleo involuntario
  (Ven) paro forzoso
Inwood annuity factor
  factor de anualidad Inwood
iota
  pizca, ápice (una cantidad muy
  pequeña)
irregulars
  mercancía irregular
**irreparable harm, irreparable
damage**
  perjuicio irreparable,
  daño irreparable
irretrievable
  irrecuperable
irrevocable
  irrevocable
irrevocable trust
  fideicomiso irrevocable
issue
  emitir, publicar, lanzar,
  poner en circulación
  (Ch) tema, asunto, problema
  (Mex) expedir
issued and outstanding
  emitido y en circulación
issuer
  emisor, distribuidor
italic
  cursiva
itemized deductions
  deducciones detalladas
  (Ch) gastos de renta
iteration
  iteración, repetición
itinerant worker
  trabajador ambulante
  (Ven) trabajador temporal/itinerante

J

jawboning
(Ch) hablar o charlar, para
impresionar o para llamar la
atención
(Ven) intento de persuadir usando
el cargo/puesto para presionar
J-curve
curva en J
job
trabajo, empleo, ocupación
(Ch) faena
job bank
banco de trabajos
(Ar) banco de empleo
job classification
(Ar) (Mex) clasificación de
puestos
(Ch) (Mex) clasificación del trabajo
(Ven) clasificación de empleo
job cost sheet
(Ar) hoja de costos de empleos
(Ch) hoja del costo del trabajo o
faena
(Ven) hoja de costos de trabajo
job depth
profundidad o alcance del trabajo
job description
descripción de trabajo
(Ch) (Ven) descripción de cargo
(Mex) descripción de puestos
job evaluation
evaluación de trabajo
job jumper
persona que cambia
frecuentemente de un trabajo a otro
job lot
lote
(Es) lote de artículos de ocasión
(Mex) órdenes de trabajo
(Ven) lote irregular
(cantidad de una mercadería
menor a la especificada en el
contrato estándar)

job order
orden de trabajo
job placement
colocación de trabajo
job rotation
rotación de trabajo
job satisfaction
satisfacción en el trabajo
(Ven) satisfacción laboral
job security
seguridad de trabajo
job sharing
(Ar) compartir responsabilidades
(Ch) compartimiento del trabajo
(Mex) (Ven) trabajo compartido
job specification
especificación de trabajo
job ticket
(Ar) ticket de trabajo
(Ch) ficha de trabajo
(Mex) tarjeta, tarjeta laboral,
tarjeta de horas trabajadas
jobber
corredor, corredor de bolsa,
intermediario
(Es) especulador, agiotista,
especulador por cuenta propia
(Ven) trabajador a destajo
joint account
cuenta conjunta, cuenta
mancomunada
(Es) (Ven) cuenta indistinta
joint and several liability
responsabilidad solidaria
(Ar) obligación solidaria
joint and survivorship annuity
anualidad que sigue pagando
a los beneficiarios tras la
muerte del rentista original,
anualidad mancomunada y
de supervivencia
joint fare, joint rate
tarifa conjunta

joint liability
    responsabilidad mancomunada
    (Es) obligación mancomunada
joint product cost
    (Ar) costo del coproducto
    (Ch) costo en conjunto del
    producto
    (Ven) costo común a dos o más
    productos
joint return
    planilla conjunta, declaración de
    impuestos conjunta, declaración
    conjunta del impuesto sobre la
    renta
joint tenancy
    tenencia conjunta, tenencia
    mancomunada, posesión conjunta,
    condominio, copropiedad sobre
    un inmueble
joint venture
    empresa conjunta
    (Es) riesgo colectivo, empresa
    colectiva, sociedad en
    participación, especulación en
    participación con otros, negocio
    conjunto
jointly and severally
    mancomunada y solidariamente
joint-stock company
    empresa sin incorporar pero con
    acciones
    (Ar) sociedad por acciones
    (Es) sociedad en comandita por
    acciones, sociedad anónima
journal
    diario, libro diario
    (Mex) libro auxiliar
journal entry
    asiento de diario
journal voucher
    comprobante de diario
journalize
    asentar en el diario
    (Es) pasar al diario
    (Mex) contabilizar
journeyman
    obrero especializado
judgment

sentencia, fallo, decisión,
juicio, opinión
(Es) criterio
judgment creditor
    acreedor que ha obtenido
    un fallo contra el deudor
    (Ven) acreedor judicial
judgment debtor
    deudor(a) judicial
    (Ar) deudor determinado por
    sentencia
judgment lien
    (Ar) gravamen determinado por
    sentencia
    (Ch) gravamen por falla o por
    juicio
    (Mex) fallo de embargo
    preventivo, gravamen por fallo
    judicial
    (Ven) privilegio judicial, embargo
    judicial
judgment proof
    (Ar) evidencia del juicio
    (Ch) comprobación del fallo
    (Ven) a prueba de sentencias para
    cobro
judgment sample
    (Ar) muestra dirigida
    (Ch) muestra del fallo
    (Mex) muestreo de opinión,
    razonado o de criterio
judicial bond
    fianza judicial
judicial foreclosure or judicial sale
    venta judicial
jumbo certificate of deposit
    certificado de depósito de no
    menos de 100.000 dólares
    (Ar) certificado de depósito jumbo
junior issue
    (Ar) emisión subordinada
    (Ch) (Ven) emisión menor (de
    acciones o bonos)
junior lien
    privilegio subordinado
junior mortgage
    hipoteca subordinada,
    hipoteca secundaria

junior partner
  socio menor
  (Es) socio moderno, socio de
  reciente incorporación
junior securities
  valores subordinados
junk bond
  bono de calidad inferior
  (Es) bono especulativo, bono-
  basura, obligaciones a riesgo
jurisdiction of a court
  jurisdicción de un tribunal
jurisprudence

  jurisprudencia
jury
  jurado
just compensation
  indemnización justa por
  expropiación, remuneración
  razonable o equitativa
justifiable
  (Ar) con causa de justificación
  (Ch) (Ven) justificable
justified price
  precio justificado, precio
  razonable

K

Keough plan
plan de retiro para empleados autónomos

key
tecla

key person life and health insurance
seguro contra muerte o incapacidad de empleado clave

key-area evaluation
evaluación de un área clave

keyboard
teclado

kickback
actividad deshonesta de pagar una porción del precio de venta de mercancías para promover compras futuras
(Ar) comisión clandestina
(Ven) soborno

kicker
característica adicional de valores para realzar su comerciabilidad

kiddie tax
impuesto usando la tasa del padre sobre los ingresos de sus hijos no devengados del trabajo personal

killing
gran jugada, gran golpe, buena operación

kiting
libramiento de letras cruzadas, circulación de cheques sin fondos, peloteo
(girar un cheque sin fondos con la expectativa de que se depositarán los fondos necesarios antes de cobrarse dicho cheque)

know-how
conocimientos técnicos

knowledge intensive
(Ch) intensivo en el conocimiento
(Mex) (Ven) alto nivel de conocimientos

know-your-customer rule
reglas de conocer ciertos datos de clientes

kudos
felicitaciones

L

labeling laws
leyes de etiquetado
labor
trabajo
(Ar) (Ch) mano de obra
v. trabajar
labor agreement
acuerdo laboral, convenio
colectivo laboral
(Mex) contrato colectivo de
trabajo, contrato laboral
labor dispute
conflicto laboral, conflicto
colectivo
labor force
fuerza laboral
(Ar) mano de obra
labor intensive
de mano de obra intensa
(Ar) con gran intensidad de mano
de obra
(Ven) con alta concentración de
mano de obra
labor mobility
movilidad laboral
(Ar) movilidad de la mano de
obra
labor piracy
piratería laboral
labor pool
(Ch) mano de obra disponible
(Ven) fondo laboral
labor union
gremio laboral, sindicato obrero
(Ar) sindicato gremial
(Ch) sindicato
(Mex) gremio obrero
laches
inactividad en ejercer
ciertos derechos que produce la
pérdida de dichos derechos
lading
carga, cargamento

(Mex) embarque
lagging indicators
indicadores atrasados
LAN (local area network)
LAN; red de área local
land
tierra vendible
(Ar) inversión en bienes
inmuebles
(Es) terrenos
land bank
banco federal para
préstamos agrícolas con términos
favorables, banco de préstamos
hipotecarios
(Ar) banco agrario
(Es) banco de crédito hipotecario
(Ven) banco agropecuario
land contract
contrato concerniente a
un inmueble, contrato de
compraventa de un inmueble
land development
urbanización,
edificación de terrenos
land trust
fideicomiso de tierras
landlocked
terreno completamente rodeado
de terrenos de otras personas
landlord
arrendador, dueño, locador,
propietario, terrateniente
(Ven) propietario
landmark
mojón, hito
landscape (format)
paisaje (formato)
land-use intensity
intensidad de utilización de tierras
land-use planning
normas para planificar la
utilización de tierras

land-use regulation
  reglamentos sobre la utilización
  de tierras
land-use succession
  sucesión en la utilización de tierras
lapping
  ocultación de escasez mediante la
  manipulación de cuentas
  (Mex) encubrimiento
    v. jinetear
lapse
  lapso, caducidad, prescripción
  v. caducar, prescribir
lapsing schedule
  (Ar) programa caducado
  (Ch) análisis de caducidad
  (Ven) programa de vencimientos
last in, first out (LIFO)
  salida en orden inverso al de
  entrada
  (Es) última entrada-primera salida
last sale
  venta más reciente
latent defect
  defecto oculto, vicio oculto
latitude
  latitud
law
  ley
  (Ch) derecho
law of diminishing returns
  ley de los rendimientos
  decrecientes
law of increasing costs
  ley de los costos crecientes
law of large numbers
  ley de los números grandes
law of supply and demand
  ley de oferta y demanda
lay off
  suspender a un empleado,
  despedir a un empleado
  (Ch) despedida de trabajadores
  (Mex) despido del trabajo
lead time
  tiempo de espera de entrega tras
  la orden
  (Ar) tiempo de ejecución

leader
  dirigente
  (Ch) líder
leader pricing
  líder en pérdida
  (artículo vendido bajo costo para
  atraer clientes en espera que se
  hagan otras compras lucrativas
  para el negocio)
leading indicators
  indicadores anticipados
  (Ar) indicadores de coyuntura
  anticipada
lease
  arrendamiento, contrato de
  arrendamiento, locación
  (Es) alquiler-compra
  v. arrendar
leasehold
  derechos sobre la
  propiedad que tiene el
  arrendatario, arrendamiento
leasehold improvements
  mejoras hechas por el arrendatario
  (Ven) mejoras a propiedades
  arrendadas
leasehold insurance
  (Ar) seguro contraído por el
  arrendatario
  (Ch) seguro sobre el
  arrendamiento
  (Mex) seguro de arrendamiento
  (Ven) seguro de amortización
leasehold mortgage
  hipoteca de inquilinato,
  hipoteca garantizada con el
  interés del arrendatario en la
  propiedad
leasehold value
  valor del interés que tiene el
  arrendatario en la propiedad
lease with option to purchase
  arrendamiento con opción de
  compra
least-effort principle
  principio del esfuerzo mínimo
leave of absence
  permiso para ausentarse

(Ar) (Ch) licencia
(Es) (Ven) faltas con permiso
justificado

ledger
libro mayor

legal entity
entidad legal
(Es) persona jurídica, ente jurídico

legal investments
inversiones permitidas para
ciertos inversionistas

legal list
lista legal, lista de inversiones
permitidas para ciertos
inversionistas

legal monopoly
monopolio legal

legal name
nombre legal
(Ch) razón social

legal notice
notificación legal
(Ch) aviso legal

legal opinion
opinión legal
(Ven) dictamen jurídico

legal right
derecho legal
(Ven) derecho subjetivo

legal tender
moneda de curso legal
(Mex) valor legal

legal wrong
defecto legal

legatee
legatario
(Es) asignatario

lender
prestador, prestamista

less than carload (L/C)
menos de vagón

lessee
arrendatario, locatario
(Mex) inquilino

lessor
arrendador, locador

letter of intent
carta de intención

letter stock
acciones que no se
puede vender al público

level debt service
servicio de la deuda parejo

level out
nivelarse, estabilizarse

level premiums
primas parejas

level-payment income stream
(Ar) flujo de ingresos a plazo fijo
(Ch) (Ven) flujo de ingresos con
pagos parejos

level-payment mortgage
hipoteca de pagos parejos
(Ar) préstamo a plazo fijo

leverage
apalancamiento, peso
(Mex) ventaja, influencia, poder
(poder de adquirir algo por un
pago inicial pequeño comparado
con el valor total, nivel de
endeudamiento relativo al capital)

leveraged buyout (LBO)
compra apalancada
(compra de la mayoría de las
acciones de una compañía usando
principalmente fondos prestados)

leveraged company
compañía apalancada
(Ar) compañía que usa dinero
prestado para financiar parte de
su activo

leveraged lease
arrendamiento apalancado

levy
embargo, impuesto
v. embargar, imponer
(Mex) impuesto de cooperación,
imposición de contribuciones,
recaudación de impuestos
(Es) v. recaudar impuestos

liability
responsabilidad, obligación,
deuda, pasivo
(Es) compromiso

liability, business exposures
(Ar) (Ven) responsabilidad,

riesgos comerciales
(Ch) responsabilidad por el riesgo del negocio
(Mex) responsabilidad laboral

liability, civil
responsabilidad civil

liability, criminal
responsabilidad criminal o penal

liability dividend
(Ar) dividendo que se paga con un tipo de deuda
(Mex) vale de dividendos
(Ven) dividendo de pasivo

liability insurance
seguro contra responsabilidad civil

liability, legal
responsabilidad legal

liability, professional
responsabilidad profesional

liable
responsable, obligado

libel
libelo, escrito, difamatorio, calumnia escrita

license
licencia, permiso, concesión, autorización
v. licenciar, permitir, autorizar

license bond
fianza de licencia

license laws
leyes sobre actividades que requieren licencias

licensee
licenciatario, concesionario
(Mex) permisionario

licensing examination
(Ar) examen de acreditación
(Ch) (Ven) examen de licencia

lien
gravamen, carga, derecho de retención
(Mex) obligación
(Es) embargo preventivo, derecho prendario, hipoteca

life cycle
ciclo de vida

life estate
propiedad vitalicia

life expectancy
expectativa de vida
(Es) esperanza de vida

life tenant
usufructuario vitalicio
(Es) propietario vitalicio

lighterage
transporte por medio de barcazas

like-kind property
propiedad similar

limited audit
auditoría limitada

limited company
compañía de responsabilidad limitada
(Es) sociedad de responsabilidad limitada (SL)
(Mex) sociedad anónima

limited distribution
distribución limitada

limited liability
responsabilidad limitada
(Es) capital comanditario

limited occupancy agreement
acuerdo de ocupación limitada

limited or special partner
socio comanditario o limitado

limited partnership
sociedad comanditaria

limited payment life insurance
seguro de vida de pagos limitados

limit order
orden con precio límite, orden para transacción a un precio específico o uno más favorable

limit up, limit down
(Ar) límite superior, límite inferior
(Ch) subida máxima permitida de un valor en una sesión, caída hasta el mínimo permitido de un valor en una sesión
(Ven) límite al alza/a la baja

line
línea

line and staff organization
(Ar) organización de línea y
asesoría
(Ch) organización con líneas de
responsabilidad (por operaciones)
y grupos o personas de servicio
o apoyo
(Mex) organización lineal y
funcional
(Ven) organigrama de mandos
intermedios
line control
(Ar) producción
(Ch) control de línea
(Ven) control de gestión
line extension
extensión de línea
(Ar) producción
line function
(Ar) función de la producción
(Ch) función de línea
(Mex) función lineal
(Ven) función de gestión
line management
administración de línea
(Ar) administración de la
producción
line of authority
(Ar) orden jerárquico
(Ch) autoridad de línea
(Mex) poder jerárquico
(Ven) autoridad de gestión
line of credit
línea de crédito
line organization
organización lineal
(Ar) organización jerárquica
line pitch
separacíon de línea
line printer
impresora por renglones
link
vínculo, enlace
linked object
objeto vinculado
liquid asset
activo líquido, activo corriente
(Es) activo realizable, activo

disponible, activo de fácil
realización
liquid crystal display (LCD)
patalla de cristal líquado (LCD)
liquidate
liquidar
(Es) cancelar, saldar
liquidated damages
daños fijados por contrato
(Ar) liquidación de daños y
perjuicios
liquidated debt
deuda no disputada
liquidating value
valor de liquidación
liquidation
liquidación
liquidation dividend
dividendo de liquidación
liquidity
liquidez
(Es) disponibilidad
liquidity preference
preferencia de liquidez
liquidity ratio
razón de liquidez
(Ar) (Ven) coeficiente de liquidez
(Es) coeficiente de caja
list
lista, nómina, registro
(Es) nómina de empleados
v. alistar, inscribir, cotizar
list price
precio de lista, precio de
catálogo
listed option
opción cotizada
listed securities
valores cotizados
(Es) valores bursátiles, valores
inscritos en bolsa, valores
cotizables
listing
lista, listado, admisión a cotización,
alistamiento, ítem, cotización en
una bolsa de valores, contrato para
la venta de un inmueble con un
corredor de bienes raíces

listing agent/listing broker
agente/corredor quien obtiene un
contrato para una transacción de
un inmueble

listing requirements
requisitos para admisión de
valores en bolsa
(Ar) requisitos para cotizar en
bolsa

litigant
litigante

litigation
litigio, pleito

living trust
fideicomiso durante la vida de
quien lo estableció
(Es) fideicomiso activo

load
carga, deberes, comisión, peso
(Es) cargar en memoria
(Es) v. cargar, adulterar

load fund
fondo mutuo con comisión
(Ven) fondo de inversión

loan
préstamo
(Es) empréstito
(Es) v. prestar

loan application
solicitud de préstamo

loan committee
comité de préstamos

loan value
valor del préstamo

loan-to-value ratio (LTV)
razón del préstamo al valor total
(Ven) índice de préstamo al
valor

lobbyist
cabildero

lock box
(Ch) caja de seguridad
(Ven) banca

locked in
(Ar) tasa de retorno asegurada
(Ch) determinado, fijado,
acordado (como un precio)
(Mex) bloqueado

(Ven) sin salida para comprar o
vender, encerrado

lockout
huelga patronal
(Es) paro forzoso, cierre
patronal

lock-up option
(Ar) opción inmovilizada

log in (log on)
inicio de sesión, conectarse

log in identification (log in ID)
identificación de inicio de sesión

log off
cierre de sesión

logic diagram
diagrama lógico

logo
marca figurative, logotipo
(Ven) logo

long bond
bono a largo plazo,
bono del Tesoro a 30 años

long coupon
primer pago de intereses de un
bono cuando abarca un período
mayor que los demás
(Ven) cupón a largo plazo

long position
posesión, posición larga

longevity pay
compensación por longevidad

long-range planning
planificación a largo plazo

**long-term debt or long-term
liability**
responsabilidad a largo plazo,
obligación a largo plazo
(Mex) deuda a largo plazo

long-term gain (loss)
ganancia (pérdida) a largo plazo

long-term trend
tendencia a largo plazo

long-wave cycle
(Mex) ciclo de Kondratieff
(Ven) ciclo de onda larga

loop
bucle
(Mex) circuito cerrado

loophole
laguna legal
(Es) vacío legal
loose rein
poco control
loss
pérdida, daño
(Es) quebranto
loss adjustment expense
gasto de ajuste de pérdidas
loss carry back
pérdidas netas que se incluyen al
volver a computar los impuestos
de años anteriores
(Ar) traslado de pérdidas a
ejercicios anteriores
(Ven) pérdidas con efecto
retroactivo
loss carry forward
pérdidas que pueden incluirse en
la planilla tributaria para años
subsiguientes
(Ar) traslados de pérdidas a
ejercicios futuros
(Ven) pérdidas trasladables a años
siguientes
loss contingency
contingencia de pérdidas
loss leader
líder en pérdida, artículo vendido
bajo costo para atraer clientes en
espera que se hagan otras compras
lucrativas para el negocio
(Ar) artículos de cebo, artículos
de propaganda
(Ven) artículo vendido a pérdida
loss of income insurance
seguro contra pérdida de ingresos
loss ratio
razón de pérdidas
(Ar) relación entre las pérdidas

pagadas y las primas ganadas
(Ven) índice de pérdida
lot line
línea de lote
lottery
lotería
low
bajo
(Es) cotización mínima
low resolution
resolución baja
lower case character/letter
carácter en minúscula; letra
minúscula
lower of cost or market
(Ch) (Ven) el menor entre
el costo o el valor del mercado
lower-involvement model
modelo de participación menor/
inferior
low-grade
de baja calidad
(Ch) de baja ley (minería)
low-tech
(Ar) (Ven) de baja tecnología
(Ch) de poca tecnología
lump sum
suma global
(Ch) suma alzada
(Es) suma redondeada, cifra
redonda, tanto alzado, cantidad
global
lump-sum distribution
distribución global
(Ch) distribución de suma alzada
lump-sum purchase
compra global
(Ch) compra a suma alzada
luxury tax
impuesto de lujo, impuesto
suntuario

M

macro
  macro
macroeconomics
  macroeconomía
macroenvironment
  macroambiente
magnetic card
  tarjeta magnética
magnetic strip
  tira magnética
mail fraud
  fraude cometido
  usando el servicio postal
mailbox
  búzon de correo
mailing list
  lista de direcciones para enviar
  material comercial
  (Ven) lista para envío de correo
main menu
  menú principal
mainframe
  cuadro principal
maintenance
  mantenimiento
  (Es) mantenimiento,
  conservación, actualización
maintenance bond
  bono de mantenimiento,
  caución de mantenimiento
maintenance fee
  cargo de mantenimiento
  (Ar) comisión por
  mantenimiento
  (Ven) gastos de mantenimiento,
  cargos por conservación
maintenance method
  método de mantenimiento
majority
  mayoría, mayoría de edad,
  pluralidad
  (Mex) mayoritario
majority shareholder

accionista mayoritario
  (Ven) accionista principal
maker
  fabricante, librador, firmante
  (Es) librador de un pagaré,
  otorgante, girador
make-work
  inventar trabajo para mantener
  ocupado a alguien
malicious mischief
  agravio malicioso
  (Ven) daño doloso contra bienes
  muebles
malingerer
  quien finge un impedimento o
  enfermedad
malingering
  fingir un impedimento
  o enfermedad
mall
  centro comercial
malpractice
  negligencia profesional
manage
  administrar, manejar
  (Es) dirigir
managed account
  cuenta administrada
managed currency
  moneda controlada
managed economy
  economía planificada,
  economía dirigida
management
  administración, manejo,
  cuerpo directivo
  (Ch) gestión
  (Es) dirección
  (Ven) gerencia
management agreement
  acuerdo administrativo
management audit
  auditoría administrativa

management by crisis
administración de crisis en crisis
management by exception
administración/gerencia por
excepción
management by objective (MBO)
administración/gerencia por
objetivos
**management by walking around
(MBWA)**
dirección por contacto
management consultant
consultor administrativo
(Ven) asesor/consultor
administrativo
management cycle
ciclo administrativo
management fee
cargo administrativo, cargo por
administración
(Es) comisión de gestión, gastos
de gestión
management game
(Ar) simulación de gestión
(Mex) juego de empresa
(Ven) juego de gestión
management guide
guía administrativa
**management information system
(MIS)**
(Es) administración y gestión de
la cartera de valores
(Ven) sistema de información
gerencial
management prerogative
prerrogativas administrativas
management ratio
razón de administradores
(Ven) índice/coeficiente
administrativo
management science
(Ar) (Ven) ciencia administrativa
(Ch) (Mex) ciencia de la
administración
management style
(Ar) estilo administrativo
(Ch) (Ven) estilo de
administración

(Mex) estilo directivo
management system
sistema administrativo manager
administrador, gerente
(Es) director, gestor de emisión
(Mex) empresario, administrador
de empresa
managerial accounting
contabilidad ejecutiva
managerial grid
(Ar) sistema administrativo (Mex)
parrilla de gestión
(Ven) patrón gerencial
mandate
mandato
mandatory copy
texto obligatorio
man-hour
horas-persona
manifest
manifiesto de carga,
lista de pasajeros
v. manifestar, registrar en un
manifiesto de carga
manipulation
manipulación
manual
manual
manual skill
(Ar) (Mex) habilidad manual (Ch)
(Ven) destreza manual
manufacture
manufactura, elaboración,
fabricación
v. manufacturar, elaborar, fabricar
manufacturing cost
costo de manufactura, costo de
fabricación
(Es) costo de producción
manufacturing inventory
inventario de manufactura
manufacturing order
orden de manufactura
(Mex) orden de fabricación, orden
de trabajo
map
mapa
v. mapear

margin
margen, ganancia, reserva
margin account
cuenta de margen,
cuenta con una firma bursátil para
la compra de valores a crédito
(Es) cuenta para operaciones de
bolsa a crédito
margin call
demanda de cobertura complementaria
(aviso de la casa de corretaje
de que hay que aumentar el
depósito en una cuenta de margen
por ésta estar debajo del mínimo
de mantenimiento)
margin of profit
margen de beneficio
(Es) margen de utilidad
margin of safety
margen de seguridad
marginal cost
costo marginal
(Es) coste marginal
marginal cost curve
curva de costo marginal
marginal efficiency of capital
eficiencia marginal de capital
(Ven) productividad marginal del
capital
marginal producer
productor marginal
**marginal propensity to consume
(MPC)**
propensión marginal a consumir
(Es) propensión marginal al
consumo
marginal propensity to invest
propensión marginal a la
inversión
marginal propensity to save (MPS)
propensión marginal al ahorro
marginal property
propiedad marginal
marginal revenue
ingresos marginales
marginal tax rate
tasa impositiva marginal

marginal utility
utilidad marginal
margins
márgenes
marital deduction
deducción impositiva matrimonial
markdown
reducción, descuento,
reducción de precio
(Mex) (Ven) rebaja
market
mercado, bolso
(Es) plaza, bolsa
v. mercadear, comerciar, vender
market aggregation
agregación/canasta de mercado
market analysis
análisis de mercado
market area
área de mercado
market basket
(Ar) canasta comercial
(Ch) canasta de mercado
(Mex) canasta básica
(Ven) bolsa de la compra
market comparison approach
método de comparación de
mercado
market demand
demanda de mercado
market development index
índice del desarrollo de mercado
market economy
economía de mercado
market equilibrium
equilibrio de mercado
market index
índice de mercado
marketing
comercialización, mercadeo,
mercadotecnia
marketing concept
concepto de mercadeo
(Mex) concepto de
mercadotecnia
marketing director
director de comercialización
(Mex) director de mercadotecnia

marketing information system
  sistema de información de
  mercadeo

marketing mix
  (Es) actividades enfocadas hacia
  la venta
  (Ven) síntesis de los elementos
  básicos del mercado (producto,
  precio, distribución, promoción)

marketing plan
  plan de comercialización
  (Mex) plan de mercadotecnia
  (Ven) plan de mercadeo

marketing research
  investigación de mercadeo
  (Mex) investigación de
  mercadotecnia

market letter
  (Ar) boletín de noticias
  (Mex) circular informativa sobre
  valores

market order
  (Ar) orden de compra o venta por
  parte de un cliente a su bursátil
  (Mex) orden ordinaria

market penetration
  penetración en el mercado

market price
  precio de mercado, valor justo en
  el mercado
  (Es) valor de cotización, valor en
  el mercado, precio corriente

market rent
  renta justa de mercado

market research
  investigación de mercado

market segmentation
  segmentación de mercado

market share
  porcentaje del mercado
  (Es) participación en el mercado,
  cuota de mercado

market system
  (Ar) (Mex) sistema de mercado
  (Ch) sistema económico basado
  en el mercado

market test
  prueba de mercado

market timing
  (Mex) "market timing",
  sincronización del mercado
  (Ven) sensibilidad inversora,
  sentido de la oportunidad
  comercial

market value
  valor de mercado, valor justo en
  el mercado
  (Es) cotización en el mercado,
  valor comercial

market value clause
  cláusula de valor en el mercado

mark to the market
  (Ven) ajustar al valor del mercado
  (evaluar el valor de valores para
  asegurarse de que la cuenta
  cumple con los mínimos de
  mantenimiento)

marketability
  comerciabilidad, negociabilidad

marketable securities
  valores negociables
  (Mex) valores cotizados

marketable title
  título de propiedad transferible sin
  gravámenes u otras restricciones
  (Ven) título limpio/seguro/válido

markup
  margen de ganancia

marriage penalty
  (Ch) carga impositiva que
  perjudica a personas casadas
  (Mex) recargo por matrimonio

Marxism
  marxismo

mask
  máscara

mass appeal
  atracción general

mass communication
  (Ar) comunicación colectiva
  (Mex) comunicación de masas
  (Ven) comunicación a gran escala

mass media
  medios de comunicación

mass production
  producción en masa

(Es) producción masiva
master boot record
  sector de arranque maestro
master lease
  arrendamiento principal
master limited partnership
  inversión en que se combinan
  sociedades en comandita para
  formar unidades de mayor
  liquidez
master plan
  plan maestro, plan principal
  para el desarrollo urbano de una
  localidad
master policy
  póliza principal
master-servant rule
  (Ven) norma mediante la cual
  el empleador es responsable por la
  conducta del empleado mientras
  que exista una relación de trabajo
masthead
  (Ven) membrete, rótulo, cabecera
matching principle
  (Ar) principio de las aportaciones
  paralelas
  (Mex) principio de la
  correspondencia, principio de
  periodificación
  (Ven) principio de equiparación
material
  material, pertinente, esencial
material fact
  (Ar) hecho material
  (Ch) (Ven) hecho pertinente
  (Mex) hecho substancial
  relativa
material man
  (Mex) responsable de materiales
materiality
  materialidad
  (Mex) importancia
materials handling
  movimiento o manejo de
  materiales
materials management
  administración de materiales
matrix

matriz
matrix organization
  organización matriz
matured endowment
  (Ar) donación vencida
  (Ven) aportes o donaciones
  vencidos o exigibles
mature economy
  economía madura
maturity
  vencimiento, madurez
maturity date
  fecha de vencimiento
maximize
  maximice
maximum capacity
  capacidad máxima
mean, arithmetic
  (Ar) aritmética media
  (Ch) medio aritmético
  (Mex) (Ven) media aritmética
mean, geometric
  (Ar) geometría media
  (Ch) medio geométrico
  (Mex) (Ven) media geométrica
mean return
  rendimiento medio
mechanic's lien
  gravamen del constructor,
  gravamen de aquellos
  envueltos en la construcción o
  reparación de estructuras
mechanization
  mecanización
media
  medios publicitarios,
  medios de comunicación
media buy
  (Ar) (Ven) compra de medios
media buyer
  (Ar) comprador de medios
  (Mex) (Ven) comprador de
  medios de comunicación
media option
  opción de medios
media plan
  plan para medios publicitarios
media planner

planificador de medios
media player
reproductor de medios
media weight
(Mex) ponderación de los
medios de comunicación
(Ven) peso o influencia de
los medios
mediation
mediación, arbitraje,
intervención
medical examination
examen médico
medium
medio
(Es) soporte
medium of change
medio de intercambio
medium-term bond
bono a medio plazo
meeting of the minds
acuerdo de voluntades
megabucks
(Ch) mucho dinero
(Ven) mega cantidad de dinero
obtenida rápido
megapixel
megapíxel
megatype
megatipo
member bank
banco miembro
(Es) banco asociado
member firm or member
corporation
corporación miembro
memorandum
memorándum, informe
(Es) comunicado
memory
memoria
menial
(Ch) (Ven) servil, bajo
menu bar
barra de menú
mercantile
mercantil, comercial
mercantile agent

agente mercantil
mercantile law
derecho mercantil
mercantilism
mercantilismo
merchandise
mercancía, mercadería
v. comercializar, comerciar,
vender
merchandise allowance
concesión por mercancías
merchandise broker
corredor de mercancías
merchandise control
control de mercancías
merchandising
comercialización, técnicas
mercantiles
(Es) mercadeo
(Mex) mercadotecnia
merchandising director
(Ar) (Ven) director de
comercialización
(Ch) director de mercadeo
(Mex) director de mercadotecnia
merchandising service
(Ar) (Ven) servicio de
comercialización
(Ch) servicio de mercadeo
(Mex) servicio de mercadotecnia
merchantable
vendible, comerciable
merchant bank
banco mercantil
merge
unir, fusionar
(Es) incorporar, intercalar
merger
fusión, consolidación, confusión
(Es) consolidación de empresas,
absorción, fusión por absorbción
merit increase
aumento salarial por mérito
merit rating
calificación por mérito
(Mex) clasificación de méritos
meter rate
tasa por unidad de consumo, tasa

según contador
(Ven) tarifa según contador

metes and bounds
límites de un inmueble, linderos
de un inmueble, rumbos y
distancias

methods-time measurement (MTN)
(Mex) medición de tiempos de
movimiento

metrication
(Mex) (Ven) adopción del sistema
métrico decimal

metric system
sistema métrico

metropolitan area
área metropolitana

microeconomics
microeconomía

micromotion study
(Mex) (Ven) estudios sobre
micromovimientos

midcareer plateau
(Mex) (Ven) meseta de mitad de
carrera
(un período en el medio de la
carrera de una persona cuando no
avanza, y se queda en el mismo
nivel)

middle management
administración intermedia
(Es) mandos intermedios
(Ven) gerencia media

midnight deadline
vencimiento a medianoche

migrant worker
trabajador migratorio

migrate
migrar

military-industrial complex
complejo industrial militar

milking
(Ar) lactación
(Ch) sacar provecho o beneficio
de algo
(Mex) ordeño
(Ven) explotación

milking strategy
(Ch) estrategia para sacar

provecho o beneficio de algo
(Mex) estrategia de captación
(Ven) estrategia de obtención de
beneficios excesivos por situación
óptima

mileage rate
tarifa por distancia

millionaire
millonario

millionaire on paper
millonario en acciones

mineral rights
derecho de explotar minas

minimax principle
(Mex) (Ven) principio minimax

minimize
reducir al mínimo

minimum lease payment
pago de arrendamiento mínimo

minimum lot area
área de solar mínima
(Ven) área de lote de terreno
mínima

minimum pension liability
responsabilidad de pensión
mínima

minimum premium deposit plan
(Ven) plan de depósito de prima
mínima

minimum wage
salario mínimo, paga mínima

minor
secundario, inferior,
menor, menor de edad

**minority interest or minority
investment**
participación minoritaria en las
acciones, interés minoritario

mintage
acuñación

minutes
minutas, actas

misdemeanor
delito menor
(Mex) falta

mismanagement
mala administración

misrepresentation

declaración falsa, declaración
errónea
misstatement of age
(Ar) edad falsa
(Ch) falsa representación de la
edad
(Mex) (Ven) declaración de edad
falsa
mistake
equivocación, error
v. confundir, malinterpretar, errar
mistake of law
(Ar) error de la ley
(Ch) (Mex) (Ven) error de
derecho
mitigation of damages
mitigación de daños y perjuicios
mix
mezcla, conjunto
mixed economy
economía mixta
mixed perils
peligros mixtos
mixed signals
señales mixtas
mobile device
dispositivo móvil
mode
modo, moda
model unit
unidad modelo
modeling
modelado
modeling language
idioma modelo
modern portfolio theory (MPT)
teoría de cartera de valores
moderna
modified accrual
(Ar) (Ven) acumulación
modificada
(Ch) devengamiento modificado
modified life insurance
seguro de vida modificado
modified union shop
(Mex) (Ven) empresa que
exige sindicarse a los nuevos
trabajadores

module
módulo
mom and pop store
(Ch) una tienda o almacén
pequeño (de una familia)
(Mex) (Ven) tienda o negocio
familiar
momentum
impulso, ímpetus
monetarist
monetarista
monetary
monetario
monetary item
(Ar) artículo monetario
(Ch) ítem monetario
(Ven) rubro/partida
monetaria
monetary reserve
reserva monetaria
monetary standard
patrón monetario
(Mex) estándar monetario
money
dinero, moneda
(Es) monetario
money income
ingreso monetario
(Es) ingresos en metálico
money market
mercado monetario
(Es) fondos de dinero
money market fund
fondo de inversión del mercado
monetario
(Ven) fondo común de inversiones
money supply
masa monetaria, oferta monetaria
(Es) medio circulante
(Ven) disponibilidades
monetarias
monopolist
monopolista
(Es) monopolizador, acaparador
monopoly
monopolio
monopoly price
precio de monopolio

monopsony
monopsonio
monthly compounding of interest
(Ar) incremento mensual de interés
(Ch) calcular el interés compuesto
mensualmente
(Mex) ajuste mensual del interés
(Ven) combinación mensual
de intereses
monthly investment plan
plan de inversiones mensual,
plan de inversiones con
depósitos fijos mensuales
month-to-month tenancy
(Ar) alquiler mes a mes
(Ch) (Ven) tenencia mes
a mes
moonlighting
pluriempleo (trabajo afuera de las
horas del empleo regular)
morale
(Ar) moral, espíritu de trabajo
(Ch) estado de ánimo
(Mex) (Ven) moral
moral hazard
riesgo moral
moral law
ley moral
(Mex) ética
moral obligation bond
bono de obligación moral
respaldado por un estado
moral persuasion
persuasión moral
moratorium
moratoria
mortality tables
tablas de mortalidad
mortgage hipoteca
v. hipotecar
(Es) gravar
mortgage assumption
suposición hipotecaria
mortgage banker
banquero hipotecario
mortgage bond
bono hipotecario
' (Mex) bono con garantía

hipotecaria
mortgage broker
corredor hipotecario
mortgage commitment
compromiso hipotecario,
compromiso de otorgar una
hipoteca
mortgage constant
constante hipotecaria
mortgage correspondent
corresponsal hipotecario
mortgage debt
deuda hipotecaria
mortgage discount
descuento hipotecario
mortgage insurance
seguro hipotecario
mortgage insurance policy
póliza de seguro hipotecario
mortgage lien
gravamen hipotecario
mortgage out
(Mex) amortizar la hipoteca
mortgage relief
(Ar) (Mex) desgravación
hipotecaria
mortgage servicing
servicio hipotecario
mortgage-backed certificate
certificado respaldado
por hipotecas
mortgage-backed security
valores respaldados por hipotecas
(Es) títulos con garantía
hipotecaria, cédulas hipotecarias
mortgagee
acreedor hipotecario
mortgagor
deudor hipotecario
motion study
(Ar) (Mex) (Ven) estudio de
movimientos
(Ch) estudio de una moción o
propuesta
motivation
motivación
motor freight
(Ven) carga motorizada

mouse
mouse/ratón
mouse pad
almohadilla para el mouse
mover and shaker
(Ch) una persona que
desestabiliza el equilibrio para
poder lograr el cambio
(Mex) promotor e impulsor
moving average
media móvil
(Ar) promedio variable
muckraker
(Ch) escarbador de vidas ajenas,
averiguador y expositor de
ruindades
(Mex) husmeador
(Ven) buscador de información
sensacionalista para la prensa
multibuyer
comprador múltiple
multicasting
multidifusión
multicollinearity
multicolinealidad
multiemployer bargaining
negociaciones de patrones
múltiples
multifunction
multifunción
multimedia
multimedia
multinational corporation (MNC)
compañía multinacional
multiple
múltiple
multiple listing
acuerdo entre corredores para
compartir información y comisión
de propiedades en sus listas
multiple locations forms
(Ar) formularios de ubicaciones
múltiples
(Ven) formatos de ubicaciones
múltiples

multiple regression
regresión múltiple
multiple retirement ages
edades de retiro múltiples
multiple shop
(Ar) taller múltiple
(Ven) tienda múltiple
multiple-management plan
(Ar) plan de distribución de activos
de una gran cartera entre varias
compañías administradoras
(Ven) plan de administración o
gerencia múltiple
multiple-peril insurance
seguro contra peligros múltiples
multiplier
multiplicador
multiuser
multiusuario
municipal bond
bono municipal
(Es) obligación municipal
municipal revenue bond
bono de ingresos municipal
muniment of title
prueba documental de título de
propiedad, documento de título,
título de propiedad
mutual association
asociación mutua
mutual company
compañía mutual
mutual fund
fondo mutuo
(Ar) fondo común de inversión
mutual insurance company
compañía mutual de seguros
(Es) compañía de seguros mutuos
mutuality of contract
requisito de que las obligaciones
contractuales sean recíprocas para
que el contrato sea válido
(Ven) reciprocidad o
interdependencia de las
obligaciones contractuales

N

naked option
opción no cubierta
(Ven) opción al descubierto,
opción abierta, opción
sin el respaldo del activo
correspondiente

naked position
posición no cubierta
(Ar) posición corta o larga que
no está protegida mediante
estrategias de cobertura
(Ven) posición abierta/descubierta
o no respaldada por activos

name position bond
(Ven) fianza por el nombre de la
persona y no por el

named peril policy
póliza de peligros enumerados
cargo

national wealth
(Ar) tesoro nacional
(Ch) (Mex) (Ven) riqueza
nacional, patrimonio nacional

nationalization
nacionalización

natural business year
año comercial natural, año fiscal

natural monopoly
monopolio natural

natural resources
recursos naturales

navigation
navegación

near money
activo fácilmente convertible en
efectivo, casi dinero
(Mex) convertibles en dinero

need satisfaction
(Mex) (Ch) (Ven) satisfacción de
necesidades

negative amortization
amortización negativa

negative carry
rendimiento menor que el costo
de posesión
(Ven) financiación negativa,
inversión negativa

negative cash flow
flujo de fondos negativo
(Ven) flujo de caja negativo

negative correlation
correlación negativa

negative income tax
impuesto sobre ingresos negativo

negative working capital
capital circulante negativo
(Ven) capital de trabajo negativo

negligence
negligencia

negotiable
negociable

negotiable certificate of deposit
certificado de depósito negociable

negotiable instruments
instrumentos negociables
(Es) documentos negociables,
efectos de comercio, títulos
negociables

**negotiable order of withdrawal
(NOW)**
cuenta de cheques con intereses
(Ven) cuenta de ahorro a la vista
con interés, cuenta corriente o
hipotecaria especial

negotiated market price
precio de mercado negociado

negotiated price
precio negociado

negotiation
negociación

neighborhood store
(Ar) negocio vecino
(Mex) (Ch) tienda de
barrio (Ven) bodega de vecindario

neoclassical economics
economía neoclásica

nepotism
nepotismo
nest egg
(Ar) reserva para casos de
necesidad
(Mex) (Ch) ahorros
(Ven) ahorrillos
net
neto
(Es) líquido
net assets
activo neto
(Es) activo líquido, activo
aprobado, activo confirmado,
capital contable
net asset value (NAV)
valor activo neto
net book value
(Es) valor contable neto
(Mex) (Ven) valor neto en libros
net contribution
contribución neta
net cost
costo neto
net current assets
activo corriente neto
(Es) (Ven) activo circulante neto
net income
ingreso neto, beneficio
neto, renta neta
(Es) productos netos, utilidad
neta, ingresos líquidos, renta
líquida, entradas netas
**net income per share of common
stock**
(Ar) utilidad por acción ordinaria
(Ch) (Ven) ingreso neto por acción común
net leasable area
área arrendable neta
net lease
arrendamiento neto
(arrendamiento en que el
arrendatario tiene que pagar
otros gastos en adición al
pago del alquiler)
net listing
contrato para la venta de un

inmueble en que la comisión es
lo que exceda de una cantidad
fija que le corresponde al
vendedor
net loss
pérdida neta
net national product
producto nacional neto
net operating income (NOT)
ingreso operativo neto
(Es) productos netos de la
explotación, renta neta generada
net operating loss (NOL)
pérdida operativa neta
net present value (NPV)
valor actual neto
net proceeds
producto neto
(Ar) ingreso neto
(Mex) valor neto de realización
net profit
ganancias netas
(Es) beneficio líquido beneficio
neto ganancia líquida
(Mex) utilidad neta
net profit margin
margen de ganancias netas
(Mex) margen de utilidad neta
net purchases
compras netas
net quick assets
activo neto realizable
net rate
tasa neta
net realizable value
valor realizable neto
net sales
ventas netas
net surfing
hacer surf en la red
net transaction
transacción neta
net yield
rendimiento neto
network
red
network administrator
administrador de la red

networking
(Ar) concatenación,
eslabonamiento
(Ch) (Ven) comunicarse a través
de una red de contactos
(Mex) conexión en red
new issue
nueva emisión
new money
(Ch) dinero nuevo
(Mex) (Ven) dinero fresco (monto
por el cual el valor
nominal de los títulos valores
nuevos supera el valor nominal de
los títulos que se refinancian)
news groups
grupos de noticias
newspaper syndicate
(Ar) consorcio periodístico
(Ch) sindicato de un diario
(Mex) sindicato periodístico (Ven)
sindicato de prensa escrita
new town
pueblo nuevo
niche
nicho
night letter
(Ar) telegrama diferido
(Ven) carta nocturna
node
nodo
no-growth
(Ar) (Ch) sin crecimiento
(Mex) crecimiento cero,
crecimiento nulo
(Ven) crecimiento cero
no-load fund
fondo mutuo sin comisión
nominal account
cuenta nominal
nominal damages
daños nominales
nominal interest rate
tasa de interés nominal
(Es) tipo de interés nominal
nominal scale
escala nominal
nominal wage

salario nominal
nominal yield
rendimiento nominal
(Es) rentabilidad nominal
nominee
persona nombrada, nómino,
representante, fideicomisario
(Ven) candidato propuesto/
designado, nominatario
noncallable
no retirable
(Ar) (Ven) no rescatable
(Es) no redimible durante cierto
tiempo
noncompetitive bid
oferta no competitiva
nonconforming use
uso no conforme a la
zonificación
noncontestability clause
cláusula de incontestabilidad
noncumulative preferred stock
acciones preferidas no
acumulativas
noncurrent asset
activo no circulante
**nondeductibility of employer
contributions**
(Ar) no deducible de los aportes
patronales
(Mex) indeductibilidad de las
contribuciones del empleador
(Ven) no deducibilidad de las
contribuciones patronales
(situación en que los aportes
patronales no se pueden deducir
de los ingresos para efectos de
determinar la renta tributable)
nondiscretionary trust
fideicomiso no discrecional
nondisturbance clause
(Mex) cláusula de inalterabilidad
nondurable goods
mercancías no duraderas,
mercancías perecederas
nonformatted
sin formatear
nonmember bank

banco no miembro
nonmember firm
empresa no miembro
nonmonetary item
(Ar) artículo no monetario
(Ch) ítem no monetario
(Ven) partida no monetaria
nonnegotiable instrument
instrumento no negociable
nonoperating expense (revenue)
(Ar) gastos no operativos
(utilidades)
(Ch) gasto (ingreso) no relacionado
con la operación o explotación
(Mex) ingresos y gastos directos
(Ven) gastos atípicos
nonparametric statistics
estadística no paramétrica
nonperformance
incumplimiento
nonproductive
improductivo
nonproductive loan
préstamo improductivo
nonprofit accounting
contabilidad de organización sin
fines de lucro
nonprofit corporation
corporación sin fines de lucro
(Ven) sociedad sin fines de lucro
nonpublic information
información no pública
nonrecourse
sin recursos
nonrecurring charge
cargo no recurrente
(Es) cargo extraordinario
(Mex) gastos imprevistos, gastos
no periódicos
nonrefundable
no reembolsable
nonrefundable fee or
nonrefundable deposit
cargo/depósito no reembolsable
nonrenewable natural resources
recursos naturales no renovables
nonstock corporation
corporación sin acciones

(Ven) sociedad sin acciones
nonstore retailing
(Ch) ventas al detalle sin tienda
(Mex) venta directa al menudeo
nonvoting stock
acciones sin derecho a voto
(Es) participación accionaria no
votante
no-par stock
acciones sin valor nominal,
acciones sin valor a la par
norm
norma
normal price
precio normal
normal profit
ganancia normal
normal retirement age
(Ar) edad normal de retiro
(Ch) (Mex) (Ven) edad normal de
jubilación
normal wear and tear
deterioro normal
(Ven) desgaste normal o por uso
normal
normative economics
economía normativa
no-strike clause
cláusula de no declarar huelga
not for profit
(Ar) no para ganancias
(Ch) (Mex) (Ven) sin fines de lucro
not rated (NR)
no calificado
notarize
notarizar
(Mex) notariar
(Ven) autenticar por notario
note
pagaré, nota, billete
(Es) vale, apunte
(Ch) letra
note payable
documento por pagar
(Ven) efecto(s) por pagar
note receivable
documento por cobrar
(Ven) efecto(s) por cobrar

notebook computer
computadora de bolsillo
notice
aviso, notificación, aviso de despido
notice of cancelation clause
cláusula de aviso de cancelación
(Ven) cláusula de aviso de
rescisión/cancelación
notice of default
aviso de incumplimiento
notice to quit
aviso de dejar vacante
(Ven) notificación de desalojo
novation
novación

NSF
(Ch) sin fondos suficientes
(Mex) falta de fondos, fondos
insuficientes
(cheque que no puede ser pagado
porque el saldo de cuenta del
librador es inferior al monto
escrito en el cheque)
nuisance
estorbo
null and void
nulo, sin efecto ni valor
(Es) nulo y sin valor
number lock key
tecla bloc núm

O

objective
objetivo
objective value
valor objetivo, valor establecido
por el mercado
obligation bond
(Ar) bono de compromiso
(Mex) bono con obligación
obligee
obligante, acreedor
obligor
obligado, deudor
observation test
prueba por observación
obsolescence
obsolescencia
(Es) desuso, en desuso
occupancy
ocupación, tenencia
(Ar) distribución
occupancy level
nivel de ocupación
occupant
ocupante, tenedor
(Ven) inquilino
occupation
ocupación, tenencia
(Ar) profesión, oficio, empleo
(Ch) oficio
occupational analysis
análisis ocupacional
occupational disease
enfermedad ocupacional,
enfermedad de trabajo
(Es) enfermedad profesional
(Ven) enfermedad laboral
occupational group
(Ar) grupo ocupacional
(Ch) grupo de oficio
(Mex) grupo profesional
occupational hazard
riesgo de trabajo, riesgo
ocupacional

(Es) riesgo profesional
(Ven) riesgo laboral
odd lot
unidad incompleta de
transacción, transacción bursátil
de menos de cien acciones
(Ar) lote impar
(Es) unidad de contratación
(menos de 10.000 dólares), lote
inferior a 100 acciones
(Ven) orden de pico, lote de
acciones suelto o incompleto, lote
de artículos variados
odd page
página impar
off-line
descontectado
off peak
no en las horas de máximo
consumo, no en las horas de
máximo precio
(Ar) horas de menos cargas o
de menos consumo, período
de volumen normal de trabajo
(Ven) en horas de poca demanda
off the balance sheet
fuera de balance
(Ch) extracontable
off the books
no en los libros
(Ch) extracontable
off time
(Ch) (Mex) tiempo libre
(Ven) tiempo de descanso
offer
oferta, propuesta
(Mex) postura, ofrecimiento
v. ofrecer, proponer
(Es) ofertar
offer and acceptance
oferta y aceptación
offeree
receptor de oferta

offerer
    oferente
offering date
    fecha de ofrecimiento
    (Ven) fecha de la oferta
offering price
    precio de oferta, precio de
    ofrecimiento
office management
    administración de oficina
official exchange rate
    tasa oficial de cambio
off-line
    fuera de línea
off-price
    precio en almacén, rebajado
offset
    compensación
    (Es) cancelación, contrapartida,
    compensado
      v. compensar, cancelar,
      contrarrestar
offshore
    en el exterior, de mar adentro
    (Ven) de costa afuera
off-site cost
    costo fuera del lugar de trabajo
oil and gas lease
    (Ar) contrato de arrendamiento
    sobre gas y petróleo
    (Ch) arrendamiento con el
    derecho para explotar petróleo
    y gas
    (Mex) contrato de gas y petróleo
    (Ven) arrendamiento de una
    explotación de gas y petróleo
oligopoly
    oligopolio
ombudsman
    ombudsman
    (Ar) (Ven) defensor del pueblo
omitted dividend
    dividendo omitido
on account
    a cuenta, pago a cuenta
    (Mex) a favor
on demand
    a solicitud

    (Es) (Mex) a la presentación
on order
    pedido pero no recibido
on speculation (on spec)
    (Mex) por especulación
    (Ven) para probar suerte
onboard computer
    computadora de abordo
one-hundred-percent location
    lugar comercial que rinde
    el máximo
one-minute manager
    (Ch) un gerente eficiente
one-time buyer
    comprador de una sola vez
one-time rate
    tasa de una sola vez
on-line
    en línea, conectado
on-line data base
    base de datos en línea
on-sale date
    (Ven) fecha en que se pone en
    venta
on-the-job training (OJT)
    entrenamiento en el trabajo
    (Es) formación práctica
    entrenamiento sobre la
    marcha
    (Mex) aprendizaje por rutina,
    adiestramiento en el puesto
open
    abierto
open account
    cuenta corriente, cuenta abierta
open bid
    propuesta con derecho de
    reducción, oferta abierta
open dating
    colocación de fecha de expiración
    en un lugar fácil de ver
open distribution
    distribución abierta
open economy
    economía abierta
open house
    casa abierta a inspección para
    comprar

open housing
alojamiento sin discriminación
open interest
opciones en circulación
open listing
contrato no exclusivo para vender
un inmueble
open mortgage
hipoteca abierta
open order
orden abierta
(Es) orden de compraventa
de títulos pendiente de
ejecución
open outcry
(Es) viva voz
open shop
empresa la cual emplea
sin considerar si el
solicitante es miembro
de un gremio
open space
(Ar) lugar abierto
(Mex) espacio abierto
open stock
inventario abierto
open union
unión abierta
open-door policy
política de puerta abierta, política
de puertas abiertas
open-end
(Ar) (Ven) abierto, flexible
(Ch) sin tope o restricción
(Mex) ilimitado
open-end lease
arrendamiento abierto
open-end management company
compañía administradora
de fondo mutuo de acciones
ilimitadas
open-end mortgage
hipoteca renovable, hipoteca
ampliable
(Es) hipoteca ilimitada
opening
apertura
open-market rates

(Ar) tasas fijadas por el mercado
libre
(Mex) cotización del mercado
libre
(Ven) tasas de mercado libre
open-to-buy
(Ar) abierto para la compra
(Ven) expuesto a comprar
operand
(Ch) cantidad sometida a una
operación
(Mex) (Ven) operando
operating cycle
ciclo operativo
operating expenses
gastos operativos, gastos de
explotación
(Mex) gastos de operación
operating lease
arrendamiento de explotación
operating losses
pérdidas operativas, pérdidas de
explotación
operating profit
ganancias operativas, utilidad de
explotación
(Mex) utilidad de operación
operating ratio
razón operativa, razón de
explotación
(Es) radio de explotación
(Ven) índice/coeficiente operativo
operating system
(Es) sistema operativo
operation mode
modo de la operación
operational audit
auditoría operacional
(Ar) auditoría operativa
operational control
control operacional
(Ar) control operativo
operations research (OR)
investigación de operaciones
(Es) investigación
operator
operador

opinion
opinión
opinion leader
líder de opiniones
opinion of title
opinión de título
opportunity cost
costo de oportunidad
optical character recognition
(OCR)
reconocimiento de caracteres
óptico
optical fiber
fibra óptica
optimum capacity
capacidad óptima
option
opción, opción de compra, opción
de venta
option holder
tenedor de opciones
optional modes of settlement
(Ar) modos opcionales de
acuerdo
(Ch) modos opcionales de
liquidación
(Ven) modalidades de finiquito
o liquidación opcionales
or better
o a mejor precio
oral contract
contrato oral, contrato verbal
order
orden, clase
(Es) pedido, encargo, decreto
v. ordenar, dirigir, encargar
order bill of lading
conocimiento de embarque a la
orden
(Es) conocimiento de embarque
a la orden, conocimiento de
embarque negociable, carta de
porte negociable, albarán al
portador
order card
tarjeta de pedidos
order entry
(Ch) ingreso de pedidos

(Mex) pedido
order flow pattern
(Ar) (Mex) patrón de flujo de
pedidos
(Ch) tendencia en el flujo de
pedidos
(Ven) esquema de flujo de pedidos
order form
formulario de orden
(Ven) formulario/hoja de pedidos
order number
número de orden
(Ven) número de pedido
order paper
instrumento negociable pagadero
a persona específica
order regulation
(Ar) regulación de pedidos
(Ven) reglamentación de pedidos
order-point system
sistema de inventario en el cual al
llegar a un nivel dado se genera
otro pedido
ordinal scale
escala ordinal
ordinance
(Ar) (Ven) orden, ordenanza
(Ch) (Mex) estatuto
ordinary and necessary business
expense
gastos de negocios
ordinarios y necesarios
ordinary annuity
anualidad ordinaria
(Mex) anualidad vencida
ordinary course of business
curso ordinario de los negocios
(Ven) giro normal de operaciones
(de una compañía)
ordinary gain or ordinary income
ganancia ordinaria o ingreso
ordinario
ordinary interest
intereses ordinarios
(Es) interés calculado sobre año
comercial (360 días)
ordinary loss
pérdida ordinaria

**ordinary payroll exclusion
endorsement**
　(Ch) endoso de una exclusión
　de la planilla de remuneraciones
　ordinarias
organization
　organización, persona jurídica
　(Es) estructura de administración
　y gobierno
organization cost
　(Ar) costo institucional
　(Ch) (Ven) costo de
　organización
organization development
　desarrollo organizativo
　(Ar) desarrollo institucional
organization planning
　planificación organizativa
　(Ar) planificación institucional
organization structure
　estructura organizativa
　(Ar) estructura institucional
organizational behavior
　(Ar) (Ven) comportamiento
　institucional
　(Ch) comportamiento de una
　organización
organizational chart
　organigrama
organized labor
　trabajadores agremiados,
　trabajadores sindicados
orientation
　orientación
original cost
　costo original
　(Es) precio de fábrica
original entry
　asiento original
original issue discount (OID)
　descuento de emisión original
original maturity
　vencimiento original
original order
　orden original
origination fee
　cargo por originación
originator

　originador
other income
　otros ingresos
　(Es) otros productos
other insurance clause
　cláusula de seguro
other people's money
　(Ch) (Mex) dinero ajeno
out of the money
　(Es) no interesa, precio de
　ejercicio mayor al del activo
　subyacente, precio de ejercicio
　menor al del activo subyacente
outbid
　presentar una mejor oferta
　(Es) sobrepujar
　(Mex) mayor postura, puja
outcry market
　(Mex) mercado de subastas
outlet store
　tienda de ventas de mercancía a
　descuento
outline view
　visualización del contorno
outside director
　(Ven) director externo
　(miembro de una junta directiva
　cuyo vínculo único es ese cargo,
　consejero externo)
outsourcing
　contratación de terceros para
　servicios o manufactura
　(Ar) tercerización
outstanding
　pendiente de pago, pendiente,
　en circulación
　(Es) vigente
　(Ven) en mora, devengado y
　no pagado, atrasado
outstanding balance
　saldo pendiente
　(Es) saldo vivo
outstanding capital stock
　acciones en circulación
over (short)
　(Ch) sobrante (faltante)
　(Ven) cuenta puente, cuenta de
　faltas y sobrantes

over the counter (OTC)
valor no cotizado en una bolsa
overage
exceso, cantidad adicional
al alquiler a pagar basado en
ventas brutas
(Mex) sobrante de dinero
overall expenses method
método de gastos globales
overall rate of return
tasa de rendimiento global
over-and-short
sobrantes y faltantes
overbooked
con reservaciones más allá
de lo que se puede acomodar
(Ven) sobrevendido
overbought
sobrevalorado, sobrecomprado
overcharge
cargo excesivo, recargo
v. sobrecargar
(Es) recargar, cargar de más
overflow
desbordamiento
(Es) capacidad excedida
overhang
bloque grande que de venderse
crearía presión bajista
overhead
gastos generales, gastos
fijos
(Mex) gastos indirectos,
gastos de fabricación
overheating
(Ar) (Ch) (Mex)
sobrecalentamiento
(Ven) recalentamiento
overimprovement
sobremejoramiento
overissue
emisión mas allá de
lo permitido, sobreemisión

overkill
(Ch) hacer algo en demasía (Mex)
sobredestrucción
(Ven) capacidad excesiva de
destrucción
overpayment
pago en exceso
(Mex) sobrepago, pago excesivo
overproduction
sobreproducción
override
compensación adicional a uno de
puesto superior, compensación
más allá de cierta cantidad
overrun
sobreproducción, sobrecostos
(mercado de valores en que
las transacciones se llevan
a cabo mediante una red
electrónica)
over-the-counter retailing
(Ven) ventas en el mercado
paralelo
overtime
horas extras, sobretiempo,
tiempo suplementario
(Es) horas extraordinarias
(Mex) tiempo extra
overtrading
expansión de ventas
más allá de lo financiable por el
capital circulante
overvalued
sobrevalorado
overwrite
sobreescribir
owner-operator
dueño-operador
ownership
propiedad, titularidad
(Mex) patrimonio
ownership form
forma de propiedad

P

p value
    valor de p
pacesetter
    (Ch) quien establece el ritmo
    (Mex) trabajador modelo
    (Ven) persona que da la pauta
package
    paquete
package band
    banda de paquete
package code
    código de paquete
package design
    diseño de paquete
package mortgage
    hipoteca que incluye mobiliario
packing list
    lista de empaque
    (Es) lista de bultos
packaged goods
    mercancías empaquetadas
padding
    (Ch) relleno
    (Mex) relleno, acolchado
    (Ven) falsificación, relleno ficticio
    de documentos contables
    (agregando un monto adicional,
    como en un presupuesto o
    cotización, para cubrir cualquier
    imprevisto)
page break
    salto de página
page down
    avance página
page format
    formato de la página
page up
    retroceso página
pagination
    paginación
paid in advance
    (Ar) (Mex) pago adelantado
    (Ch) anticipo pagado

(Ven) pagado por adelantado
paid status
    estado de pagado
paid-in capital
    capital pagado,
    capital desembolsado
paid-in surplus
    superávit pagado
    (Ch) sobreprecio en venta de
    acciones propias
paintbrush
    brocha
painting the tape
    (Mex) manipulación ilegal
    de un valor
    (manipulación de las cotizaciones
    a fin de atraer el interés de
    legítimos compradores)
palmtop
    palmtop
paper
    papel, documento negociable,
    documento periódico
    (Es) de papel, posición papel
    (Ven) efectos, instrumentos de
    crédito
paper gold
    oro papel
paper jam
    atasco de papel
paper money
    papel moneda
    (Mex) billete de banco
paper profit (loss)
    ganancias (pérdidas) sin
    realizar, ganancias (pérdidas)
    sobre el papel
    (Es) utilidades no realizadas
    (Ven) ganancia (pérdida) ficticia
par
    paridad, valor nominal, igualdad
    (Es) par a la par
    (Mex) ciento por ciento

par bond
   bono a la par
par value
   valor nominal, valor a la par
paralegal
   (Mex) paralegal
   (Ven) empleado paralegal
parallel connection
   conexión paralela
parallel processing
   procesar en paralelo
parameter
   parámetro
parcel
   parcela, lote, paquete
   v. dividir
parent company
   compañía controladora
   (Es) sociedad matriz
   (Mex) casa matriz
   (Ven) compañía matriz
parity
   paridad
parity check
   (Es) verificación de paridad
parity price
   precio de paridad
parking
   (Ch) (Mex) estacionamiento
   (Ven) aparcamiento de
   valores (colocación de fondos
   improductivos en una inversión
   segura y a corto plazo mientras
   se espera la aparición de otras
   oportunidades de inversión)
parliamentary procedure
   (Ar) (Mex) (Ven) procedimiento
   parlamentario
   (Ch) práctica parlamentaria
partial delivery
   entrega parcial
partial release
   liberación parcial
partial taking
   expropiación parcial
partial-equilibrium analysis
   análisis de equilibrio parcial
participating insurance

seguro con participación, póliza
de seguros con participación
participating policy
   póliza con participación
participating preferred stock
   acciones preferidas con
   participación
   (Es) acciones participantes
   preferentes
participation certificate
   certificado de participación
participation loan
   préstamo con participación
participative budgeting
   presupuestación con participación
participative leadership
   liderazgo con participación
partition
   partición, reparación, separación
partner
   socio, asociado, compañero
partnership
   sociedad, asociación
   (Es) sociedad colectiva,
   sociedad comanditaria
   (Mex) sociedad en nombre
   colectivo
part-time
   a tiempo parcial, empleo
   de media jornada
   (Ven) de medio tiempo
passed dividend
   dividendo omitido, dividendo no
   pagado
passenger mile
   millas de pasajero
passive activity
   actividad pasiva
passive income (loss)
   ingreso (pérdida) pasivo(a)
passive investor
   inversionista pasivo
passport
   pasaporte
pass-through securities
   valores cuyas contribuciones
   pasan sin cobrar hasta llegar a los
   inversionistas

password
contraseña
(Es) clave de acceso
past service benefit
beneficio por servicio previo
paste
pegar
patent
patente, patentado
v. patentar
patent infringement
infracción de patente
(Ven) violación de patente
patent monopoly
(Ar) (Ven) monopolio de patente
(Mex) monopolio legal
patent of invention
(Ar) (Ch) patente de invención
(Mex) (Ven) patente de un
invento
patent pending
patente pendiente
(Ar) (Es) patente en tramitación
patent warfare
(Ar) (Mex) guerra de patentes
(Ven) pugna en cuanto a patentes
paternalism
paternalismo
path
ruta
patronage dividend and rebate
(Ven) dividendo y rebaja
otorgados por una cooperativa en
función de las compras realizadas
a la misma
pauper
pobre, indigente
pay
paga, sueldo, honorarios
v. pagar, remunerar, saldar
(Es) salario, jornal
v. abonar, producir, rentar
(Mex) gastar, desembolsar
pay as you go
pague a la vista
pay period
período de pago
(Ch) plazo para el pago

payable
pagadero, vencido
(Ch) por pagar
payback period
período de recuperación
de inversión, período de
amortización
(Es) plazo de amortización de una
emisión
(Ven) plazo de reembolso,
recuperación, amortización de una
inversión
paycheck
cheque de salario,
cheque de paga, salario
payday
día de pago
payee
beneficiario de pago,
tenedor, portador
(Es) tomador
payer
pagador
(Es) cajero pagador, ayudante de
caja habilitado
paying agent
agente pagador
payload
carga útil
payment bond
fianza de pago
payment date
fecha de pago
payment in due course
(Ar) pago a término
(Ch) pago a su debido tiempo
(Mex) pago por procedimiento
legal
(Ven) abono en su momento debido
payment method
método de pago
payola
(Mex) chanchullo
(Ven) soborno
payout
pago, rendimiento,
rendimiento necesario para
recuperación de inversión

(Es) parte del beneficio destinado a dividendos

payout ratio
razón de dividendos a ganancias
(Es) porcentaje del beneficio destinado a dividendo

payroll
nómina, planilla de sueldos
(Ch) planilla de remuneraciones
(Es) planilla activa
(Mex) lista de raya

payroll deductions
deducciones de nómina, deducciones del cheque de salario
(Ch) descuentos de la planilla de remuneraciones

payroll savings plan
(Ar) plan de ahorros de planilla
(Ch) plan de ahorros por descuentos de la planilla de remuneraciones
(Mex) plan de ahorros en nómina
(Ven) plan de ahorros con retenciones de la nómina

payroll tax
impuesto sobre la nómina
(Ar) impuesto sobre planilla de sueldos
(Mex) impuestos sobre sueldos y salarios, impuesto sobre nóminas

peak
pico, punta, máximo
(Es) cresta de una gráfica, nivel máximo
v. alcanzar un nivel máximo

peak period
período de utilización máxima

peculation
peculado, desfalco
(Ven) distracción de fondos

pecuniary
pecuniario

peg
estabilización de precios mediante intervención, apoyo de precios mediante estabilización, ajuste del tipo de cambio de una moneda basado en otra

penalty
penalidad, multa
(Es) recargo por demora o incumplimiento
(Mex) sanción
(Ven) penalización

penny stocks
acciones que se venden típicamente por menos de un dólar

pension fund
fondo jubilatorio, fondo de pensiones
(Es) caja de pensiones, fondo de previsiones, caja de jubilación
(Ven) fondo de jubilación

peon
peón

people intensive
que requiere muchas personas

per capita
por cabeza, per cápita

per diem
por día
(Ch) (Ven) viáticos

per-capita debt
deuda per cápita

percentage lease
arrendamiento porcentual sobre las ventas, arrendamiento con participación

percentage-of-completion method
método de porcentaje de terminación

percentage-of-sales method
método de porcentaje de ventas

percent, percentage
por ciento, porcentaje
(Es) tanto por ciento

percolation test
(Ar) prueba de coladura
(Ven) prueba de filtración

perfect competition
competencia perfecta

perfect (pure) monopoly
monopolio perfecto

perfected
perfeccionado

performance
cumplimiento,
ejecución, rendimiento
(Es) resultado de la gestión,
desempeño

performance bond
fianza de cumplimiento, garantía
de cumplimiento
(Es) garantía de buena ejecución
(Ven) fianza de fiel cumplimiento

performance fund
fondo mutuo con metas
de apreciación

performance stock
acciones que se compran con
expectativas de apreciación

period
período
(Ch) ejercicio

period cost, period expense
gasto/costo periódico
(Ch) gasto/costo del ejercicio

periodic inventory method
método de inventario periódico

peripheral device
dispositivo periférico

perishable perjury
perjurio perecedero

permanent difference
diferencia permanente

permanent financing
financiamiento permanente

permit
permiso, licencia
v. permitir, autorizar

permit bond
fianza de licencia

permutation
permutación
(Ven) trueque, cambio

perpetual inventory
inventario perpetuo
(Ch) inventario permanente
(Es) inventario continuo,
inventario constante

perpetuity
perpetuidad

perquisites (perk)
beneficios adicionales, pequeños
beneficios, gratificaciones
(Es) beneficios complementarios
al sueldo

person
persona

personal data sheet
(Ar) hoja de datos personales
(Ch) ficha personal
(Ven) hoja de vida

personal digital assistant
asistente digital personal

personal financial statement
estado financiero personal

personal holding company (PHC)
compañía tenedora controlada por
pocas personas

personal income
ingreso personal

personal influence
influencia personal

personal injury
lesión personal

personal liability
responsabilidad personal
(Es) obligación personal,
compromiso personal

personal property
propiedad personal, bienes
muebles, bienes muebles e
intangibles

personal property floater
cobertura de propiedad
personal sin importar la ubicación

personal selling
venta personal

personnel
personal
(Es) empleados

personnel department
departamento de personal
(Ven) departamento de recursos
humanos

petition
petición, pedido
v. solicitar, pedir
(Es) solicitud, instancia
(Mex) demanda

petty cash fund
   caja chica
   (Ar) (Mex) fondo de caja chica
Phillip's curve
   curva de Phillip
physical commodity
   productos entregados
physical depreciation
   depreciación física
   (Es) depreciación material
physical examination
   (Ar) (Ch) examen físico
   (Mex) (Ven) examen médico
physical inventory
   inventario físico
   (Es) inventario extracontable,
   inventario real
picketing
   huelga demonstrativa
picture format
   formato de imagen
pie chart/graph
   gráfico de tarta, gráfico circular,
   gráfico sectorial
piece rate
   tarifa a destajo, salario por parte
   (Mex) precio unitario, precio por
   pieza
piece work
   trabajo a destajo, destajo
   (Mex) trabajo por pieza
pier to house
   (Ar) embarcadero a casa
   (Ven) del muelle al sitio de entrega
piggyback loan
   (Ar) (Mex) (Ven) préstamo
   concatenado
   (Ch) un préstamo encima de otro
pilot plant
   planta experimental
pin money
   pequeñas cantidades de dinero
   para gastos personales
pipeline
   (Ar) inventario (proyectos)
   (Ch) algo en trámite
pitch
   separación

pixel/picture element
   píxel/elemento de imagen
pixel image
   imagen de píxel
placement test
   prueba para colocación
plain text
   texto plano
plaintiff
   demandante, querellante
   (Es) reclamante
plan
   plan
plan B
   plan B
planned economy
   economía planificada
plant
   planta, fábrica
plat
   plano, diseño, parcela
plat book
   (Mex) (Ven) libro de planos
pleading
   (Es) pleito, litigio, alegaciones
   (Ven) alegato, defensa
pledge
   prenda, pignoración, garantía,
   empeño
   (Mex) gravamen
   (Es) caución
   (Es) v. dar en prenda, caucionar
plot
   lote, plano
plot plan
   (Ar) plan de lotes
   (Mex) planimetría
   (Ven) diagrama de lotes o
   terrenos
plottage value
   valor adicional que tienen los
   lotes urbanos al ser parte de una
   serie contigua
plotter
   (Mex) trazador
   (Ven) máquina trazadora
plow back
   (Ch) reinvertir

(reinvertir utilidades en bienes que
producen ganancias adicionales en
vez de, por ejemplo, pagar dichas
utilidades en dividendos)

plus tick
venta a precio mayor que la
anterior

pocket computer
computadora de bolsillo

point
punto, un por ciento, un dólar en
el valor de acciones
(Es) entero
(Es) v. señalar

point chart
gráfico de punto

poison pill
(Es) píldora envenenada, píldora
venenosa
(tácticas para que una compañía
sea menos atractiva a un
adquiridor)

police power
(Ar) fuerza pública
(Mex) (Ven) poder policial

policy holder
tenedor de póliza, asegurado

policy loan
préstamo garantizado con una
póliza de seguros
(Mex) préstamo sobre póliza

pollution
contaminación

pool
fondo común, fondo, agrupación
(Es) mancomunidad, grupo
consorcio, comisión residual

pooling of interests
agrupamiento de intereses
(Es) combinación de intereses

port of entry
puerto de entrada

portal-to-portal pay
pago de todos los gastos de viaje

portfolio
cartera de valores, valores
en cartera

portfolio beta score
puntuación beta de cartera de
valores

portfolio income
ingresos de la cartera de valores

portfolio manager
administrador de cartera de
valores

portfolio reinsurance
reaseguro de cartera de valores

portfolio theory
teoría de cartera de valores

portrait (format)
retrato (formato)

position
posición, posición en el
mercado

positioning
posicionamiento

positive confirmation
confirmación positiva

positive leverage
apalancamiento positivo

positive yield curve
curva de rendimiento positiva

possession
(Ar) (Ch) (Ven) posesión
(Mex) patrimonio, propiedades,
bienes

post
n. publicación
v. publicar

post closing trial balance
(Ch) (Ven) balance posterior al
cierre
(Mex) balance de situación

posting
asiento, entrada, anuncio

posting (online)
publicación

poverty
pobreza

power connection
conexión de alimentación

power down
apagar

power of attorney
poder
(Es) poder notarial

power of sale
poder de venta
power surge
(Ch) subida de voltaje
(Ven) sobrevoltaje momentáneo
power up
encender
practical capacity
capacidad práctica
pre-bill
(Ch) facturar en adelante
(Ven) factura previa
precautionary motive
(Ar) motivo judicial
(Ch) (Mex) motivo de precaución
(Ven) medida preventiva
preclosing
precierre
precompute
precomputar
prediction
predicción
preemptive rights
derechos de prioridad de compra
de nueva emisión de acciones
preexisting use
uso preexistente
prefabricated
prefabricado
preferential rehiring
(Ar) reanderramiento preferencial
(Ch) dando preferencia en la
contratación a los trabajadores
anteriores
(Mex) recolocación preferente
(Ven) reenganche preferencial
preferred dividend
dividendo preferido
(Es) dividendo preferente
preferred dividend coverage
cobertura de dividendos preferidos
preferred stock
acciones preferidas, acciones
preferenciales
(Es) acción preferente
prelease
prearrendamiento, arrendamiento
antes de la construcción

preliminary prospectus
prospecto preliminar
premises
premisas, instalaciones,
establecimiento
(Ch) dependencias
premium
prima, premio
(Ar) prima de emisión
(Mex) excedente sobre el valor
nominal
premium bond
bono con prima
(Es) obligación con prima
premium income
ingresos por primas de opciones
vendidas
premium pay
paga adicional por horas o
condiciones desfavorables
premium rate
tasa de prima
prenuptial agreement
(Ar) (Mex) acuerdo prenupcial
(Ch) convenio antes de casarse
(Ven) convenio premarital, capitulaciones matrimoniales
prepaid
prepagado, pagado por adelantado
(Es) pagado por anticipado
prepaid expenses
gastos prepagados
(Es) gastos anticipados, cargos
diferidos
prepaid-interest
intereses prepagados
(Es) intereses pagados por
anticipado
prepayment
prepago, pago adelantado
(Es) pago anticipado
prepayment clause
cláusula de prepago
prepayment penalty
penalidad por prepago
(Mex) sanción por prepago,
recargo por prepago
prepayment privilege

privilegio de prepago
(Mex) privilegio por prepago
prerogative
prerrogativa
presale
preventa, venta de inmuebles
antes de construirse las
edificaciones
prescription
prescripción
(Ar) (Mex) receta
present fairly
presentar justamente
(Mex) presentar razonablemente
present value
valor actual
present value of 1
valor actual de 1
present value of annuity
valor actual de anualidad
presentation
presentación
president
presidente
(Es) director general
presold issue
emisión prevendida
press kit
(Ar) (Ven) "kit" de prensa
(Mex) información para la
prensa
prestige advertising
publicidad de prestigio
prestige pricing
(Mex) fijación de precios de
prestigio
(Ven) fijación de precios selectos
pretax earnings
ingresos antes de impuestos
(Mex) utilidad antes de impuestos
pretax rate of return
tasa de rendimiento antes de
impuestos
preventive maintenance
mantenimiento preventivo
price elasticity
elasticidad de precios
price index

índice de precios
price lining
líneas de mercancías a precios
específicos
(Es) diversificación de precios
price stabilization
estabilización de precios
price supports
apoyo de precios, mantenimiento
de precios mínimos
price system
sistema de precios
price war
guerra de precios
pricey
(Ar) costoso
(Ch) (Mex) caro
(Ven) de precio
elevado
price-fixing
fijación de precios
pricing below market
fijación de precios por debajo de
los precios del mercado
primary boycott
boicot principal
primary demand
demanda primaria
primary distribution
distribución primaria
**primary earnings per (common)
share**
ingresos por acción primarios
(Ch) utilidad por acción ordinaria
antes de dilución
primary lease
arrendamiento primario
primary market
mercado primario
(Es) mercado primario para
nuevas emisiones
primary market area
área de mercado primario
primary package
envase primario
prime paper
pagaré de empresa a corto plazo
con alto grado de confiabilidad

prime rate
   tasa de interés preferencial
   (Es) tipo de interés preferencial,
   tasa de interés para préstamos
   preferenciales, interés al mejor
   cliente
   (Mex) tasa prima
prime tenant
   arrendatario principal
principal
   principal, capital, mandante,
   poderdante, director
   (Es) cantidad principal de
   un préstamo, importe, valor
   nominal neto, ordenante,
   comitente, mandante, delegante
   representado, jefe
   (Mex) auditor en jefe o socio,
   ayudante, auditor, supervisor,
   gerente, administrador, capital
principal amount
   cantidad de principal
   (Ch) capital
**principal and interest payment
   (P&I)**
   pago de principal e intereses
   (Ch) capital más intereses
**principal, interest, taxes, and
   insurance payment (PITI)**
   pago de capital, intereses,
   impuestos y seguro
principal residence
   residencia principal
   (Ch) domicilio principal
principal stock holder
   accionista principal
principal sum
   monto principal
print
   imprimir
printer
   impresora
printout
   impresión
prior period adjustment
   ajuste de período previo
prior service cost
   costo de servicio anterior

prior-preferred stock
   acciones preferenciales con
   prioridad sobre otras acciones
   preferidas
privacy
   privacidad
privacy laws
   leyes sobre la privacidad
private cost
   costo privado
private limited partnership
   sociedad en comandita
   privada
private mortgage insurance
   seguro hipotecario privado
**private offering or private
   placement**
   ofrecimiento privado
   (Es) colocación privada
privatization
   privatización
privity
   relación contractual, relación
   jurídica
prize broker
   (Ven) corredor galardonado
probate
   legalización
probationary employee
   empleado probatorio
proceeds
   productos, resultados, beneficios,
   ingresos
   (Es) producto, importe neto
proceeds from resale
   (Ar) ingreso de la reventa
   (Ch) (Mex) (Ven) producto de la
   reventa
processor upgrade
   mejora del procesador
procurement
   adquisición, instigación
   (Es) compra, aprovisionamiento
procuring cause
   causa próxima
produce
   productos
   v. presentar, producir, fabricar,

dar
   (Mex) exhibir (documentos)
producer cooperative
   cooperativa de productores
producer goods
   (Ar) (Mex) bienes de producción
   (Ven) bienes de productores
product
   producto, resultado
production
   producción
production control
   control de producción
production rate
   tasa de producción
production worker
   trabajador de producción
production-oriented organization
   organización orientada a la
   producción
production-possibility curve
   curva de posibilidad de
   producción
productivity
   productividad
product liability
   responsabilidad por los productos
   vendidos en el mercado
product liability insurance
   seguro de responsabilidad por los
   productos vendidos en el mercado
product life cycle
   ciclo de vida de producto
product line
   línea de productos
product mix
   surtido de productos
profession
   profesión
profile
   perfil
profit
   ganancia, beneficio, utilidad
   (Es) provecho
profit and commissions form
   (Ar) formulario de ganancias y
   comisiones
   (Ven) formato de ganancias y

comisiones
profit and loss statement (P&L)
   estado de ganancias y pérdidas
   (Ch) estado de resultados
   (Es) cuenta de pérdidas y
   ganancias, cuenta de resultados
   (Ven) estado de ingresos
profit center
   centro de ganancias
   (Es) centro de beneficio
profit margin
   margen de ganancia, margen de
   beneficio
   (Es) margen de utilidad
profit motive
   intención de ganancia
profit squeeze
   reducción en ganancias por costos
   crecientes
profit system
   sistema de ganancias
profit taking
   ventas tras alzas significativas
   a corto plazo de valores
profitability
   rentabilidad
profiteer
   logrero
   (Mex) sobreprecio
profit-sharing plan
   plan de participación en las
   ganancias, plan mediante el cual
   los empleados participan en las
   ganancias
   (Mex) plan de participación
   de utilidades, reparto de
   utilidades
program budgeting
   presupuestación de programas
program trade
   transacción programada
programmer
   programador
programming language
   lenguaje de programación
progressive tax
   impuesto progresivo
progress payments

pagos por progreso en un proyecto
(Es) pago parcial
(Ven) pago escalonado o a cuenta

projected benefit obligation
obligación de beneficios
proyectados

projected (pro forma) financial statement
estado financiero proyectado

projection
proyección

promissory note
pagaré, nota promisoria, vale
(Es) abonaré

promotion mix
mezcla de tipos de promoción

promotional allowance
descuento por/de promoción

proof of loss
prueba de la pérdida

property
propiedad, derecho de propiedad,
dominio, posesión, bienes
(Es) inmobiliarias

property line
lindero de propiedad

property management
administración de propiedad

property report
(Ar) informe de bienes
(Ven) informe de propiedades

property rights
derechos de propiedad

property tax
impuesto sobre la propiedad
(Ch) (Mex) contribuciones
(Es) derechos reales

proprietary interest
derecho de propiedad

proprietary lease
arrendamiento en una
cooperativa

proprietorship
derecho de propiedad, negocio
propio
(Es) propiedad, patrimonio activo
líquido
(Mex) capital contable

prorate
prorratear

prospect
prospecto, cliente en perspectiva
(Ar) cliente potencial

prospective rating
clasificación prospectiva

prospectus
prospecto, folleto informativo de
una emisión
(Es) prospecto de emisión

protected file
archivo protegido

protectionism
proteccionismo

protocol
protocolo, registro

proviso
condición, restricción

proxy
poder, apoderado
(Es) carta de poder, autorización
para ejercitar el voto en
representación del titular,
delegación de voto

proxy fight
lucha por control mediante
mayoría de votos

proxy statement
declaración para accionistas
antes de que voten mediante poder

prudence
prudencia

public accounting
contabilidad pública

public domain
dominio público

public employee
empleado público

public file
archivo público

public record
registro público

public relations (PR)
relaciones públicas

public sale
venta pública

public use

uso público
public works
obras públicas
puffing
exageración por parte de quien
vende un producto de sus
beneficios, hacer ofertas falsas
en subastas con el propósito de
elevar las demás ofertas
pull-down menu
menú desplegable
pump priming
medidas de estimular la economía
por el gobierno
punch list
(Ar) lista perforada
(Ven) lista de puntos pendientes
punitive damages
daños punitivos
purchase
compra, adquisición
purchase journal
(Ch) libro de compras
(Es) registro de facturas
purchase money mortgage
hipoteca para hacer cumplir la
obligación de la compra de la
propiedad
purchase order
orden de compra

purchasing power
poder para compras
(Es) poder adquisitivo
pure capitalism
capitalismo puro
(Ven) capitalismo absoluto
pure competition
competencia pura
pure-market economy
(Ar) economía de libre mercado
(Ven) economía de mercado
absoluta
purge
purgar
push money (PM)
pagos a vendedores que
efectúa un fabricante
para que impulsen sus
productos
put option
opción de venta
put to seller
(Ven) someter al vendedor
(término empleado cuando
se insta al vendedor (lanzador)
de una opción de venta a
comprar acciones al precio
estipulado)
pyramiding
(Es) piramidación, efecto cascada

Q

qualified endorsement
  endoso condicional
  (Es) endoso completo con
  exclusión de responsabilidad, aval
  limitado
  (Mex) endoso calificado
qualified opinion
  opinión condicional
  (Ch) opinión con salvedades
  (Mex) dictamen con salvedades
  (Ven) opinión calificada
qualified plan or qualified trust
  plan/fideicomiso calificado
qualitative analysis
  análisis cualitativo
qualitative research
  investigación cualitativa
quality
  calidad, cualidad
quality control
  control de calidad
quality engineering
  ingeniería de calidad
quantitative analysis
  análisis cuantitativo
quantitative research
  investigación cuantitativa
quantity discount
  descuento sobre cantidad
  (Mex) descuento por volumen
  (Ven) descuento por grandes
  cantidades
quarterly
  trimestralmente
quasi contract
  cuasicontrato
query
  consulta
queue
  cola
quick asset
  activo realizable
  (Es) activo disponible, activo de

realización inmediata
  (Mex) activo de rápida
  realización
  (Ven) activo líquido, disponible o
  realizable
quick launch
  inicio rápido
quick ratio
  razón de activo disponible y
  pasivo corriente
  (Ar) prueba ácida, coeficiente de
  liquidez a corto plazo
  (Mex) prueba de ácido o
  severa, activo rápido,
  razón rápida
  (Es) relación entre activo
  disponible y pasivo corriente
quiet enjoyment
  goce tranquilo, goce pacífico
quiet title suit
  acción para resolver
  reclamaciones opuestas en
  propiedad inmueble
quitclaim deed
  transferencia de propiedad
  mediante la cual se renuncia
  a todo derecho sin ofrecer
  garantías
quo warranto
  (Ven) orden judicial contra el
  ejercicio de una autoridad o
  poder que se ejerce en nombre o
  representación del estado o
  de sus órganos
quorum
  quórum
quota
  cuota
  (Es) cupo, contingente
quota sample
  (Ar) ejemplo de cuota
  (Mex) (Ven) muestra por el
  método de cuotas

quotation
　cotización, cita
qwerty keyboard
　tecla querty
qwertz keyboard
　tecla quertz

R

racket
negocio ilícito con el propósito de ganar dinero por extorsión, etc.
(Ven) negocio sucio o fraudulento

rag content
(Mex) (Ven) contenido de trapo

raider
(Es) tiburón
(persona o empresa que intenta tomar el control de una compañía comprando una participación)

rain insurance
seguro de pérdidas ocasionadas por lluvia

raised check
cheque al cual se le ha escrito la suma y otra información en forma elevada para protección

rally
recuperación
v. recuperarse
(Es) alza de precios pronunciada
(Ven) recuperación temporal del mercado

random access memory (RAM)
memoria de acceso aleatorio (RAM)

random sample
muestra aleatoria
(Es) muestreo al azar

random walk
(Mex) mercado aleatorio, mercado a la deriva
(Ven) recorrido aleatorio, trayectoria aleatoria
(hipótesis que se basa en que los precios anteriores no deben tenerse en cuenta para pronosticar precios futuros porque los precios actuales, pasados y futuros solo reflejan respuestas del mercado a información que ingresa al mismo en forma aleatoria)

random-digit dialing
(Ar) (Ven) discado digital aleatorio
(Ch) marcar números telefónicos al azar
(Mex) marcación aleatoria

random-number generator
generador de números aleatorios

range
margen, intervalo, clase, rango
(Mex) amplitud
(Es) gama, alcance, recorrido de la variable

rank-and file
miembros de sindicato
(Ar) masa (de funcionarios, afiliados, etc.), bases (de un sindicato o partido político), socios ordinarios (de un club)

rateable
proporcional, tasable, imponible
(Ar) valuación fiscal
(Es) evaluable, valuable

rate
tipo, tasa, tarifa, tarfario, valor
(Mex) cuota, salario diario
(Es) razón, coeficiente, relación, proporción
(Es) v. tasar, evaluar

rate base
base de tasa
(Ar) valuación base
(Es) base tarifada

rate card
(Ven) tarjeta tarifa, tarjeta de anuncios

rate setting
fijación de tasas

Rates and Classifications
tasas y clasificaciones
(sección del correo de EE.UU.)

ratification
 ratificación
rating
 clasificación
 (Es) evaluación, calificación de
 valores, calificación de solvencia
 financiera
ratio analysis
 análisis de razones
 (Es) análisis de índices
 (Ven) análisis de índices/
 coeficientes
ratio scale
 escala de razón
 (Ven) escala de índices/
 coeficientes
rationing
 racionamiento de productos
raw data
 datos sin procesar
raw land
 terreno sin mejoras
raw materials
 materias primas
reading the tape
 (Ch) ver las cotizaciones de
 precios de valores en la bolsa
 (Ven) lectura de la cinta
 magnética/de la cinta perforada
 (teletipo), lectura de la tira de
 papel de suma
 (leer con detenimiento los datos
 que proporcionan los sistemas
 electrónicos de información
 bursátil, donde se detallan el
 precio y volumen de las distintas
 operaciones efectuadas con
 valores)
readjustment
 reajuste
read-only
 solo lectura
read-only memory (ROM)
 memoria sólo lectura (ROM)
real
 real, verdadero, auténtico,
 genuino
real account

 cuenta del balance
 (Ar) cuenta económica
real earnings
 ingresos reales
real estate
 bienes inmuebles, bienes raíces
 (Es) propiedad inmobiliaria
**real estate investment trust
 (REIT)**
 fideicomiso para la inversión en
 bienes inmuebles
 (Ar) compañía de inversiones
 inmobiliarias
real estate market
 mercado de bienes inmuebles
 (Ven) mercado de bienes raíces
real estate owned (REO)
 (Ar) con propiedad sobre bienes
 inmuebles
real income
 ingresos reales
 (Es) renta real
real interest rate
 tasa de interés real
 (Es) tipo de interés real
real property
 bienes inmuebles
 (Es) bienes raíces
real rate of return
 tasa de rendimiento real
real value of money
 valor real del dinero
real wages
 salario real
realized gain
 ganancia realizada
realtor
 agente de la propiedad inmobiliaria, corredor de fincas
 (Ar) (Ch) (Mex) (Ven) corredor
 de bienes raíces
reappraisal lease
 (Ar) reevaluación, nueva
 estimación
 (Ven) arrendamiento posterior a
 un revalúo
reasonable person
 persona razonable

reassessment
  reestimación, retasación,
  reamillaramiento
  (Ven) reevaluación
rebate
  rebaja, reembolso, descuento
  v. rebajar, descontar,
  bonificar
  (Es) retorno, bonificación,
  disminución
reboot
  reiniciar
recall
  revocación, retirada
  (procedimiento por un fabricante
  para informar sobre defectos en
  sus productos y para corregirlos)
  v. revocar, retirar, cuando
  un fabricante lleva a cabo el
  procedimiento de informar sobre
  defectos en sus productos y
  corregirlosm, volver a llamar
recall campaign
  (Ch) campaña para retirar
  productos del mercado debido a
  defectos detectados
  (Ven) campaña de retirada de
  productos
recall study
  (Ar) estudio basado en
  cuestionarios recordatorios
  (Ch) estudio antes de retirar
  productos del mercado
  (Mex) estudio de aciertos
  (Ven) estudio o examen de
  revocación
recapitalization
  recapitalización
recapture
  recapturar, recobrar, recuperar
recapture rate
  (Ar) índice de recuperación
  (Ch) tasa de recaptura
  (Ven) tasa de rescate
recasting a debt
  refundir una deuda
receipt, receipt book
  recibo, recepción

(Es) resguardo, carta de pago,
  talón, guía o libro de recibos
receivables turnover
  veces por año que se cobran las
  cuentas por cobrar
  (Ar) movimientos de cobros
  (Ch) (Ven) rotación de cuentas
  por cobrar
receiver
  recibidor, administrador judicial,
  liquidador
  (Es) síndico, interventor,
  tomador, receptor, depositario,
  síndico de una quiebra
receiver's certificate
  certificado del administrador
  judicial, certificado del liquidador
  (Mex) certificado del cíndico
receivership
  liquidación judicial,
  nombramiento del administrador
  judicial
  (Mex) administración judicial,
  negocio en quiebra, sindicatura de
  una quiebra, receptoría
receiving clerk
  empleado que recibe
receiving record
  (Ch) acuse de recibo, informe
  del recibo
  (Ven) registro de recepción de
  mercancía
recession
  recesión
  (Mex) depresión económica
reciprocal buying
  compras recíprocas
reciprocity
  reciprocidad
reckoning
  cálculo, cómputo, cuenta
recognition
  reconocimiento, ratificación
recognized gain
  ganancia realizada
  (Ch) ganancia reconocida
recompense
  recompensa

reconciliation
reconciliación, conciliación
(Ch) cuadratura
(Es) conformación ajuste
reconditioning property
recondicionamiento de propiedad
reconsign
reconsignar
reconveyance
retraspaso
(Ar) restitución de la propiedad
record
récord, registro, inscripción,
expediente, archivo
(Es) acto, antecedentes, historial
v. registrar, inscribir, anotar
recording
registro
(Ar) consignación (de una
moción)
records management
administración de registros
recoup
recuperar
recoupment
recuperación, reembolso,
deducción
recourse
recurso
recourse loan
préstamo con recursos
recover
recuperar
recovery
recuperación económica
o de deudas
recovery fund
fondo de recuperación
recovery of basis
recuperación de la base
recruitment
reclutamiento, contratación
recruitment bonus
bono por reclutamiento
recycle bin
papelera de reciclaje
recycling
reciclaje

red tape
trámites burocráticos excesivos,
burocracia, papeleo
redeem
redimir, rescatar
redemption
redención, rescate, amortización
redemption period
período de rescate
redevelop
redesarrollar
rediscount
redescuento
v. redescontar
rediscount rate
tasa de redescuento
(Es) tipo de redescuento
(Mex) expediente
redlining
práctica ilegal de negar préstamo
hipotecario en ciertas áreas sin
verificar el crédito de los
solicitantes de dicha área
reduced rate
tasa reducida
reduction certificate
certificado de reducción de
deuda
referee
árbitro, funcionario auxiliar del
tribunal
(Es) juez, amigable componedor
referral
referido, referencia
refinance
refinanciar
reformation
reformación
refresh
restaurar
refund
reembolso, reintegro
v. reembolsar, reintegrar,
devolver
(Es) devolución
refunding
reembolso, refinanciación
(Es) reintegro

registered bond
bono registrado
(Es) título nominativo,
bono nominativo,
obligación nominativa
registered check
cheque certificado
registered company
compañía registrada
registered investment company
compañía de inversiones
registrada
registered representative (RR)
persona autorizada a venderle
valores al público
registered securities
valores registrados
registrar
registrador
(compañía que actualiza
los registros de acciones y
bonos a través de la información
que proporciona el agente
de transferencias sobre los
certificados de acciones)
registration
registro, inscripción
registration statement
declaración del propósito de
una emisión de valores
registry of deeds
registro de propiedad,
registro de títulos de
propiedad
regression analysis
análisis de regresión
regression line
línea de regresión
regressive tax
impuesto regresivo
(Es) tributo regresivo
**regular-way delivery (and
settlement)**
entrega de valores a tiempo
regulated commodities
mercancías reguladas
regulated industry
industria regulada

regulated investment company
compañía de inversiones regulada
regulation
regulación, reglamento, regla
regulatory agency
agencia reguladora
(Es) organismo de control
rehabilitation
rehabilitación
reindustrialization
reindustrialización
reinstatement
reinstalación
reinsurance
reaseguro
reinvestment privilege
privilegio de reinversión
reinvestment rate
tasa de reinversión
related party transaction
transacción entre partes
relacionadas
release
liberación, descargo, finiquito,
quita
v. liberar, descargar, volver a
arrendar
(Ar) certificado de liberación,
remisión
(Es) finiquitar
(Mex) exención
release clause
cláusula de liberación
relevance
relevancia, pertinencia
reliability
confiabilidad
(Es) fiabilidad
relocate
reubicar
remainder
remanente, parte residual de
una propiedad (en general,
se refiere a una propiedad
vitalicia)
(Es) resto
(Mex) saldo, sobrante
(Ven) residuo

remainder person
persona con un interés
residual en una propiedad,
quien adquiere un derecho
sobre un inmueble al terminar
el derecho de otro sobre dicho
inmueble

remedy
remedio, recurso
(Mex) prevención

remit
remitir, perdonar, anular
(Es) remesa

remit rate
(Ar) tasa de remisión
(Ven) tasa de remesa

remonetization
remonetización

remote access
acceso remoto

remuneration
remuneración,
recompensa

renegotiate
renegociar

renegotiated rate mortgage (RRM)
(Ar) tasa hipotecaria renegociada
(Ch) crédito hipotecario con tasa
renegociada
(Ven) hipoteca de tasa
rencgociada

renewable energy
energías renovables

renewable natural resource
recurso natural renovable

renewal option
opción de renovación

rent
renta, alquiler
v. alquilar, arrendar
(Es) arrendamiento

rent control
control de rentas, restricciones
sobre lo que se puede cobrar
de alquiler
(Ven) control de alquileres

rentable area
área alquilable

rental rate
tasa de alquiler
(Ven) cánon de arrendamiento

rent-free period
período libre de pagos de alquiler

reopener clause
(Ar) cláusula de reapertura
(Mex) cláusula de reanudación

reorganization
reorganización

repairs
reparaciones

repatriation
repatriación

replace
substituir

replacement cost
costo de reemplazo,
costo de reposición

replacement cost accounting
contabilidad de costo reposición

replacement reserve
(Ar) (Mex) fondo de reposición
(Ch) (Ven) reserva de
reposición

replevin
reivindicación

reporting currency
(Ar) divisa contable
(Ch) moneda en que se emiten los
informes
(Mex) moneda en la que se ex-
presa un estado financiero
(Ven) divisa usada en el informe

repressive tax
impuesto represivo

reproduction cost
costo de reproducción

repudiation
repudio, rechazo, no cumplir
una obligación contractual

repurchase agreement (REPO, RP)
acuerdo de recompra entre
vendedor y comprador
(Es) acuerda de recompra,
compromiso de recompra, venta
de valores con compromiso
de recompra, cesión temporal,

compraventa al contado simultánea
a una venta-compra a plazo
(Mex) contrato de readquisición
reputation
reputación, fama
(Mex) crédito mercantil
request for proposal (RFP)
(Ar) orden de propuesta
(Ch) (Ven) solicitud de
propuesta
required rate of return
tasa de rendimiento requerida
requisition
pedido, solicitud
(Mex) requisición
resale proceeds
(Ar) procedimientos de reventa
(Ch) (Mex) (Ven) producto de la
reventa
rescission
rescisión
research
investigación, estudio
research and development (R&D)
investigación y desarrollo
research department
departamento de investigación
research intensive
de investigación intensiva,
de mucha investigación
reserve
reserva, restricción
v. reservar, retener
(Es) fondo de previsión
reserve fund
fondo de reserva
reserve requirement
requisito de reservas
(Ar) reserva mínima
(Ch) encaje
reserve-stock control
control de inventario mediante
reservas
reset
reajustar
resident buyer
comprador residente
resident buying office

(Ven) oficina domiciliada
autorizada para realizar
adquisiciones
residential
residencial
residential broker
corredor residencial
residential district
distrito residencial
residential energy credit
(Ar) (Ven) crédito de energía
residencial
(Ch) crédito tributario para
ahorros en el uso de energía
residencial
(Mex) crédito para energía de uso
doméstico
residential service contract
(Ar) (Ch) (Ven) contrato de
servicio residencial
(Mex) contrato de prestación de
servicios residenciales
residual value
valor residual
(Es) valor de desecho
resolution
resolución, decisión
(Es) acuerdo
resources
recursos
(Es) medios, activos
respondent
(Ar) entrevistado, empadronado
(Ch) (Ven) demandado, apelado
response
respuesta, reacción
response projection
(Ch) proyección de respuestas
(Ven) pronóstico de respuesta,
reacción
restart
recomenzar
restitution
restitución, restablecimiento
(Mex) devolución, recuperación
restraint of trade
restricción al comercio, limitación
al libre comercio

restraint on alienation
restricción de transferencia
restricted surplus
superávit restringido
restriction
restricción, limitación
restrictive covenant
estipulación restrictiva,
pacto restrictivo
retail
venta al por menor
v. vender al por menor
(Es) menudeo, detalle
retail credit
crédito al por menor
retail inventory method
método de inventario al por
menor
retail outlet
tienda que vende al por
menor
retail rate
(Ar) tasa de menudeo
(Ch) precio al por menor
(Ven) tasa al por menor
retailer's service program
(Ar) programa de servicio
al por menor
(Ch) programa de servicio
al cliente por parte del vendedor
al detalle
(Ven) programa de servicios
para minorista, revendedor
retainage
pago al contratista
retenido hasta terminar
la construcción
retained earnings
ingresos retenidos, utilidades
retenidas
(Ar) utilidades incorporadas
(Es) beneficios no distribuidos
(Mex) utilidades acumuladas
(Ven) ganancias retenidas
retained earnings, appropriated
(Ar) utilidades incorporadas,
distribuidas
(Ch) reserva de utilidades retenidas

(Ven) ganancias retenidas,
apropiadas
retained earnings statement
declaración de ingresos retenidos
retaliatory eviction
evicción como represalia
retire
retirar, retirarse
retirement
retiro
(Ch) jubilación
retirement age
edad de retiro
(Ch) edad de jubilación
retirement fund
fondo de retiro
(Ch) fondo de pensiones
(Es) caja de jubilaciones,
caja de pensiones
(Ven) fondo de jubilación
retirement income
ingresos de retiro
(Ch) pensión
retirement plan
plan de retiro
(Ven) plan de jubilación
retroactive
retroactivo
retroactive adjustment
ajuste retroactivo
return
retorno, planilla, rendimiento,
beneficio
v. producir, rendir
(Es) devolución,
rentabilidad
return of capital
retorno de capital
(Ven) rendimiento del capital
o de la inversión
return on equity
rendimiento de la inversión en
acciones comunes
(Es) rentabilidad de los recursos
propios
return on invested capital
rendimiento del capital invertido
return on pension plan assets

(Ar) (Ven) rendimiento de los
activos del plan de retiro
(Ch) retorno sobre los activos del
plan de pensiones
return on sales
rendimiento de ventas
(Ven) rendimiento sobre ventas
returns
ganancia, beneficios, productos
devueltos al suministrador sin
vender
(Mex) devoluciones
revaluation
reevaluación, retasación
(Es) revalorización
revenue
ingreso, renta, entradas,
(Mex) rentas públicas, ingresos
del erario
(Es) entradas brutas, rédito
revenue anticipation note (RAN)
nota en anticipación a ingresos
(Ar) obligación municipal a
corto plazo cuyo pago proviene
de cualquier fuente de ingresos
excepto impuestos
revenue bond
bono a pagarse por ingresos
de lo construido
(Es) obligación garantizada
por otras fuentes de
ingresos
revenue ruling
(Ar) legislación fiscal
(Ch) oficio
(Ven) decisión tributaria
reversal
inversión, contratiempo
(Ar) reversión, cambio de
dirección
(Es) retrocesión, retroceso
reverse annuity mortgage (RAM)
hipoteca de anualidad invertida
(Ar) renta vitalicia por hipoteca
revertida
reverse leverage
apalancamiento inverso
reverse split

reducción en la cantidad
de acciones para aumentar
el valor
reversing entry
contraasiento
(Ar) asiento inverso
(Es) asiento de retroceso, apunte
de anulación
reversion
reversión
reversionary factor
factor reversionario
(Ar) factor de reversión
reversionary interest
interés reversionario
(Ar) interés revertido
reversionary value
valor reversionario
(Ar) valor revertido
review
revisión, examen
v. examinar, estudiar, analizar,
revisar
(Es) visión retrospectiva, estudio,
análisis
revocable trust
fideicomiso revocable
revocation
revocación, cancelación
revolving charge account
cuenta de crédito rotatorio
revolving credit
crédito rotatorio, crédito
renovable
(Es) crédito autorrenovable
crédito renovable
automáticamente
(Mex) crédito recurrente
revolving fund
fondo rotatorio
(Mex) fondo revolvente
rezoning
rezonificación
rich
rico
rich text format (RTF)
rich text format (RTF)
rider

cláusula adicional, anexo
(Es) suplemento de una póliza

right of first refusal
oportunidad de igualar las
condiciones de un contrato ofrecido
antes de su ejecución

right of redemption
derecho de ejecución hipotecaria
(Es) derecho de retracto
(Ven) derecho de rescate/
redención

right of rescission
derecho de rescisión

right of return
derecho de devolución

right of survivorship
derecho de supervivencia

right-of-way
derecho de paso, servidumbre
de paso

risk
riesgo, peligro
v. arriesgar

risk arbitrage
arbitraje con riesgo
(Ven) arbitraje especulativo

risk aversion
aversión al riesgo

risk management
administración de riesgos
(Es) gestión del riesgo

risk-adjusted discount rate
tasa de descuento ajustada
por riesgo

rolling stock
equipo de transporte

rollover

transferencia

rollover loan
(Es) préstamo con tipo de interés
variable

rotating shift
turno rotatorio
(Ar) turno rotativo

round lot
unidad completa de transacción,
transacción bursátil de cien
acciones
(Es) unidad de contratación

roundhouse
taller de ferrocarril

royalty
derechos
(Es) derecho de patente, canon

royalty trust
(Ar) fideicomiso de explotación
(Ven) fondo de regalía

run
retiro excesivo de los depósitos en
un banco a causa del pánico, serie
v. administrar, tener vigencia
(Mex) corrida, ejecución

rundown
(Ar) informe detallado
(Mex) parada, uso
(Ven) reducir gradualmente,
descapitalizarse

rural
rural

rurban
(Ar) rurbano (contracción
de rural y urbano: designa
las relaciones entre el campo
y la aldea o pequeña aldea)

S

sabotage
sabotaje
v. sabotear
safe harbor rule
medida en la ley tributaria
para proteger negocios
con pérdidas
safekeeping
depósito, custodia
safety commission
comisión de seguridad
safety margin
margen de seguridad
salariat
(Ch) clases obreras asalariadas
(Mex) asalariado
salary
salario, paga
(Es) sueldo, remuneración
salary reduction plan
plan de reducción de salario
sale
venta, compraventa
sale and leaseback
venta de propiedad seguida del
arrendamiento de dicha propiedad
a quien la vendió
sale or exchange
(Ar) venta o intercambio
(Ch) venta o canje
(Ven) venta o cambio
sales analyst
analista de ventas
sales budget
presupuesto de ventas
sales charge
cargo por ventas de valores,
cargos por ventas
sales contract
contrato de compraventa
sales effectiveness test
(Ar) prueba de efectividad de
las ventas

(Ven) prueba de eficacia de ventas
sales incentive
incentivo de ventas
sales journal
libro de ventas
(Es) diario de ventas
sales letter
carta de ventas
sales portfolio
(Ar) (Mex) (Ven) cartera de
ventas
(Ch) carpeta de ventas
sales promotion
promoción de ventas
(Es) fomento de ventas
sales returns and allowances
(Ar) rendimientos y
bonificaciones de las ventas
(Ch) (Mex) (Ven) devoluciones y
rebajas de las ventas
sales revenue
ingresos de ventas
(Es) ventas
(Mex) ingresos por ventas
sales tax
impuesto sobre las ventas
(Mex) impuesto sobre ingresos
mercantiles
sales type lease
(Ch) (Mex) arrendamiento
con características de una venta
salesperson
vendedor
salvage value
valor residual
(Es) valor de desecho, valor
de rescate
sample buyer
comprador de una
muestra de un nuevo
producto
sampling
muestra, muestreo

sandwich lease
arrendamiento del arrendatario
que subarrienda a otro

satellite communication
comunicación por satélite

satisfaction of a debt
(Ar) (Mex) pago de una deuda
(Ch) cumplimiento de una
obligación, liquidación de una
deuda
(Ven) cancelación de una deuda

satisfaction piece
documento que certifica que se ha
liquidado una hipoteca

save as
guardar como

save a file
guardar un archivo

savings bond
bono de ahorros

savings element
elemento de ahorros

savings rate
tasa de ahorros

scab
esquirol, rompehuelgas

scale
escala, tarifa
(Es) báscula, balanza, escala,
escalafón

scale order
orden por etapas

scale relationship
relación de escala

scalper
especulador semi-legal, quien
revende, por ejemplo, taquillas a
espectáculos en exceso del valor
nominal
(Ar) agente bursátil que fija
comisiones o márgenes excesivos
sobre las operaciones que realiza

scanner
escáner

scarcity, scarcity value
escasez, insuficiencia, valor por
escasez

scatter diagram

(Ar) (Mex) (Ven) diagrama de
dispersión
(Ch) diagrama con los puntos
esparcidos

scatter plan
(Ar) plan de esparcimiento
(Mex) (Ven) plan de dispersión

scenic easement
(Ch) servidumbre para preservar
lo escénico de un lugar
(Mex) tranquilidad del ambiente
(Ven) servidumbre escénica

schedule
programa, horario, anejo, lista
(Mex) (Es) cédula de trabajo,
relación auxiliar

scheduled production
producción programada

scheduling
programación

scienter
(Mex) a sabiendas

scope of employment
actividades que lleva a cabo
un empleado al cumplir con
sus deberes del trabajo

scorched-earth defense
(Ven) defensa de política
quemada
(estrategia para evitar la
adquisición del control de una
compañía por la cual esta última
se desprende de los activos
que considera particularmente
atractivos para la compañía
interesada)

screen
pantalla

screen filter
filtro de pantalla

screen saver
protector de pantalla,
salvapantallas

scrip
vale, certificado, certificado
provisional
(Es) cédula, póliza, certificado
de acción

scroll down
  desplazarse abajo
scroll up
  desplazarse arriba
seal
  sello, timbre
  v. sellar, concluir
  (Es) timbrar, lacrar
sealed bid
  oferta en sobre sellado, propuesta
  sellada
seal of approval
  sello de aprobación
search
  buscar
search engine
  motor de búsqueda, buscador
seasonal adjustment
  ajuste estacional
seasonality
  (Ch) variabilidad o tendencia
  (de ventas por ejemplo) por
  estación
  (Ven) por estaciones o temporadas
seasoned issue
  (Ven) emisiones maduras
seasoned loan
  préstamo con varios pagos
  (préstamo que se anotó
  en los libros durante por lo menos
  un año y que cuenta
  con un registro de pagos
  satisfactorios)
seat
  (Ar) (Mex) asiento
  (Ch) sede
second mortgage
  segunda hipoteca
second mortgage lending
  (Ar) hipoteca de segundo grado
  (Ch) otorgar créditos hipotecarios
  secundarios
  (Mex) préstamo con segunda
  hipoteca
  (Ven) mercado hipotecario
  secundario
secondary boycott
  boicot secundario

secondary distribution
  distribución secundaria
secondary market
  mercado secundario
secondary mortgage market
  mercado hipotecario secundario
second-preferred stock
  (Ar) acciones preferidas de
  segundo grado
  (Ch) acciones de segunda
  preferencia
  (Ven) acciones preferentes
  secundarias
sector
  sector
secured bond
  bono garantizado
  (Es) bono hipotecario, bono
  colateral, obligación garantizado
secured debt
  deuda garantizada
  (Es) deuda asegurada, deuda
  respaldada
secured transaction
  transacción garantizada
securities
  valores
  (Es) títulos, valores mobiliarios,
  cartera de títulos
  (Mex) acciones, bonos y valores
  (Ven) títulos valores
securities analyst
  analista de inversiones
**Securities and Exchange
  Commission (SEC)**
  Comisión de Bolsa y Valores
  (Mex) Comisión de Valores y
  Cambios, Comisión de Valores y
  Bolsa
securities exchange
  bolsa de valores
securities loan
  préstamo de valores, préstamo
  colaterizado con valores
  (Ar) préstamos prendarios
security
  garantía, seguridad, fianza
  (Mex) colateral

(Es) caución, colateral, prenda, endoso, valor bursátil

security deposit
depósito de garantía
(Es) fianza

security interest
derecho de vender un inmueble
para satisfacer una deuda

security rating
clasificación de seguridad

seed money
(Ar) dinero iniciador
(Ch) dinero de "siembra", para
iniciar o fomentar una actividad
(Ven) capital simiente, capital
inicial para la puesta en marcha
de un proyecto empresarial

segmentation strategy
estrategia de segmentación,
estrategia de segmento
(Mex) estrategia de fragmentación

segment margin
margen de segmento

segment reporting
informes de segmento
(Ar) informe financiero
que contiene información
sobre los distintos
sectores en que opera una
compañía

segregation of duties
segregación de deberes

seisin
posesión

select
seleccionar

selective credit control
(Ar) control selectivo de crédito
(Ch) (Ven) control de crédito
selectivo
(Mex) control específico de
crédito

selective distribution
distribución selectiva

self insurance
autoseguro

self-amortizing mortgage
hipoteca autoamortizante

self-directed IRA
(Ven) IRA autoadministrado
(cuenta de ahorro provisional
que puede ser activamente
administrada por su titular)

self-employed
quien tiene negocio propio,
empleado autónomo

self-help
autoayuda

self-tender offer
(Ar) oferta que hace una
compañía para recomprar parte de
sus propias acciones
(Ven) oferta de autolicitación,
oferta en concurso interno

sell off
vender bajo presión

seller's market
mercado del vendedor, mercado
que favorece al vendedor

selling agent or selling broker
agente/corredor de ventas

selling climax
clímax de ventas

selling short
venta de valores que no se poseen
corrientemente en cartera

semiannual
semianual, semestral

semiconductor
semiconductor

semimonthly
quincenal

semivariable cost
costo semivariable

senior debt
deuda de rango superior
(Es) deuda principal

senior refunding
(Mex) conversión de la
antigüedad
(Ven) reembolso de rango
superior
(reemplazo de títulos o valores
que vencen dentro de 5 a 12
años por emisiones que vencen
dentro de 15 años o más)

senior security
   valores de rango superior
sensitive market
   mercado sensible
sensitivity training
   (Ven) entrenamiento de
   sensibilidad
sentiment indicators
   indicadores del sentir
   (indicadores que reflejan la
   actitud de los inversores con
   respecto a los mercados de
   valores)
separate property
   bienes privativos
serial bond
   bonos en serie
   (Es) bonos de vencimiento
   escalonado, obligaciones en serie
   (Mex) bonos pagaderos en serie
serial port
   puerto serie
series bond
   bonos en serie
server
   servidor
service
   servicio
   (Es) prestación
service bureau
   empresa de servicios
   (Mex) oficina de servicios
service club
   (Ar) club de servicios
   (Mex) asociación filantrópica
service department
   departamento de servicio
service economy
   economía basada en los servicios
service fee
   cargo por servicios
service worker
   (Ch) trabajador en el campo de
   servicios
   (Ven) personal del sector de
   servicios
servicing
   servicio, mantenimiento

setback
   distancia mínima de un linde
   dentro de la cual se puede
   edificar, contratiempo
   (Es) retroceso, baja, crisis
   (Ven) revés, dificultad,
   contratiempo
settings
   configuración, ajustes
set-off
   (Es) compensación (de una
   deuda contra el saldo de una
   cuenta o pago)
settle
   transar, convenir, liquidar
   (Es) solventar, resolver, dirimir
   (Mex) liquidar una cuenta,
   establecer, saldar una cuenta,
   arreglar, decidir, determinar,
   ajustar
settlement
   transacción, convenio,
   liquidación, cierre
   (Mex) arreglo, ajuste
settlement date
   fecha del cierre, fecha de pago,
   fecha de entrega
   (Es) fecha de liquidación
settler
   residente en un terreno
severalty
   propiedad individual
severance damages
   (Ar) (Ven) daños y perjuicios por
   despido
   (Ch) perjuicio por división o
   separación
severance pay
   indemnización por despido,
   cesantía
   (Mex) indemnización por cese
   de empleo
sexual harassment
   acoso sexual, hostigamiento
   sexual
shakedown
   (Ch) robar o sacar dinero
   (Mex) exacción de dinero

(Ven) sacarle dinero a uno por
chantaje

shakeout
reorganización, reestructuración

shakeup
reorganización total

share
acción, parte
v. compartir, participar, repartir
(Es) participación, cuota

sharecropper
aparcero

shared drive
unidad compartida

**shared-appreciation mortgage
(SAM)**
hipoteca de apreciación
compartida

shared-equity mortgage
hipoteca sobre capital compartido

shareholder
accionista, accionario

shareholder's equity
porcentaje del accionista en una
corporación
(Es) participación de los
accionistas, recursos propios
(Ch) (Ven) patrimonio

shares authorized
acciones autorizadas

shareware
shareware

shark repellent
(Es) medida antitiburones
(Ven) medidas defensivas contra
una absorción no deseada
(estrategia que usan las compañías
para evitar "takeovers" no
deseados, como por ejemplo
realizar una adquisición
importante o emitir acciones)

shark watcher
(Mex) detector de tiburones
(empresa dedicada a detectar
iniciativas de OPA hostiles
o especulativas)

sheet feeder
alimentador de hoja

shell company
sociedad creada solamente para
tener acciones en otras compañías
(Ven) empresa fantasma

shift
turno, jornada, movimiento,
desplazamiento
v. desplazar, pasar de una
posición a otra
(Es) cambio

shift differential
pago adicional por jornada
irregular

shift key
tecla Mayús

shift lock
bloc Mayús

shop
tienda, taller, oficio

shopper
comprador, pequeño periódico
local con fines publicitarios

shopping service
servicio de compras

short bond
bono a corto plazo
(Ven) obligación a corto plazo

short cut
acceso directo

short covering
compra de cobertura
(Es) compra para cubrir, ventas al
descubierto
(Ven) cobertura a corto plazo,
cobertura de posición faltante

short form
forma corta, forma simplificada

short interest
cantidad de acciones en
circulación compradas al
descubierto

short position
posición descubierta, posición
corta
(Ar) déficit neto de títulos valores

short squeeze
(Ar) falta en corto
(Ven) apretón a los cortos

short term
a corto plazo
shortfall
déficit, insuficiencia, diferencia
short-sale rules
reglas de ventas al descubierto
short-term capital gain (loss)
ganancia (pérdida) de capital
a corto plazo
short-term debt or short-term liability
deuda a corto plazo
shrinkage
disminución, disminución
esperada, reducción
(Ch) (Mex) (Ven) merma,
encogimiento
shut down (computer)
apagar
shutdown
cese de operaciones
sight draft
letra a la vista
(Ch) vale vista
(Es) efecto a la vista
(Mex) giro a la vista
sign off
terminar
sign on
empezar
silent partner
socio oculto
(Es) (Mex) comanditario, socio
capitalista
silver standard
patrón plata
SIMM (single in-line memory module)
SIMM (módulo simple de
memoria en línea)
simple interest
interés simple
simple trust
fideicomiso simple
simple yield
rendimiento simple
simulation
simulación

single premium life insurance
seguro de vida de prima única
single-entry bookkeeping
contabilidad por partida única
(Mex) contabilidad por
partida sencilla
sinking fund
fondo de amortización
site
sitio, lote
site audit
(Ar) auditoría en el lugar
(Ch) auditoría en faena
(Mex) auditoría de cuentas en las
oficinas centrales de una empresa
(Ven) auditoría en el domicilio
de una empresa
sit-down strike
(Es) huelga de brazos caídos,
sentada
skill intensive
intensivo en habilidad
skill obsolescence
obsolescencia de habilidades
slack
período inactivo
slander
calumnia, difamación
sleeper
(Ven) artículo de difícil venta
(acción de precio estable pero
cuya cotización puede aumentar
repentinamente)
sleeping beauty
(Ven) bella durmiente
(empresas que por su estructura
financiera y situación saneada
atraen la atención de los tiburones, considerándose por ello
objetivos probables de OPAS
hostiles)
slowdown
(Ven) desaceleración, parón
(acuerdo entre trabajadores para
reducir la producción con el
propósito de obligar al patrono a
ceder a ciertas exigencias)
slump

baja, caída repentina, depresión,
crisis económica

small business
empresa pequeña, negocio
pequeño

small investor
(Ar) (Ch) (Mex) inversionista
pequeño
(Ven) inversionista a pequeña
escala

smartphone
smartphone

smoke clause
cláusula de humo

smokestack industry
(Ch) industria que contamina
(Ven) industrias básicas
(industria básica que tiene un
potencial de crecimiento
limitado y cuyos ingresos y
utilidades varían cíclicamente
con la actividad económica
general)

snowballing
(Mex) divergente
(Ven) efecto de bola de nieve,
galopante, vertiginoso

social insurance
seguro social

socialism
socialismo

socially conscious investor
(Ar) (Ven) inversionista con
conciencia social
(Ch) inversionista consciente del
efecto que sus inversiones tiene
en la sociedad

social networking site
red social

social responsibility
responsabilidad social

soft currency
moneda débil
(Ven) moneda blanda

soft goods
géneros textiles
(Ven) géneros tejidos, bienes de
consumo perecederos

soft market
mercado débil
(Ar) mercado bursátil con precios
en baja y escaso volumen de
negociaciones

soft money
moneda blanda

soft spot
(Ch) punto débil
(Mex) punto vulnerable

soil bank
(Mex) banco rural
(Ven) programas agrícolas

sole proprietorship
negocio propio
(Ven) propiedad de una sola
persona, de propietario exclusivo,
de empresario individual

solvency
solvencia

source
fuente
(Es) origen

source evaluation
(Ar) (Ch) evaluación de fuentes
(Ven) evaluación de origen

source worksheet
hoja de trabajo fuente

sources of funds
fuentes de fondos
(Es) origen de los fondos

sovereign risk
riesgo por país

space bar
barra espaciadora

spamming
spamming

span of control
(Ar) (Ven) margen de control
(Ch) alcance del control

special agent
agente especial

special assignment
(Ar) (Ch) asignación especial
(Ven) misión especial, trabajos
especiales

special delivery
entrega especial

special drawing rights (SDR)
(Es) derecho especial de giro
special handling
(Ar) manipulación especial
(Ch) (Ven) manejo especial
special purchase
compra especial
special situation
situación especial
special warranty deed
(Ar) título de garantía especial
(Ch) escritura especial de garantía
(Mex) (Ven) documento de
garantía especial
specialist
especialista
specialty advertising
(Ar) publicidad especial
(Ch) publicidad especializada
(Ven) propaganda especializada
specialty goods
(Ar) bienes de un determinado
sector
(Ch) bienes o productos
especializados
(Ven) artículos selectos o de
calidad
specialty retailer
detallista especializado
(Mex) minorista especializado
specialty selling
(Ar) (Ch) venta especializada
(Ven) venta de artículos selectos o
de calidad
specialty shop
tienda especializada
special-use permit
permiso de uso especial
specie
moneda sonante
specific identification
identificación específica
specific performance
cumplimiento específico
specific subsidy
subsidio específico
specification
especificación, descripción

speculative risk
riesgo especulativo
speech recognition
reconocimiento de voz
speedup
esfuerzo de aumentar producción
sin aumentar la paga
spell checker
corrector ortográfico
spending money
dinero para gastos personales
spendthrift trust
fideicomiso para un pródigo
spider chart
gráfico araña
spillover
(Ar) indirecto, derivado o
secundario (efecto)
(Ch) derrame, excedente
(Mex) prestaciones indirectas,
prestaciones externas
(Ven) derramamiento,
desbordamiento, efectos externos
o internos
spin-off
escisión, separación de una
subsidiaria o división de una
corporación para formar un ente
independiente
splintered authority
autoridad fraccionada
split
división
(Es) escisión, aumento de
acciones sin aumentar el capital
(cambio proporcional en la
cantidad de acciones de una
corporación)
split commission
comisión dividida
split shift
jornada dividid
spokesperson
representante, portavoz
sponsor
garante, patrocinador
v. patrocinar
(Mex) fiador, avalista

spot check
revisión al azar
spot commodity
mercancía de la cual se espera
entrega física
spot delivery month
(Ar) mes más cercano en el
cual debe realizarse la entrega
correspondiente a un contrato
de futuros
(Mex) mes de entrega más
próximo
(Ven) el mes de vencimiento
inmediato al de negociación
de un contrato de futuros
u opciones
spot market
mercado al contado
spot price
precio de entrega inmediata,
precio al contado
spot zoning
reclasificación de un terreno que
no corresponde al de los terrenos
en el área inmediata creando un
problema para la vecindad
spread
varios tipos de diferencia entre los
precios de compra y venta
y el rendimiento de valores
(Es) diferencial, margen
añadido a un tipo de interés
de referencia
(Ven) banda
spread sheet
hoja de cálculos electrónica
spreading agreement
(Ar) acuerdo "spreading"
(Mex) acuerdo sobre margen
(Ven) convenio de ampliación a
mayor número de ejercicios
squatter's rights
(Ar) derechos de los marginales
(Ch) derechos de un colono
usurpador
(derecho al título ajeno adquirido
al mantener la posesión y
transcurrir la prescripción

adquisitativa)
squeeze
escasez de fondos
stabilization
estabilización
stacked column chart
gráfico de columnas apiladas
staggered election
(Ar) (Ven) elección alternada
(Mex) elección entre grupos
staggering maturities
escalonamiento de vencimientos
stagnation
estancamiento
stake
inversión, participación
stand-alone system
(Ar) (Mex) sistema autónomo
(Ch) (Ven) sistema que funciona
en forma independiente
standard
estándar, patrón, norma
standard cost
costo estándar
(Mex) costo tipo
(Es) coste normalizado
standard deduction
deducción fija
standard deviation
desviación estándar
(Es) desviación típica
**Standard Industrial Classification
(SIC) System**
(Ar) (Ch) (Ven) Sistema Estándar
de Clasificación Industrial
(Mex) sistema normalizado de
clasificación industrial
standard of living
nivel de vida
standard time
hora civil, hora oficial
(Ar) (Mex) hora estándar
(Ch) hora normal
(Ven) hora legal
standard wage rate
(Ar) tasa salarial estándar
(Ch) tipo de sueldo estándar
(Ven) salario base estándar

standby
en espera
standby fee
(Ar) comisión "standby"
(Ch) cargo por crédito no
aprovechado
(Ven) retribución, honorario de
reserva o contingente
standby loan
(Ar) préstamo "standby"
(Ch) préstamo de contingencia,
préstamo de disposición
inmediata
(Mex) (Ven) préstamo contingente
standing order
orden a repetirse hasta nuevo
aviso
staple stock
productos siempre en inventario
por demanda fija
start-up
establecimiento de negocio
start-up screen
pantalla inicial
stated value
valor establecido
(Mex) valor declarado
statement
estado de cuenta, declaración
(Es) extracto
(Mex) enunciado de problema de
ley, fórmula, instrucción general
statement of affairs
informe sobre el estado financiero
statement of condition
estado de condición
statement of partners' capital
(Ar) (Ven) declaración del capital
de los socios
(Ch) estado del capital de los
socios
static analysis
análisis estático
static budget
presupuesto estático
static risk
riesgo estático
statistic

estadística
statistical inference
inferencia estadística
statistical sampling
muestreo estadístico
statistically significant
(Ar) importante desde un punto
de vista de las estadísticas
(Ch) significativo en base de las
estadísticas
(Mex) estadísticamente
significativo
(Ven) de importancia estadística
statistics
estadísticas
status
status, posición, categoría
(Ven) estado, estátus
status bar
barra de estado
status symbols
símbolos de posición social
statute
estatuto
(Es) escritura de constitución
statute of frauds
ley indicando que ciertos
contratos orales no son válidos
statute of limitations
ley de prescripción
(Mex) prescripción, caducidad
statutory audit
auditoría estatutaria
(Ar) auditoría reglamentaria
statutory merger
(Ar) fusión reglamentaria
(Ch) fusión legal
(Mex) absorción de una sociedad
con desaparición de la misma
(Ven) fusión estatutaria
statutory notice
(Ar) aviso reglamentario
(Ch) aviso legal
(Mex) notificación legal
(Ven) notificación estatutaria
statutory voting
regla de un voto por una acción
(Ar) votación obligatoria

staying power
  (Ar) poder temporal
  (Ch) capacidad de mantenerse en
  el tiempo
  (Mex) (Ven) resistencia

steady-growth method
  (Ar) método de crecimiento firme
  (Ven) método de crecimiento
  uniforme

steering
  práctica ilegal de ofrecer
  propiedades sólo a ciertos
  grupos étnicos

stepped-up basis
  (Ar) base predeterminada
  (Ch) incremento en el valor
  asignado a un activo (para efectos
  tributarios)
  (Ven) base creciente, acelerada

stipend, stipendiary
  estipendio, estipendiario
  (Ar) gasto
  (Ch) sueldo

stipulation
  estipulación, convenio

stochastic
  estocástico

stock
  acciones, capital comercial,
  inventario, existencias, ganado
  v. abastecer, almacenar

stock certificate
  certificado de acciones,
  certificado de inventario

stock dividend
  dividendo en acciones

stock exchange
  bolsa de valores
  (Es) bursátil
  (Mex) bolsa de acciones

stock index futures
  futuros de índices de acciones

stock power
  poder para transferir acciones

stock record
  registro de acciones

stock symbols
  símbolos de acciones

stock turnover
  giro de inventario, rotación
  de inventario

stockbroker
  corredor de bolsa, agente de bolsa
  (Es) agente de cambio y bolsa
  (Mex) corredor de valores
  stockholder accionista
  (Es) tenedor de acciones

stockholder of record
  accionista registrado
  (Es) accionista inscrito en el
  registro de acciones, titular de
  las acciones

stockholder's derivative action
  acción por los accionistas
  contra el directorio corporativo

stockholder's equity
  porcentaje del accionista en
  una corporación
  (Ch) patrimonio
  (Es) recursos propios
  (Ven) patrimonio

stockpile
  reserva

stockroom
  almacén, depósito

stonewalling
  (Ch) impedir o poner obstáculos
  a algo
  (Ven) táctica obstruccionista

stool pigeon
  (Ch) acusador, informante
  (Ven) soplón

stop clause
  límites de gastos del arrendador

stop order
  orden de efectuar la transacción al
  llegar a un precio específico
  (Es) orden de suspensión

stop payment
  detener el pago
  (Ch) orden de no pago
  (Es) retener el pago, suspender
  el pago

stop-loss reinsurance
  reaseguro para limitar las pérdidas
  por varias reclamaciones com-

binadas que excedan un cierto
porcentaje de ingresos por primas

store
tienda, negocio, almacén
(Es) grandes almacenes

store brand
marca del lugar de compra

straddle
posición de igual cantidad de
opciones de compra y venta
para el mismo valor y con el
mismo precio de ejecución y
fecha de vencimiento
(Es) compra simultánea de
una opción de compra y otra
de venta con idénticas
características

straight bill of lading
conocimiento de embarque no
negociable
(Es) conocimiento de embarque
nominativo, conocimiento de
embarque corrido, carta de porte
nominativa
(Mex) documentos de embarque
no endosables, conocimiento de
embarque no endosable
(Ven) conocimiento de embarque
intransferible

straight time
número de horas fijo por un
período de trabajo

straight-line method of depreciation
método de depreciación lineal,
(Ven) método de depreciación
sobre línea recta

straight-line production
(Ar) producción lineal
(Ven) producción continua

straphanger
(Ven) pasajero que va de pie,
agarrado a la correa

strategic planning
planificación estratégica

strategy
estrategia

stratified random sampling
muestreo aleatorio estratificado

straw boss
(Mex) falso jefe

straw man
(Mex) testaferro

street name
valores de un cliente que están
a nombre del corredor

strike
huelga, paro
v. ir a la huelga

strike benefits
beneficios de huelga

strike notice
aviso de huelga

strike pay
paga durante huelga

strike price
precio de ejecución
(Es) precio a que puede
ejercitarse una opción, precio de
ejecución de una opción, precio
"strike"
(Ven) precio de compra en el
mercado de valores, de materias
primas

strike vote
(Ar) referéndum
(Mex) voto sindical, voto de
huelga
(Ven) votación de ir a la huelga

strikebreaker
rompehuelgas
(Es) esquirol

strips
(Es) cupones separados
(valores con pago único al
vencimiento que incluye los
intereses devengados)

structural inflation
inflación estructural

structural unemployment
desempleo estructural

structure
estructura

subcontractor
subcontratista

subdirectory
directorio secundario

subdivider
  (Ven) el que subdivide
subdividing
  subdividir
subdivision
  subdivisión
subject to mortgage
  sujeto a hipoteca
sublease
  subarriendo
  (Ar) (Mex) subarrendamiento
sublet
  subarrendar
subliminal advertising
  (Es) publicidad subliminal
submarginal
  submarginal
suboptimize
  suboptimizar
subordinate debt
  deuda subordinada
subordinated
  subordinado
subordination
  subordinación
subpoena
  citación judicial
  v. citar
subrogation
  subrogación
subroutine
  subrutina
  (Ch) programa secundario
  (Mex) subprograma
subscribe
  suscribir, subscribir
subscriber
  subscriptor
subscript
  (Ch) subscrito
  (Mex) subíndice
  (Ven) firmar, suscribir, subíndice,
  índice inferior
subscripted variable
  (Mex) variable con índice
  (Ven) variable suscrita
subscription
  suscripción, firma

  (Mex) inscripción
subscription price
  precio de suscripción
subscription privilege
  privilegio de suscripción
subscription right
  derecho de suscripción
subsequent event
  evento subsiguiente
  (Ch) hecho posterior
subsidiary
  subsidiario, auxiliar
subsidiary company
  compañía subsidiaria
  (Es) compañía filial
subsidiary ledger
  libro mayor auxiliar
  (Es) (Mex) (Ven) libro auxiliar
subsidy
  subsidio
  (Es) prima subvención
subsistence
  subsistencia
  (Mex) viáticos, gastos de viaje,
  mantenimiento
substitution
  sustitución
substitution effect
  efecto de sustitución
substitution law
  (Mex) ley de reemplazo
  (Ven) ley de sustitución
substitution slope
  (Mex) pendiente de renovación
subtenant
  subinquilino
  (Es) subarrendatario
subtotal
  subtotal
suggested retail price
  precio al por menor sugerido
suggestion system
  sistema de sugestiones
  (Mex) sistema de sugerencias
suicide clause
  cláusula de suicidio
suite
  suite (paquete integrado)

summons
citación judicial, emplazamiento
(Es) convocatoria, citación,
auto de comparecencia
(Mex) citatorio, notificación

sunset industry
(Mex) industria en declive,
industria en caída
(Ven) industria a punto de
extinción

sunset provision
(Ar) disposición con fecha
de expiración
(Ven) disposición transitoria
(que solo se puede renovar
por legislación)

super now account
cuenta con interés elevado

super sinker bond
bono con cupón a largo
plazo y vencimiento a
corto plazo

superfund
superfondo

superintendent
superintendente

supermarket
supermercado

supersaver fare
(Ch) tarifa rebajada, tarifa
súper económica

superscript
superíndice

superstore
hipermercado

supplemental agreement
convenio suplementario

supplier
proveedor
(Es) abastecedor

supply
oferta, abastecimiento
v. proveer, abastecer, suplir,
ofrecer
(Mex) suministro

supply price
precio de oferta

supply-side economics

economía de oferta

support level
(Ar) (Mex) (Ven) nivel de apoyo
(Ch) nivel de soporte

surcharge
recargo, sobreprecio, impuesto
abusivo, hipoteca adicional a la
primera
v. recargar, imponer un impuesto
adicional, señalar un error en
una cuenta saldada, imponer
responsabilidad personal a un
fiduciario quien administra mal
(Es) sobretasa, demostrar la
omisión de una partida de abono

surety bond
fianza

surge protector
protector de sobrevoltaje

surplus
superávit, sobrante
(Es) excedente, reservas de
capital

surrender
renuncia, cesión
v. renunciar, ceder

surrender, life insurance
(Ar) cesión, seguro de vida
(Ch) rescate de una póliza de
seguro de vida

surtax
impuesto adicional, sobretasa
(Es) impuesto complementario

survey
agrimensura, apeo, encuesta
(Es) peritación, peritaje, examen,
estudio, inspección
(Mex) investigación

survey area
(Ar) (Ven) área de estudio
(Ch) área de agrimensura, área
de reconocimiento
(Mex) área de levantamiento o
reconocimiento topográfico

surveyor
inspector(a) de obra
(Ch) (Ven) topógrafo
(Es) perito (de compañía de

seguros)

survivorship
supervivencia

suspended trading
suspensión temporaria en
las transacciones de un valor

suspense account
cuenta suspensiva
(Ar) (Ven) cuenta de orden
(Ch) cuenta puente
(Es) cuenta en suspenso, cuenta
transitoria

suspension
suspensión

swap
intercambio
(Es) cambio de una divisa a plazo
por otra al contado, "swap",
intercambio de valores, canje (de
un préstamo por otro en el que se
modifica algún elemento), crédito
cruzado

sweat equity
equidad obtenida a través del
trabajo del dueño en la propiedad

sweatshop
negocio de malas condiciones
para los empleados

sweepstakes
concurso
(Es) sorteo

sweetener
(Ch) algo que hace una propuesta
más atractiva
(Ven) astilla, soborno
(característica que se agrega a un

título determinado para que éste
resulte más atractivo a los
inversores)

swing shift
turno de la tarde

switching
(Ar) cambio
(Mex) conmutación
(rotación de contratos de opciones
y de futuros cambiándolos por
otros sobre el mismo activo
subyacente con vencimiento
posterior, rotación de títulos en
gestión de una cartera de valores)

symbol bar
barra de símbolos

sympathetic strike
huelga de solidaridad

syndicate
sindicato, consorcio
v. sindicar
(Es) consorcio de emisión

syndication
sindicación

syndicator
sindicador

synergy
sinergía

system
sistema

system administrator
administrador de sistema

systematic risk
riesgo sistemático

systematic sampling
muestreo sistemático

T

T statistic
estadística T
tab key
tecla tab
table column
columna de la tabla
table field
campo de la tabla
tablet
tablet, computadora tablet
T-account
cuenta "T"
tactic
táctica
tag
n. etiqueta
v. etiquetar
take
ingresos
(Ar) ganancia realizada a partir de
una transacción
take a bath, take a beating
(Ar) perder gran parte del dinero
invertido en un determinado bien
(Ch) (Mex) sufrir una pérdida
considerable
(Ven) sufrir un revés, quedar
maltrecho, salir mal
take a flier
comprar títulos con el
conocimiento de que la inversión
es altamente riesgosa
(Mex) especular
(Ven) arriesgar mucho
especulando
take a position
(Ch) tomar una posición, tomar
una decisión
(Mex) tomar o adoptar posición
(Ven) adquirir títulos más o
menos expuestos a riesgos
(comprar o vender títulos a fin de
establecer una posición corta o

larga en dichos títulos)
take-home pay
pago neto, salario neto
(Ch) sueldo líquido
(Es) sueldo neto
takeoff
(Ar) despegue, arranque, impulso
inicial
(Ch) lanzamiento
take-out loan, take-out financing
financiamiento permanente
de una construcción
(Ar) fondos adicionales generados
en una cuenta de corretaje cuando
un inversor vende un bloque de
títulos y compra otro bloque a un
precio inferior
(Ven) préstamo hipotecario
a largo plazo para sustituir el
préstamo inicial de construcción
takeover
toma del control, adquisición
(Ar) adquisición del control de
una compañía
taking
(Ar) toma, captura, apresamiento
(Mex) recoger
(Ven) ingreso, recaudación
taking delivery
(Ch) (Mex) aceptación de entrega
(Ven) recepción de un pedido
taking inventory
tomar inventario
tally
cuenta, anotación contable
(Ar) recuento
(Es) inventario a la descarga de la
mercancía
(Mex) "cuadrar" una cuenta
tangible asset
activo tangible
(Ar) activo inmovilizado
(Es) material inmovilizado

tangible personal property
  propiedad personal tangible
  (Ch) bienes muebles tangibles
tank car
  (Ar) (Mex) (Ven) vagón cisterna
  (Ch) carro de tanque
tape
  cinta
  (Ch) grabar
target audience
  audiencia objetivo
  (Ar) meta, grupo estratégico
target file
  archivo destino
target group index (TGI)
  (Ar) índice del grupo beneficiario
  (Ch) índice del grupo objetivo
  (Ven) índice del grupo objeto
target market
  mercado objeto
  (Ar) mercado meta
target price
  precio objeto, precio máximo
  de un nuevo producto
  (Ar) mercado meta, precio
  indicativo
tariff
  tarifa, arancel aduanero, derecho
  de importación
  (Es) arancel aduanera
tariff war
  guerra arancelaria
task bar
  barra de tareas
task force
  equipo de trabajo especial
  (Es) equipo de trabajo, fuerza de
  choque
task group
  grupo de tareas
  (Ven) comité/grupo de trabajo
task list
  lista de tareas
task management
  administración de tareas
task manager
  administrador de tareas
tax

impuesto, contribución, tributo,
gravamen
v. imponer, gravar
tax abatement
  reducción impositiva
  (Es) reducción de un impuesto
tax and loan account
  cuenta de impuestos y préstamos
tax anticipation bill (TAB)
  obligación a corto plazo en
  anticipación a impuestos
tax anticipation note (TAN)
  nota en anticipación a impuestos
tax base
  base imponible, base gravable
tax bracket
  clasificación contributiva,
  clasificación impositiva
  (Ch) tramo de impuestos
  (Ven) categoría impositiva
tax credit
  crédito impositivo, crédito
  fiscal
  (Es) deducción fiscal
  (Mex) acreditamiento
tax deductible
  deducible para efectos
  contributivos
  (Ar) deducible de la utilidad
  imponible
  (Ven) deducible, desgravable
tax deduction
  deducción impositiva, deducción
  fiscal
tax deed
  escritura del gobierno que reclama
  un inmueble por incumplimiento
  de los deberes impositivos
tax deferred
  de impuestos diferidos
tax evasion
  evasión de impuestos
  (Es) evasión fiscal
tax foreclosure
  ejecución fiscal
tax impact
  impacto impositivo
  (Mex) impacto fiscal

tax incentive
incentivo impositivo
(Mex) estímulo fiscal
tax incidence
incidencia impositiva
(Mex) incidencia fiscal
tax lien
privilegio fiscal, gravamen por/
sobre impuestos no pagados
tax loss carryback (carryforward)
pérdidas que se pueden incluir
en la planilla tributaria para años
anteriores y subsiguientes
tax map
mapa impositivo
tax planning
planificación impositiva
(Mex) planeación fiscal
tax preference items
ítems de preferencia impositiva
(Mex) artículos con preferencia
fiscal
tax rate
tasa impositiva
(Mex) tasa fiscal
tax return
planilla, declaración de impuestos
(Es) declaración fiscal,
declaración impositiva
tax roll
registro de contribuyentes
(Ch) rol de contribuyentes
tax sale
venta de propiedad por
incumplimiento de los deberes im
tax selling
(Mex) embargo fiscal
tax shelter
abrigo tributario, amparo
contributivo, método para
reducir o aplazar la obligación
impositiva
(Ven) amparo fiscal, paraíso
fiscal
tax straddle
(Mex) arbitraje fiscal
(Ven) operación cubierta o
"straddle" con fines fiscales

o de compensación fiscal
(combinación de dos contratos
similares de futuros, uno de
compra y otro de venta, que
tienden a moverse en direcciones
opuestas, de tal manera que
la pérdida en uno de ellos se
compensa con la ganancia en el
otro)
taxable income
ingresos imponibles
(Ch) ingresos o renta tributable
(Es) líquido imponible, renta
imponible, utilidad imponible,
ganancia gravable, rentas sujetas
a gravamen
(Mex) ingreso gravable
taxable year
año fiscal
(Ch) año tributario
(Es) año gravable
taxation, interest on dividends
(Ar) tributación, fiscalidad,
aplicación de impuestos, interés
sobre los dividendos
(Ven) tasación, tributación
(Es) deducción de impuestos
desgravación fiscal
tax-exempt property
propiedad exenta de impuestos
tax-exempt securities
valores exentos de impuestos
tax-free exchange
intercambio libre de impuestos
taxpayer
contribuyente
(Mex) causante (de impuestos)
positivos
team building
formación de equipos
team management
(Ar) administración de equipos
(Ch) gestión por equipo
(Ven) gerencia de equipos
teaser advertising
(Es) publicidad de intriga
teaser rate
(Mex) tarifa tentadora

(Ven) tasa enigmática

technical analysis
(Es) análisis técnico
(estudio de las relaciones entre las
distintas variables del mercado
bursátil)

technical rally
(Mex) recuperación técnica
(Ven) recuperación momentánea
del mercado por razones
técnicas (aumento temporario
del precio de un título valor
o "commodity" durante una
tendencia general en baja)

technological obsolescence
obsolescencia tecnológica

technological unemployment
desempleo tecnológico

technology
tecnología, técnica

telecommunications
telecomunicaciones

telecommute
teletrabajar

telemarketing
telemercadeo
(Mex) "telemarketing"

telephone switching
(Mex) (Ven) conmutación
telefónica
(movimiento de fondos de un
fondo común de inversión a otro
a partir de una orden recibida por
teléfono)

template
(Ar) (Ven) plantilla
(Ch) (Mex) plantilla, patrón

tenancy
tenencia, arrendamiento

tenancy at sufferance
posesión de un inmueble tras la
expiración del arrendamiento

tenancy at will
arrendamiento por un período
indeterminado

tenancy by the entirety
tenencia conjunta entre cónyuges

tenancy for years

(Ar) (Mex) arrendamiento por
años
(Ch) (Ven) tenencia por años

tenancy in common
tenencia en sociedad

tenancy in severalty
(Ch) tenencia exclusiva
(Mex) arrendamiento en
(posesión) exclusiva
(Ven) tenencia de un inmueble
con derechos exclusivos durante
determinado período

tenant
tenedor de un inmueble,
arrendatario, inquilino, ocupante

tender
oferta, oferta de pago,
oferta de cumplir,
v. ofrecer, ofrecer pagar
(Es) propuesta, subasta,
hacer una oferta, presentar una
propuesta
(Mex) postura, tenedor

tender of delivery
oferta de entrega

tender offer
oferta pública para la adquisición
de acciones

tenure
derechos de posesión, período
de empleo, permanencia
académica

tenure in land
(Ar) tenencia de tierras
(Mex) propiedad de la tierra (Ven)
posesión de terreno

term
término, plazo fijo, sesión
(Mex) vigencia, plazo

term, amortization
(Ar) plazo, amortización
(Ven) amortización a plazo

term certificate
certificado de depósito de
un año o más

term life insurance
seguro de vida por un término fijo

term loan

préstamo por término fijo
(Es) crédito a plazo
termination benefits
beneficios por terminación
de empleo
terms
términos, condiciones
test
examen, ensayo, prueba
test market
mercado de prueba
test statistic
(Ar) (Ch) (Ven) estadística de una
prueba
(Mex) estadígrafo de prueba
testament
testamento
testamentary trust
fideicomiso testamentario
testate
(Ar) testar
(Ch) (Mex) (Ven) testado
testator
(Es) testador
testchecks
(Es) pruebas aisladas,
pruebas selectivas, calas
testimonial
carta de recomendación
testimonium
(Ar) testimonio
(Ven) certificación
text
mandar un sms o un mensaje;
textear
text editing
edición de texto
text message
texto, mensaje de texto
text processing
procesamiento de texto
text wrap
ajuste automático de texto
thin market
mercado de pocas transacciones
third market
tercer mercado
third party

tercero
(Es) tercera parte
third-party check
cheque de tercera parte
third-party sale
(Ar) (Ven) venta de terceros
(Ch) venta a terceros
threshold-point ordering
(Ar) (Ven) pedido de punto de
umbral
(Ch) hacer pedidos según un
punto determinado de nivel de
existencias u otro criterio
thrift institution
institución de ahorros
(Ven) entidad de ahorros
thrifty
ahorrativo
through rate
tarifa combinada de envío
tick
movimiento del precio de un valor
v. puntear
(Es) valor mínimo de variación
ticker
sistema para visualizar
cotizaciones
tie-in promotion
promoción vinculada
tight market
mercado activo
(Ar) mercado difícil
(Ven) mercado estrecho
tight money
condición económica en que
es difícil obtener crédito
(Es) dinero escaso, dinero caro
tight ship
(Ch) una gestión bien controlada
till
cajón, caja
time card
tarjeta para registrar horas de
trabajo
(Mex) tarjeta de tiempo
time deposit
depósito a plazo
(Es) imposición a plazo, depósito

a término, cuenta a plazo fijo,
pasivo exigible a plazo

time draft
letra de cambio a pagar en una
fecha fija, letra de cambio a término
(Mex) giro a plazo
(Es) letra de cambio a plazo, giro
a un plazo

time is of the essence
el plazo es de esencia

time management
administración del tiempo

time series analysis
(Ar) análisis por series cronológicas
(Mex) (Ven) análisis de serie
temporal

time series data
(Ar) datos por series cronológicas
(Mex) valores de una serie
cronológica
(Ven) datos de series temporales

time value
valor del tiempo
(Es) factor tiempo

time-and-a-half
tiempo y medio

time-sharing
(Es) tiempo compartido
(copropiedad en la cual los
diversos dueños tienen derecho
a usar la propiedad durante un
período específico cada año)

timetable
horario, programa

tip
propina, información sobre
una corporación que no es
del conocimiento público

title
título
(Es) título de propiedad, epígrafe,
documento, derecho

title bar
barra de títulos

title company
compañía de títulos

title defect
defecto de título

title insurance
seguro de título

title report
informe de título

title screen
pantalla de título

title search
investigación de título

title theory
(Mex) teoría de la propiedad
(Ven) teoría de título

toggle key
tecla de conmutación, toggle key

tokenism
(Ar) (Ven) simbolismo
(Mex) igualdad aparente de
oportunidades

toll
peaje

tombstone ad
aviso en periódicos de un
ofrecimiento

toner cartridge
cartucho del toner

tool bar
caja de herramientas

tool box
barra de herramientas

top out
período de mayor demanda
v. cubrir aguas
(Es) cota bursátil más alta

tort
agravio, injusticia

total capitalization
capitalización total

total loss
pérdida total
(Es) pérdida completa

total paid
(Ar) pago total
(Ch) (Ven) total pagado

total volume
volumen total

touch screen
pantalla táctil

trace, tracer
búsqueda de un envío perdido

(Ar) rastro, huella, vestigio,
trazador
(Ch) rastro, seguimiento, rastrear,
 seguir la pista, hacer seguimiento,
rastreador
(Ven) huella, señal, pista
trackage
carga por uso de vías férreas
trackball
trackball
tract
(Ar) extensión
(Ch) trecho, terreno
(Mex) tracto, vía
(Ven) trocha, tracto, parcela
trade
comercio, oficio, cambio
v. comerciar, cambiar
(Mex) negocio
(Es) tráfico, profesión
trade acceptance
documento cambiario aceptado
(Mex) aceptación mercantil,
letra comercial aceptada
(Es) aceptación comercial
trade advertising
(Ar) (Ch) (Mex) publicidad
comercial
(Ven) propaganda comercial
trade agreement
acuerdo comercial, convenio
comercial
(Mex) contrato comercial
trade barrier
barrera comercial
trade credit
crédito comercial
trade date
fecha de transacción
(Es) fecha de ejecución
trade deficit (surplus)
déficit (superávit) comercial
trade fixtures
instalaciones fijas comerciales
trade magazine
revista de una profesión o ramo
determinados
trade rate

tasa comercial
trade secret
secreto comercial,
secreto industrial
trade show
(Ar) feria comercial
(Ch) exhibición comercial
(Mex) (Ven) exposición comercial
o industrial
trade union
sindicato, gremio laboral
(Es) sindicato obrero
trademark
marca, marca comercial
(Es) marca registrada
trade-off
canje, intercambio
trader
comerciante, negociante
(Ar) operador
(Es) tratante, arbitrajista
trading authorization
autorización para transacciones
trading post
puesto de transacciones
trading range
alcance de transacciones
(Es) banda de fluctuación
trading stamps
estampillas de compras
que se pueden usar para
comprar en vez de dinero
trading unit
unidad de transacción
traditional economy
economía tradicional
tramp
(Es) buque de servicio irregular
transaction
transacción, negocio
(Es) operación, movimiento
transaction cost
costo de transacción
transfer agent
agente de transferencia
(Mex) agente de bolsa
(entidad financiera que una
compañía designa para realizar

la transferencia de sus títulos, así
también como para mantener un
registro)

transfer development rights
(Ar) derechos de ejecución de
transferencia
(Mex) derechos de explotación de
un traspaso
(Ven) derechos de desarrollo de
transferencia

transfer payment
(Ch) (Ven) pago de traspaso o de
transferencia
(Mex) transferencia, pago de
transferencia

transfer price
precio de transferencia
(Es) precio de cesión

transfer tax
impuesto a las transferencias
(Mex) impuesto sobre
transferencias

translate
traducir

transmit a virus
transmitir un virus

transmittal letter
carta que acompaña
(Es) carta de envío
(Mex) carta remesa

transnational
transnacional

transportation
transportación, transporte

treason
traición

treasurer
tesorero

tree diagram
(Ar) diagrama arbóreo
(Ch) (Ven) diagrama de árbol

trend
tendencia
(Es) inclinarse hacia

trend chart
gráfico de la tendencia

trend line
línea de tendencia

trespass
(Ar) infracción, violación
(Ch) infringir, invadir,
traspasar los límites
(Mex) (Ven) transgresión,
violación de derechos

trial and error
tanteo
(Ar) método de ensayo y error

trial balance
balance de comprobación

trial offer
oferta de prueba

trial subscriber
(Ar) (Mex) suscriptor a prueba
(Ven) suscriptor de prueba

trigger point
punto de intervención

trigger price
precio de intervención

triple-net lease
arrendamiento en que el
arrendatario paga todos los gastos
de la propiedad

Trojan horse
caballo de Troya

troubled debt restructuring
(Ar) (Ch) reestructuración de
deuda que está en riesgo
(Ven) reestructuración de deudas
problemáticas

troubleshooter
persona especializada en
solucionar los problemas de una
empresa

troubleshooting
localización de averías

trough
punto más bajo

true lease
(Ar) arrendamiento verdadero
(Ven) arrendamiento auténtico

true to scale
según escala

truncation
truncamiento, retención de
cheques cancelados

trust

fideicomiso, confianza
(Es) consorcio, cartel de
empresas, monopolio

trust account
cuenta fiduciaria
(Ven) cuenta de fideicomiso

trust certificate
certificado de fideicomiso de equipo
(Es) certificado de participación
en una sociedad inversionista

trust company
compañía fiduciaria
(Es) institución fiduciaria
(Mex) sociedad de fideicomiso,
banco fiduciario, compañía de
depósito

trust deed
escritura fiduciaria
(Es) contrato de compromiso,
título de constitución de hipoteca,
escritura de emisión
(Mex) contrato de fideicomiso

trust, discretionary
fideicomiso discrecional

trust fund
fondos en fideicomiso, fondos
destinados a formar parte de un
fideicomiso

trust, general management
(Ar) fideicomiso, administración
general
(Ven) sociedad general de
inversiones

trustee
fiduciario, persona en una
capacidad fiduciaria
(Mex) síndico
(Es) depositario fideicomisario

trustee in bankruptcy
síndico concursal
(Es) síndico de una quiebra

trustor
quien crea un fideicomiso

truth in lending act
(Ch) acta para la transparencia
en el otorgamiento de créditos
(Mex) ley sobre la veracidad en

los préstamos
(Ven) ley que obliga a la
transparencia en todas las
operaciones de crédito, por parte
del prestamista

turn off
apagar

turn on
encender

turnaround
(Ven) hacer rentable
(proceso por el cual finaliza
un período de pérdidas o
baja rentabilidad y se ingresa
en una etapa más rentable)

turnaround time
(Es) tiempo de respuesta
(tiempo que transcurre en terminar
completamente un trabajo tras
recibir la orden)

turnkey
(Es) llave en mano

turnover
movimiento, movimiento de
mercancías, producción, cambio
de personal, giro
(Ch) rotación
(Mex) coeficiente de rotación
(Es) cifra de negocios volumen de
negocio

tweet
twittear

twisting
transacciones excesivas
para generar comisiones

two percent rule
(Ar) norma de dos por ciento
(Ven) regla del dos por ciento

two-tailed test
prueba de dos colas

tycoon
magnate
(Es) magnate industrial

typeface
tipografía

type-over mode
modo sobreescribir

U

umbrella liability insurance
seguro de responsabilidad suplementario para aumentar la cobertura

unappropriated retained earnings
ingresos retenidos no asignados
(Ch) utilidades retenidas disponibles para la distribución
(Mex) utilidades retenidas no distribuidas
(Ven) ganancias retenidas no apropiadas

unbalanced growth
crecimiento desbalanceado
(Ar) (Ven) crecimiento desequilibrado

unbiased estimator
estimador no sesgado

uncollected funds
fondos no cobrados

uncollectible
incobrable

unconsolidated subsidiary
(Ar) (Ch) (Ven) subsidiaria no consolidada
(Mex) sociedad no consolidada

under the counter
(Ch) bajo la mesa
(Mex) venta por abajo de la mesa
(Ven) ilegalmente

underapplied overhead
(Ar) (Ven) gastos generales subaplicados
(Ch) gastos generales no imputados

undercapitalization
subcapitalización

underclass
subclase

underemployed
subempleado

underground economy
economía clandestina

underinsured
infraasegurado
(Ar) subasegurado

underline
subrayar

underlying debt
(Ar) (Ven) deuda subyacente
(Ch) deuda fundamental
(Mex) deuda precedente

underlying mortgage
hipoteca subyacente

underlying securities
valores subyacentes

underpay
pago insuficiente
(Ven) subremuneración

undervalued
subvalorado

underwriter
suscriptor, asegurador, colocador de emisión
(Mex) intermediario
(Es) garante

underwriting spread
margen de colocación de emisión

undiscounted
no descontado

undivided interest
interés indiviso

undivided profit
ganancias indivisas
(Ven) ganancias no distribuidas

undue influence
indebido, no pagadero, no vencido
(Ven) influencia no indebida, abuso de poder, tráfico de influencias

unearned discount
descuento no devengado

unearned income (revenue)
ingresos no devengados

(Es) créditos diferidos, renta de
inversiones
unearned increment
incremento no devengado,
plusvalía
unearned interest
intereses no vencidos, intereses
no devengados
unearned premium
prima no devengada
unemployable
incapaz de ser empleado,
incapacitado para trabajar
unemployed labor force
(Ar) personal desempleado
(Ch) fuerza laboral cesante
(Mex) población activa sin empleo
(Ven) mano de obra desempleada
unemployment
desempleo
(Ch) cesantía
(Es) paro
unencumbered property
propiedad libre de gravámenes
unexpired cost
costo no vencido
unfair competition
competencia desleal
unfavorable balance of trade
balanza comercial desfavorable
unfreeze
descongelar
unified estate and gift tax
(Ch) (Ven) impuesto unificado
sobre herencias y donaciones
unilateral contract
contrato unilateral
unimproved property
propiedad sin mejoras
unincorporated association
asociación no incorporada
unique impairment
(Ar) reducción excepcional
(Ch) empeoramiento único
(Ven) minusvalía excepcional,
singular
unissued stock
acciones no emitidas

unit
unidad
unit of trading
unidad de transacción
unitary elasticity
elasticidad unilateral
unit-labor cost
(Ar) costo laboral unitario
(Ven) costo unidad/mano de obra
units-of-production method
método de unidades de
producción
unity of command
unidad de mando
universal life insurance
seguro de vida universal
universal product code (UPC)
código universal de producto
(Mex) código de barras
unlisted security
valores no cotizados
unloading
descarga
unoccupancy
(Ar) vacante
(Ven) desocupación, vacante
unpaid dividend
dividendo no pagado
unrealized profit (loss)
ganancias (pérdidas) no realizadas
(Es) plusvalías (minusvalías)
tácitas, plusvalías genéricas
unrecorded deed
escritura sin registrar
unrecoverable
irrecuperable
unrecovered cost
costo no recuperado
unsecured debt
deuda sin garantía
unskilled
sin cualificar, no cualificado no
especializado(a)
unwind a trade
(Ar) cerrar una posición de
inversión ejecutando una orden
que la compensa
(Mex) contrarrestar una

transacción
up front
    por adelantado
up tick
    venta a precio mayor que la
    anterior
    (Es) transacción acordada a un
    precio superior al de la precedente
update
    actualizar
    (Es) poner al día
upgrade
    ascender, mejorar
upgrade software
    software de mejora
upkeep
    mantenimiento
upload
    cargar, subir
upper case letter
    letra mayúscula
upright format
    formato vertical
upside potential
    (Ch) posibilidad de mejora
    (Mex) potencial ascendente
    (precio o ganancia potencial que
    puede esperarse de un título valor
    o "commodity")
upswing
    (Es) período de recuperación
uptrend
    (Ar) (Mex) tendencia alcista
    (Ch) tendencia ascendiente

(Ven) tendencia al alza
upwardly mobile
    (Ar) móvil con tendencia
    ascendente
    (Mex) variable ascendente
    (Ven) con movilidad social
    ascendente
urban
    urbano
urban renewal
    renovación urbana
useful life
    vida útil
user
    usuario
user authorization
    autorización del usuario
user manual
    manual del usuario
username
    nombre de usuario
usufructuary right
    derecho de usufructo
usury
    usura
    (Es) agio
utility
    (Ar) (Ch) servicios públicos
    (agua, electricidad, gas)
utility easement
    servidumbre de compañías
    de servicio público
utility program
    programa utilitario

V

vacancy rate
tasa de vacantes
vacant
vacante
vacant land
tierra vacante
(Ar) terreno vacante
(Ven) terreno ocioso
vacate
dejar vacante, anular
valid
válido, vigente
valuable consideration
contraprestación suficiente,
contraprestación válida
valuable papers (records) insurance
(Ar) (Ch) seguro sobre los
documentos valiosos
(Ven) seguro de documentos
importantes
valuation
valuación, valoración, tasación,
apreciación
(Mex) avalúo
value
valor, contraprestación, precio
(Es) valía
value date
fecha de valor
(Es) fecha efectiva, día de pago,
fecha valor
value in exchange
(Ar) valor en intercambio
(Ch) (Ven) valor a cambio
(Mex) valor de cambio
value line investment survey
(Mex) modelo proyectivo de
investigación de inversiones (Ven)
análisis de inversión de
línea de valor
value-added tax
impuesto al valor agregado,
impuesto de plusvalía

(Es) impuesto sobre el valor
añadido
variable
variable
variable annuity
anualidad variable
(Mex) pensión vitalicia variable
variable cost
costo variable
variable interest rate
tasa de interés variable
(Es) tipo de interés variable
variable life insurance
seguro de vida variable
variable pricing
(Ar) precios variables
(Ven) fijación de precios variables
variable-rate mortgage (VRM)
hipoteca con tasa de interés
variable
variables sampling
muestreo de variables
variance
varianza, permiso especial
para una desviación de los
reglamentos de zonificación,
variación
variety store
tienda con variedad de
productos
velocity
velocidad, rapidez
vendee
comprador
vendor
vendedor
vendor's lien
gravamen del vendedor
venture
empresa, negocio, negocio
arriesgado
(Es) operación especulativa,
arriesgarse

venture capital
    capital arriesgado en una empresa,
    capital aventurado
    (Mex) capital riesgoso
    (Es) crédito por participación en
    riesgo, capital riesgo
venture team
    (Ar) (Mex) equipo de riesgo
    (Ch) equipo de empresa
vertical analysis
    análisis vertical
vertical discount
    descuento vertical
vertical management structure
    administración vertical
vertical promotion
    promoción vertical
vertical specialization
    especialización vertical
vertical union
    sindicato vertical
vested interest
    interés adquirido
vesting
    adquisición de derechos de
    pensión
vicarious liability
    responsabilidad indirecta
vice-president
    vicepresidente
    (Es) director de departamento,
    gerente
video conference
    videoconferencia
video graphics board
    tarjeta gráfico de vídeo
violation
    violación, infracción
virtual memory
    memoria virtual
visual interface
    interfaz visual
vocational guidance

    orientación profesional
vocational rehabilitation
    rehabilitación vocacional
voice mail
    correo de voz
voice recognition
    reconocimiento de voz
voidable
    anulable
volatile
    volátil
volume
    volumen
volume discount
    descuento por volumen
volume merchandise allowance
    (Ar) (Ch) (Mex) descuento por
    volumen de mercancías
    (Ven) subvención, bonificación
    para mercancía de volumen
voluntary accumulation plan
    plan de acumulación voluntario
voluntary bankruptcy
    quiebra voluntaria
voluntary conveyance
    transferencia voluntaria
    transferencia a título gratuito
voluntary lien
    gravamen voluntario
voting right
    derecho de voto
voting stock
    acciones con derecho a voto
voting trust certificate
    certificado de fideicomiso para
    votación
voucher
    comprobante, recibo
    (Mex) factura, orden de compra
    (Es) justificante, póliza
voucher register
    (Es) registro de comprobantes,
    registro de pólizas

W

wage
  salario, sueldo, remuneración
  (Es) jornal
wage assignment
  asignación de salario (para pagar
  deudas)
wage bracket
  escala salarial
wage ceiling
  techo salarial
  (Es) tope salarial
wage control
  control salarial
  (Ven) control de salarios
wage floor
  salario mínimo
  (Es) salario base
  (Ven) base salarial
wage freeze
  congelación salarial
wage incentive
  incentivo salarial
wage rate
  tasa salarial
  (Mex) tabulador de salarios
wage scale
  escala salarial
wage stabilization
  estabilización salarial
wage-push inflation
  inflación causada por salarios
  ascendentes
  (Es) inflación provocada por
  aumentos salariales
  (Ven) inflación provocada por
  alzas salariales
waiver
  renuncia, abandono
  (Es) abandono de derecho
walkout
  abandono organizado del lugar de
  trabajo por trabajadores por causa
  de conflictos laborales,

huelga laboral
wall (online)
  tablón
wallflower
  (Ar) título valor, compañía o
  sector que no atrae inversión
  (Mex) valor poco cotizado
wallpaper
  papel tapiz
ware
  (Ar) mercaderías, artículos de
  comercio
  (Ch) (Ven) mercancías
  (Mex) material
warehouse
  almacén, depósito
  (Es) bodega
warm boot/start
  arranque en caliente/iniciar
warranty
  garantía
  (Es) compromiso
warranty deed
  escritura con garantías de título
warranty of habitability
  garantía de habitabilidad
warranty of merchantability
  garantía de comerciabilidad
wash sale
  venta con pérdida del mismo
  valor comprado dentro de un
  plazo máximo de días, venta
  ficticia
waste
  daños negligentes a la propiedad,
  uso abusivo de la propiedad,
  desperdicios
  v. desperdiciar, derrochar,
  despilfarrar, malgastar
  (Ch) desechos
  (Es) derroche, despilfarro
waste assets
  activo consumible, recurso natural

agotable
(Mex) activos obsoletos
(Es) activo agotable, bienes
agotables, activo amortizable

watch list
lista de acciones bajo vigilancia
especial

watered stock
(Es) acciones diluidas
(acciones ofrecidas con precio
inflado comparado con el valor
contable)
(Ven) acciones diluidas o
sobrevaloradas, acciones
infladas por exceso de
capitalización

waybill
hoja de ruta, guía, carta de porte
(Ch) guía de despacho
(Es) talón de ferrocarril,
resguardo de transporte por tren,
conocimiento de embarque,
guía de carga, duplicado de carta
de porte
(Mex) boleta de expedición

weak market
mercado débil

weakest link theory
(Ch) teoría que cualquier cadena
se rompe en su punto más débil
(Mex) teoría de que el hilo se
rompe por lo más delgado
(Ven) teoría del eslabón más
débil

wear and tear
deterioro
(Es) uso y desgaste, desgaste
natural
(Mex) deterioro por uso, demérito

wearout factor
factor de desgaste

web address
dirección de Internet

web browser
explorador web

web server
servidor web

welfare state

estado asistencial,
estado de bienestar

when issued
a efectuarse cuando se emita

whipsawed
(Ar) movimiento rápido de precio
seguido por un marcado cambio
en la dirección opuesta
(Mex) pérdidas por partida
doble
(Ven) serruchado, cabrillado

white goods
electrodomésticos, ropa blanca

white knight
(Es) príncipe, caballero blanco
(persona o sociedad que saca
de apuros económicos a una
empresa, especialmente cuando
ésta es objeto de una OPA hostil)

white paper
libro blanco, informe del gobierno
sobre un asunto determinado

whole life insurance
seguro de vida entera

whole loan
(Ar) préstamo integral
(Mex) primer préstamo
hipotecario para vivienda

wholesaler
mayorista
(Es) almacenista, comerciante al
por mayor

widget
(Mex) artilugio
(Ven) cualquier aparato mecánico
dispositivo

widow-and-orphan stock
acciones de compañías que
se caracterizan por registrar
movimientos de precios menores
a los habituales, pagar dividendos
relativamente altos, y tener
poca probabilidad de problemas
financieros graves

wildcat drilling
perforación exploratoria

wildcat strike
huelga no autorizada por el

sindicato
(Es) huelga salvaje
will
testamento, voluntad
(Es) última voluntad
windfall profit
ganancias inesperadas
(Es) resultados atípicos
winding up
liquidación
window
ventana
(Ar) oportunidad que presente
el mercado y que debe
aprovecharse en el momento en
que surge
window dressing
estratagemas para adornar
(Es) operaciones contables
destinadas a abultar una cuenta o
balance, maquillar
(ajustes realizados a una cartera
de inversiones o a los resultados
de una compañía, a fin de
hacerlos más atractivos a los
inversores)
Windows application
aplicaciones de Windows
wipeout
(Ar) enjugar (un déficit)
(Ch) derrota o destrucción total
(Ven) borrar, cancelar, aniquilar,
cancelar una deuda
wire house
casa de corretaje con sucursales
(Es) broker con muchas
sucursales (unidas por un sistema
de comunicaciones)
wireless
imalábrica
wireless connection
la conexión imalábrica
withdrawal
retiro
(Es) extracción de fondos
withdrawal plan
plan de retiros
withholding

retención
withholding tax
retención de impuestos
(Es) impuesto de utilidades,
impuesto sobre la renta
(Mex) impuesto retenido
without recourse
sin recurso
wizard
asistente
word processing
procesamiento de textos
word wrapping
ajuste automático de línea
work force
fuerza laboral, personal
(Mex) fuerza de trabajo
work in progress
obra en curso
(Ch) (Ven) trabajo en proceso
(Es) manufactura en proceso,
asuntos en trámite
working capital
capital circulante, capital de
explotación
(Ch) (Mex) (Ven) capital de
trabajo
(Es) fondo de maniobra, activo
circulante
work order
orden de trabajo
work out
calcular, hacer un cálculo
(Mex) resolver, elaborar,
desarrollar
work permit
permiso de trabajo, permiso
oficial de trabajo de extranjero
work simplification
(Ar) (Ch) (Ven) simplificación del
trabajo
(Mex) simplificación laboral
work station
estación de trabajo
work stoppage
paro laboral
work week
semana laboral

workload
    carga de trabajo
worksheet
    hoja de trabajo
World Bank
    Banco Mundial
world wide web (www)
    world wide web
worm
    gusano
worth
    valor
wraparound mortgage
    hipoteca que incorpora otra
    hipoteca existente
wraparound type
    tipografía de procesamiento
    automático
writ
    orden, mandato, mandamiento
writ of error
    (Es) auto de casación
write error

error de escritura
write-protected
    protegido contra escritura
writer
    girador, quien vende opciones
    (Es) emisor de opción
    (Ven) inversor, asegurador,
    vendedor (en los contratos de
    opciones)
write-up
    aumentar el valor contable
    (Ven) aumentar el valor en
    libros
writing naked
    (Mex) suscripción sin garantía
    (Ven) amortización al descubierto
written-down value
    (Ar) (Mex) valor contable
    reducido
    (Ch) valor después de un castigo
    (Ven) valor parcialmente
    amortizado, reducido o
    depreciado

XYZ

x-coordinate
coorinada x
y-coordinate
coorinada y
year-end
a fin de año, fin de ejercicio
(Ch) cierre del año
(Ven) cierre de ejercicio, cierre
de año
year-end dividend
dividendo de fin de año
year-to-date (YTD)
año hasta la fecha
(Mex) de un año a la fecha
yellow dog contract
contrato que estipula que el
empleado pierde su trabajo
si se une a un sindicato
yellow goods
(Ar) bienes corrientes
(Mex) productos de la línea
amarilla
yellow sheets
hojas amarillas
yield
rendimiento
v. rendir, producir
(Es) rentabilidad, producto, renta,
ingreso
yield curve
curva de rendimiento
(Es) curva de rentabilidad
yield equivalence
equivalencia de rendimiento
yield spread
diferencia de rendimiento
(Es) margen de rendimiento
(Ven) diferencial/margen de
rendimiento entre varios valores
yield to average life
rendimiento a la vida media
yield to call
rendimiento a la redención

yield-to-mature (YTM)
rendimiento al vencimiento
(Es) rentabilidad hasta la fecha,
fecha de vencimientos,
tasa de rendimiento interno
yo-yo stock
(Ar) acciones cuyo precio fluctúa
en forma volátil
z score
clasificación Z
(Mex) puntuación Z
zero coupon bond
obligaciones cupón cero
(Es) obligaciones que liquidan
interés y principal totales
a su vencimiento
zero economic growth
crecimiento económico cero
zero lot line
(Mex) punto cero de la
parcelación
zero population growth (ZPG)
(Ar) crecimiento de población
nulo
(Ch) (Mex) crecimiento
demográfico cero
(Ven) crecimiento cero de la
población
zero-base budgeting (ZBB)
presupuestación de base cero
(Mex) (Es) presupuesto base cero
zero-sum game
(Mex) juego de suma cero
(situación en la cual la ganancia
de una persona debe ser
equiparada por la pérdida de
otra persona, como sucede, por
ejemplo, al invertir en opciones
y futuros)
zone of employment
zona de empleo
zoning
zonificación

zoning map
  mapa de zonificación
zoning ordinance

  ordenanza de zonificación
zoom function
  función del zoom

Spanish into English

A

a corto plazo   short term
a cuenta   on account
a efectuarse cuando se emita
   when issued
a favor   (Mex) on account
a fin de año   year-end
a la apertura   at the opening
a la par   at par
   (Ar) in the money
   (Sp) par
a la presentación
   (Mex) (Sp) on demand
a la vista   on demand
   (Mex) amortizable
a largo plazo   going long
a perpetuidad   (Mex) in perpetuity
a plazo   forward
a sabiendas   (Mex) scienter
a solicitud   on demand
a tiempo parcial   part-time
abandono   abandonment
abandono de derecho   (Sp) waiver
abastecer   stock, supply
abastecimiento   supply
abierto   open (Ar) (Ven) open-end
abierto para la compra
   (Ar) open-to-buy
abogado   attorney-at-law,
   counsel, lawyer
abolir   (Sp) abrogate
abonar   (Sp) pay
abonaré   (Sp) promissory note
abono   credit
   (Ch) downpayment,
   (Mex) installment
abrigar   house
abrigo contributivo abusivo
   abusive tax shelter
abrigo tributario   tax shelter
abrogación (de un derecho)
   defeasance
abrogar   abrogate
absentismo   (Sp) absenteeism

absorbido   absorbed
absorción   merger
abstención   abstention
abstenerse   (Ven) holdback
abundancia   (Mex) glut
aburguesamiento   gentrification
abuso de poder   (Ven) undue
   influence
acaparador   (Sp) monopolist
acaparar el mercado   corner the
   market
acarreo   (Sp) cartage
acceso   accession
acceso al azar   (Ar) random access
acceso directo   direct access,
   short cut
acceso remoto   remote access
accesorio   appurtenant
acción   share
   (Mex) equity
acción de alta cotización   hot
   stock
acción del administrador
   administrator's deed
acción fraccionada   fractional
   share
acción inactiva   inactive stock or
   inactive bond
acción para resolver
reclamaciones opuestas en
propiedad inmueble   quiet
   title suit
acción preferente   (Sp) preferred
   stock
accionario   shareholder
acciones   stock
acciones autorizadas   authorized
   shares or authorized stock
acciones cíclicas   cyclical stock
acciones clasificadas   classified
   stock
acciones comunes   common
   stock

177

acciones con derecho a voto
voting stock
acciones cuyo precio fluctúa en forma volátil (Ar) yo-yo stock
acciones de alta tecnología
high-tech stock
acciones de apreciación
(Mex) growth stock
acciones de capital capital stock
acciones de clase B
(Ar) (Mex) class action B shares
acciones de precio muy bajo
penny stocks
acciones de primera categoría
blue-chip stock
acciones de primera clase
(Ven) blue-chip stock
acciones de segunda preferencia
(Ch) second-preferred stock
acciones diluidas (Sp) watered stock
acciones diluidas/sobrevaloradas
(Ven) watered stock
acciones donadas donated stock
acciones en circulación
outstanding capital stock, (Ar) floating supply
acciones no emitidas unissued stock
acciones ordinarias common stock
acciones participantes preferentes
(Sp) participating preferred stock
acciones preferenciales
preferred stock
acciones preferenciales con prioridad sobre otras acciones preferidas
prior-preferred stock
acciones preferentes acumulativas
(Ven) cumulative preferred stock
acciones preferentes secundarias
(Ven) second-preferred stock
acciones preferidas preferred stock
acciones preferidas con participación participating

preferred stock
acciones preferidas de segundo grado
(Ar) second-preferred stock
acciones preferidas no acumulativas
noncumulative preferred stock
acciones preferidas acumulativas
cumulative preferred stock
acciones que no se pueden vender al público letter stock
acciones que se compran con expectativas de apreciación
performance stock
acciones sin derecho a voto
nonvoting stock
acciones sin valor a la par
no-par stock
acciones sin valor nominal
no-par stock
acciones triple A (Ven) blue-chip stock
acciones y obligaciones de valor dudoso cats and dogs
acciones, bonos y valores
(Mex) securities
accionista shareholder, stockholder
accionista inscrito en el registro de acciones (Sp) stockholder of record
accionista mayoritario majority shareholder
accionista principal principal stock holder
(Ven) majority shareholder
accionista registrado
stockholder of record
aceleración acceleration
acelerador, principio del acelerador
accelerator, accelerator principle
aceptación acceptance, accession
aceptación bancaria o de banco
banker's acceptance
aceptación comercial (Sp) trade, acceptance
aceptación como finiquito
accord and satisfaction
aceptación de entrega
(Ch) (Mex) taking delivery

aceptación mercantil
(Mex) trade acceptance
aceptador (de una letra) drawee
aceptar honor
acoger honor
acolchado (Mex) padding
acoplamiento mutuo interface
acordado (como un precio)
(Ch) locked in
acoso sexual sexual harassment
acre acre
acrecentamiento accretion
acreditamiento (Mex) tax credit
acreditar credit
acreedor creditor, obligee
acreedor hipotecario mortgagee
acreedor judicial
(Ven) judgment creditor
acreedores diversos
(Sp) accounts payable
acta (Mex) affidavit
acta constitutiva (Ven) articles
of incorporation
acta de constitución
(Ven) certificate of incorporation
acta de garantía general
general warranty deed
acta notarial (Mex) deed
(Sp) affidavit
actas minutes
actividad pasiva passive activity
actividades enfocadas hacia la venta
(Sp) marketing mix
activar activate
activar un archivo activate a file
activar una macro activate a macro
activo asset
activo agotable (Sp) waste assets
activo amortizable (Sp) waste assets
activo aprobado (Sp) net assets
activo circulante neto
(Sp) (Ven) net current assets
activo confirmado (Sp) net assets
activo consumible waste assets
activo corriente current asset
activo corriente neto net current
assets
activo de capital capital assets

activo de fácil realización
(Sp) liquid asset
activo de rápida realización
(Mex) quick asset
activo de realización inmediata
(Sp) quick asset
activo disponible (Sp) liquid
asset, quick asset
**activo fácilmente convertible
enefectivo** near money
activo fijo capital assets, fixed
asset
activo inmovilizado capital assets
(Ar) tangible asset
activo intangible intangible asset
activo líquido liquid asset
(Sp) net assets, proprietorship
**activo líquido, disponible o
realizable** (Ven) quick asset
activo neto net assets
activo neto realizable (Sp) net
quick assets
activo no circulante noncurrent
asset
activo oculto (Ven) hidden asset
activo rápido (Mex) quick ratio
activo realizable current asset,
quick asset
(Sp) liquid asset
activo tangible tangible asset
activos (Sp) resources
activos obsoletos (Mex) waste
assets
acto (Sp) record
acto antimonopólico antitrust acts
acto de quiebra act of bankruptcy
acto fraudulento collusion
actual current
actualización maintenance
actualización de los flujos de fondos
(Ar) discounted cash flow
actualizar update
actuario actuary
acuerdo accord and satisfaction,
agreement, accession, cartel
(Sp) resolution
acuerdo administrativo
management agreement

acuerdo comercial   trade agreement
acuerdo de ocupación limitada
   limited occupancy agreement
acuerdo de recompra
   (Sp) repurchase agreement
   (REPO, RP)
acuerdo de venta
   (Ar) agreement of sale
acuerdo de voluntades   meeting
   of the minds
acuerdo final   closing agreement
acuerdo laboral   labor agreement
acuerdo prenupcial
   (Ar) (Mex) prenuptial
   agreement
acuerdo sobre margen
   (Mex) spreading agreement
acuerdo "spreading"   (Ar) spread
acuerdo y conciliación
   (Ven) accord and satisfaction
acumulación   agglomeration
   (Ar) bunching
acumulación de deseconomías
   agglomeration diseconomies
acumulación modificada
   (Ar) modified accrual
acumular   accrue, amass
acuñación   mintage
acusado (por lo penal)   defendant
acusador   (Ch) stool pigeon
acuse de recibo   acknowledgement
   (Ch) receiving record
**acuse de recibo ad valorem; con
   arreglo al valor**
   (Sp) ad valorem
adelantado   forward
adelantar   advance
adelanto   advance, down payment
adenda   (Ar) (Mex) addendum
adeudar   charge, debit
adeudo   charge, debit
adhesión   accession, contract
adición   addendum
adiestramiento en el puesto
   (Mex) on-the-job training (OJT)
adinerado   in the money
adjudicación   adjudication
adjunto   (Ar) appurtenant

administración   management
administración de base de datos
   database management
administración de crisis en crisis
   management by crisis
administración de equipos
   (Ar) team management
administración de la producción
   (Ar) line management
administración de línea   line
   management
administración de materiales
   materials management
administración de oficina
   office management
administración de propiedad
   property management
administración de recursos humanos
   (Mex) human resources
   management (HRM)
administración de registros
   records management
administración de riesgos
   risk management
administración de tareas
   taskmanagement
administración del tiempo
   time management
administración general
   (Ar) trust, general
   management
administración intermedia
   middle management
administración judicial
   (Mex) receivership
administración vertical   vertical
   management structure
**administración/gerencia por
   excepción**   management by
   exception
**administración/gerencia por
   objetivos**   management by
   objective (MBO)
administrador   administrator,
   director, manager
   (Mex) principal
administrador de cartera de valores
   portfolio manager

administrador de cuenta
account executive
administrador de empresa
(Mex) manager
administrador de la red
network administrator
administrador de sistema
system administrator
administrador de tareas
task manager
administrador judicial receiver
administrar administer, manage,
run
admisión accession
admisión a cotización (Sp) listing
adopción del sistema métrico decimal
(Mex) metrication
adquiriente buyer
adquirir buy, gain
adquisición acquisition, purchase,
procurement, takeover
adquisición de derechos de pensión
vesting
adquisición de desmembramiento
(Ven) bust-up acquisition
adquisición fracasada bust-up
acquisition
aduana customs
adulterar load
adversario adversary
adyacente adjoining
aerocarga (Sp) air freight
afidávit affidavit
afiliado affiliate
afirmación answer
agarrado a la correa
(Ven) straphanger
agencia agency
(Ven) instrumentality
agencia de colocaciones
(Mex) employment agency
agencia de empleos employment
agency
agencia de reclutamiento
employment agency
agencia de transporte
(Ven) instrumentalities of
transportation

agencia paralela (Ven) bucket shop
agencia por menester agency by
necessity
agencia reguladora regulatory
agency
agenda diary
agenda oculta hidden agenda
agente agent
agente de bolsa
(Mex) transfer agent
agente de bolsa broker,
stockbroker
agente de cambio y bolsa
(Sp) stockbroker
agente de gestión bargaining
agent
agente de la propiedad inmobiliaria
realtor
agente de negociación
bargaining agent
agente de recaudación de deudas
dun
agente de retención escrow
agent
agente de transferencia transfer
agent
agente especial special agent
agente fiscal fiscal agent
agente mediador broker
agente mercantil mercantile
agent
agente/corredor de descuento
discount broker
agente pagador paying agent
agente/corredor de ventas
selling agent/broker
agio (Sp) usury
agiotista jobber
aglomeración agglomeration
(Ar) bunching
agotamiento burnout
agotamiento acumulado
accumulated depletion
agotamiento de las reservas
draining reserves
agotamiento (de los recursos)
depletion
agotamiento industrial

industrial fatigue
agravio tort
agravio malicioso malicious
  mischief
agregación/canasta de mercado
  market aggregation
agregar add
agresión battery
agricultura industrial
  agribusiness
agrimensura survey
agroindustria agribusiness
agrupación pool
agrupamiento bunching
agrupamiento de intereses
  pooling of interests
ahorrativo thrifty
ahorros (Mex) (Ch) nest egg
ahorros forzados forced saving
aislamiento boycott
ajustador adjuster
ajustador externo independent
  adjuster
ajustador independiente
  independent adjuster
ajustar (Mex) settle
ajustar al valor del mercado
  (Ven) mark to the market
ajuste composition
  (Sp) reconciliation
  (Mex) settlement
ajuste automático de texto
  text wrap
ajuste automático de linea
  line wrap
ajuste de período previo prior
  period adjustment
ajuste estacional seasonal
  adjustment
ajuste mensual del interés
  (Mex) monthly compounding
  of interest
ajuste o liquidación de seguro
  insurance settlement
ajustes por el costo de vida
  cost-of-living adjustment (COLA)
ajuste retroactivo retroactive
  settlement

ajustes settings
al aire libre (Ven) open space
al cierre (Ar) (Ch) at the close
al concluir at the close
al principio at the opening
al terminar at the close
albacea testamentario executor
albarán al portador (Sp) order
  bill of lading
alcance (Sp) range
alcance de depreciación de bienes
  asset depreciation range (ADR)
alcance del control (Ch) span of
  control
alcanzar el punto más bajo
  bottom
alcanzar un nivel máximo
  (Sp) peak
alcanzar un promedio average
alcista bull
alegación allegation
alegaciones pleading
alegato allegation
  (Ven) pleading
alienación alienation
alimentación en cadena
  (Ar) (Ven) chain feeding
alimentador de hoja sheet feeder
alimento alimony
alimentos estovers
alineación array
alineación (izquierda/derecha)
  flush (left/right)
alistamiento listing
alistar list
almacén stockroom, store,
  warehouse
almacén/negocio independiente
  independent store
almacenamiento de archivos
  archive, storage
almacenar stock
almacenista (Sp) wholesaler
almohadilla para el mouse
  mouse pad
alodial allodial
alojamiento sin discriminación
  (Mex) open housing

alojar house
alquilar rent
alquiler base base rent
alquiler del terreno ground rent
alquiler mes a mes (Ar) month-
  to-month tenancy
alquiler o arrendamiento contractual
  contract rent
alquilero económico economic
  rent
alquiler o arrendamiento equitativo
  de venta/mercado
  fair market rent
alquiler-compra (Sp) lease
alta tecnología high technology
alteración debasement, co-op
alto nivel de conocimientos
  (Mex) knowledge intensive
alza de precios pronunciada
  (Sp) rally
amenidades amenities
amigable componedor
  (Sp) arbitrator, referee
amontonar amass
amortización amortization,
  depreciation, depreciation
  recapture, depreciation
  reserve, redemption
  (Ar) call price,
  accumulated depreciation
amortización a plazo
  (Ven) term, amortization
amortización acelerada
  (Ar) accelerated depreciation
amortización acumulada
  accumulated depreciation,
  allowance for depreciation
amortización adicional del primer
  año (impuesto)
  additional first-year
  depreciation (tax)
amortización al descubierto
  (Ven) writing naked
amortización de una inversión
  (Ven) payback period
amortización irreparable
  incurable depreciation
amortización negativa negative

amortization
amortización o liquidación de
  deuda (Ch) debt retirement
amortizar depreciate
amortizar la hipoteca
  (Mex) mortgage out
amparo (Mex) injunction
amparo contributivo tax shelter
amparo fiscal (Ven) tax shelter
ampliación interna internal
  expansion
amplitud (Mex) range
añadidura addendum
análisis analysis (Sp) review
análisis básico fundamental
  analysis
análisis cualitativo qualitative
  analysis
análisis cuantitativo quality
  analysis
análisis de año base base-year
  analysis
análisis de antigüedad (de las
  cuentas) (Mex) aging of
  accounts receivable/aging
  schedule
análisis de caducidad
  (Ch) lapsing schedule
análisis de cambio analysis of
  variance (ANOVA)
análisis de costo de distribución
  distribution cost analysis
análisis de desviaciones
  (Ch) analysis of variance
análisis de equilibrio general
  general equilibrium analysis
análisis de equilibrio parcial
  partial-equilibrium analysis
análisis de fracaso failure
  analysis
análisis de índices/coeficientes
  (Ven) ratio analysis
análisis de inversión de línea de
valor (Ven) value line
  investment survey
análisis de las variaciones
  (Ar) analysis of variance
  (ANOVA)

análisis de mercado market
analysis
análisis de punto crítico
(Ven) break-even analysis
análisis de punto muerto/equilibrio
break-even analysis
análisis de quiebra failure
analysis
análisis de radios (Sp) ratio
analysis
análisis de razones ratio
analysis
análisis de regresión regression
analysis
análisis de serie temporal
(Mex) (Ven) time series
analysis
análisis del costo-beneficio
cost-benefit analysis
análisis diferencial
differential analysis
análisis económico
economic analysis
análisis en grupo cluster
analysis
análisis estático static analysis
análisis factorial factor analysis
análisis fundamental
fundamental analysis
análisis horizontal
horizontal analysis
análisis incremental incremental
analysis
análisis ocupacional
occupational analysis
análisis por género gender
analysis
análisis por series cronológicas
(Ar) time series analysis
análisis técnico (Sp) technical
analysis
análisis vertical
vertical analysis
analista analyst, chartist
analista de créditos credit
analyst
analista de inversiones
securities analyst

analista de ventas sales analyst
analizar review
ancho de banda bandwidth
anejo schedule
anexión annexation
anexo rider, appurtenant
(Ch) (Ven) addendum
animar animate
aniquilar (Ven) wipeout
año calendario calendar year
año civil calendar year
año comercial natural natural
business year
año fiscal natural business year,
taxable year
año gravable (Sp) taxable year
año hasta la fecha year-to-date
(YTD)
año tributario (Ch) taxable year
anotación contable tally
antedatar backdating
antefechar (Sp) backdate
anti reflejo non glare
anticipo (Ch) (Mex) (Sp) advance
(Ven) earnest money
anticipo pagado (Ch) paid in
advance
**antigüedad de las cuentas/estado de
cuentas por cobrar**
(Ar) aging of accounts
receivable/aging schedule
anual annual basis
anualidad annuity
anualidad anticipada annuity in
advance
anualidad combinada hybrid
annuity
anualidad de abonos aplazados
deferred-payment annuity
anualidad de grupo diferida
deferred group annuity
anualidad de pagos diferidos
deferred-payment annuity
anualidad en atrasos annuity in
arrears
anualidad fija fixed annuity
**anualidad mancomunada y de
supervivencia** joint and

survivorship annuity

anualidad ordinaria ordinary
annuity

anualidad variable variable
annuity

anualidad vencida annuity due
(Mex) ordinary annuity

anualmente annual basis

anulable voidable

anulación abatement, defeasance,
dissolution

anular abrogate, cancel, remit,
vacate

anular (contratos) disaffirm

anuncio posting

anuncio de un ofrecimiento
tombstone ad

apagar power down, shut down

apalancamiento leverage

apalancamiento inverso reverse
leverage

apalancamiento positivo
positive leverage

aparato fijo fixture

aparcamiento de valores
(Ven) parking

aparcero sharecropper

apelación genérica
(Ven) generic appeal

apelado (Ven) respondent

apelar a la justicia garnish

apeo survey

apertura opening

apertura (de la carta)
(Mex) attention line

ápice iota

aplazado holdover tenant

aplicación app
(Sp) appropriation

aplicación de costos cost
application

aplicación de impuestos
(Ar) taxation, interest on
dividends

**aplicación de los beneficios a
períodos anteriores** carryback

aplicación de utilidades
(Sp) appropriation

aplicación por lotes
batch application

aplicaciones de Windows
Windows application

aplicar (Ven) allocate

apoderado agent, attorney-at-
law, attorney-in-fact, proxy
(Ar) (Sp) assignee

aportación contribution

**aportación de capital en exceso del
valor nominal** capital
contributed in excess of par value

aportación masiva de ideas
brainstorming

aporte (Ch) contribution

aportes de los trabajadores
(Ch) employee contributions

**aportes de los trabajadores como
gastos de renta**
(Ch) deductibility of employee
contributions

apoyo de precios price supports

**apoyo de precios mediante
estabilización** peg

applet applet

apreciación estimate, valuation
(Sp) appreciation

apreciar appreciate

apremio duress

aprendizaje por rutina
(Mex) on-the-job training (OJT)

apresamiento (Ar) taking

apretón a los cortos (Ven) short
squeeze

apropiación hipotecaria
assumption of mortgage

apropiarse de una cosa
(Ar) appropriate

**aprovechar de la compara y la
venta** each way

aprovisionamiento
(Sp) procurement

aproximación de ingresos
(Mex) income approach

aptitud capacity, facility

apunte (Sp) note

apunte de anulación
(Sp) reversing entry

aquel que tiene derecho assignee
arancel duty, tariff
arancel aduanero (Sp) tariff
arbitración arbitration
arbitrador arbiter, arbitrator
arbitraje arbitration, arbitrage,
    conciliation, hedge, mediation
arbitraje con riesgo risk
    arbitrage
arbitraje especulativo
    (Ven) risk arbitrage
arbitraje fiscal (Mex) tax
    straddle
arbitraje forzoso compulsory
    arbitration
arbitraje obligatorio
    (Ven) compulsory arbitration
arbitrajista (Sp) trader
árbitro arbiter, arbitrator
    (Sp) referee
árbol de decisión decision tree
árbol de toma de decisiones
    decision tree
archivar file
archivo file, record
archivo adjunto attached file
archivo auxiliar auxiliary file
archivo de la imagen image file
archivo de seguridad backup file
archivo destino target file
archivo por lotes batch file
archivo protegido protected file
archivo publico public file
**área a la gruesa que puede
    arrendarse** gross leaseable area
área alquilable rentable area
área arrendable neta net
    leasable area
área arruinada blighted area
área común common area
área de agrimensura
    (Ch) survey area
área de estudio
    (Ar) (Ven) survey area
área de impacto impacted area
área de incidencia impacted
    area
área de levantamiento topográfico

(Mex) survey area
área de lote de terreno mínima
    (Ven) minimum lot area
área de mercado market area
área de mercado primario
    primary market area
área de reconocimiento
    (Ch) survey area
área de solar mínima minimum
    lot area
área metropolitana
    metropolitan area
argumento (Mex) allegation
aritmética media
    (Ar) arithmetic mean
arrancar dinero a bleed
arranque en caliente/inciar
    warm boot/start
arras earnest money
    (Sp) down payment
arrastrar una suma carryover
arrastre carryover
arreglador adjuster
arreglar (Mex) settle
arreglo array, composition
    (Mex) settlement
arrendador landlord, lessor
arrendamiento lease, leasehold,
    tenancy
    (Sp) rent
arrendamiento abierto
    open-end lease
**arrendamiento antes de la
    construcción** prelease
arrendamiento apalancado
    leveraged lease
arrendamiento auténtico
    (Ven) true lease
arrendamiento base base rent
arrendamiento bruto gross lease
**arrendamiento con características
    de una venta**
    (Ch) (Mex) sales type lease
**arrendamiento con el derecho para
    explotar petróleo y gas**
    (Ch) oil and gas lease
arrendamiento con opción de compra
    lease with option to purchase

arrendamiento con participación
  percentage lease
arrendamiento de capital
  capital lease
arrendamiento de equipo
  equipment leasing
arrendamiento de explotación
  operating lease
arrendamiento de financiación
  directa (Ven) direct
  financing lease
arrendamiento de una explotación
  de gas y petróleo
  (Ven) oil and gas lease
arrendamiento del arrendatario
  que subarrienda a otro
  sandwich lease
arrendamiento del terreno
  ground lease
arrendamiento en (posesión)
  exclusiva (Mex) tenancy in
  severalty
arrendamiento en una cooperativa
  proprietary interest
arrendamiento escalonado
  graduated lease
arrendamiento financiero
  (Ar) capital lease
arrendamiento financiero
  financial lease
arrendamiento financiero directo
  direct financing lease
arrendamiento gradual
  (Ar) graduated lease
arrendamiento neto net lease
arrendamiento por años
  (Ar) (Mex) tenancy for years
arrendamiento por un período
  indeterminado tenancy at will
arrendamiento porcentual sobre las
  ventas percentage lease
arrendamiento posterior a un
  revalúo (Ven) reappraisal lease
arrendamiento primario
  primary lease
arrendamiento principal
  master lease
arrendamiento según un índice

index lease
arrendamiento verdadero
  (Ar) true lease
arrendar lease
  (Sp) rent
arrendatario lessee, tenant
arrendatario principal prime
  tenant, anchor tenant
arriesgar risk
arriesgar mucho especulando
  (Ven) take a flier
arriesgarse venture
arroba (@) at (@)
artículo clause
artículo de difícil venta
  (Ven) sleeper
artículo monetario
  (Ar) monetary item
artículo no monetario
  (Ar) nonmonetary item
artículo sin venta sleeper
artículo vendido a pérdida
  (Ven) loss leader
artículos con preferencia fiscal
  (Mex) tax preference items
artículos de cebo (Ar) loss leader
artículos de comercio (Ar) ware
artículos de confección dry goods
artículos de importancia
  (Ven) big-ticket items
artículos de incorporación
  articles of incorporation
artículos de mayor valor
  big-ticket items
artículos de propaganda
  (Ar) loss leader
artículos selectos/de calidad
  (Ven) specialty goods
artículos terminados finished
  goods
artilugio (Mex) widget
asalariado employee
  (Mex) salariat
asamblea house
asamblea anual annual meeting
asamblea definitiva final
  assembly
ascender upgrade

asegurabilidad insurability
asegurabilidad garantizada
    guaranteed insurability
asegurado insured, policy holder
asegurador underwriter
    (Ven) writer
asegurador(a) insurance company,
    insurer
asegurar attest, insure
asentar al haber credit
asesor assessor, consultant
    (Sp) adjuster
asesor jurídico counsel
asesor o consejero de inversiones
    investment counsel
asesor/consultor administrativo
    (Ven) management consultant
asiento posting
    (Ar) (Mex) seat
asiento contable extraordinario
    extraordinary item
asiento de ajuste o rectificativo
    adjusting entry
asiento de cierre closing entry
asiento de diario journal entry
asiento de diario compuesto
    compound journal entry
asiento de retroceso
    (Sp) reversing entry
asiento inverso (Ar) reversing entry
asiento original original entry
asignación adjudication, allowance,
    appropriation, distribution,
    assignment
asignación de beneficios
    allocated benefits
asignación de colateral
    collateral assignment
asignación de distribución
    (Ch) distribution allowance
asignación de fondos
    (Ar) (Ven) application of funds
    (Ar) appropriation
**asignación de impuestos dentro
    de un período** intraperiod tax
    allocation
**asignación de impuestos sobre la
    renta entre períodos**

interperiod income tax allocation
asignación de salario wage
    assignment
asignación especial
    (Ar) (Ch) special assignment
asignación o distribución de recursos
    allocation of resources
asignante assignor
asignar allocate, assign,
    appropriate, grant
asignatario (Sp) legatee
asimilación assimilation
asíncrono asynchronous
asistente help wizard
asistente digitl personal
    personal digital assistant (pda)
asistido por computadora
    computer-aided
asociación association, partnership
asociación comunitaria
    community association
asociación de empleados
    employee association
asociación de marca brand
    association
**Asociación de Préstamos y Ahorros
    Federal** Federal Savings and
    Loan Association
asociación de producto brand
    association
**asociación de propietarios de
    viviendas** homeowners'
    association
asociación de trabajadores
    (Ch) employee association
**Asociación Federal de Crédito y
    Ahorro** (Mex) Federal
    Savings and Loan Association
asociación filantrópica
    (Mex) service club
asociación mutua mutual
    association
asociación no incorporada
    unincorporated association
asociado partner
astilla (Ven) sweetener
asunción de seguro de vida total
    current assumption whole life

insurance
asunto issue
 (Mex) concern
asunto de gran importancia
 hot issue
asuntos en trámite (Sp) work in
 progress
asterisco asterisk
atención attention
atención a clientes
 (Mex) customer service
atestar (Sp) attest
atestiguación affidavit
atestiguar attest
atolladero impasse
atracción general mass appeal
atracción genérica (Ch) generic
 appeal
**atraer con una mercancía y ofrecer
 otra** bait and switch advertising
atrasado (Ven) outstanding
atraso(s) arrears, arrearage
atrasos backlog, back pay
atravesar cross
atribuir allocate
audiencia audience, hearing
audiencia objeto target audience
auditar audit
auditor auditor
 (Mex) principal
auditor en jefe/socio
 (Mex) principal
auditoría audit, inspection
auditoría administrativa
 management audit
auditoría completa complete
 audit
auditoría continua o constante
 continous audit
auditoría de cuentas en las oficinas
 centrales de una empresa
 (Mex) site audit
**auditoría de cumplimiento/
 acatamiento** compliance audit
**auditoría en el domicilio de una
 empresa** (Ven) site audit
auditoría en el lugar
 (Ar) site audit

auditoría en faena (Ch) site audit
auditoría estatutaria statutory
 audit
auditoría externa external audit
auditoría interina interim audit
auditoría interna internal audit
auditoría limitada limited audit
auditoría operacional
 operational audit
auditoría operativa
 (Ar) operational audit
auditoría preliminar interim
 audit
auditoría privada internal audit
auditoría reglamentaria
 (Ar) statutory audit
aumentar gain
aumentar el valor appreciate
aumentar el valor contable
 write-up
aumentar el valor en libros
 (Ven) write-up
aumento appreciation, accession,
 accretion, gain, inflation
**aumento de sueldo o salario
 diferido** deferred wage
 increase
aumento rápido inflacionario
 inflationary spiral
aumento salarial por mérito
 merit increase
aumentos de capital
 (Mex) capital improvement
ausentismo absenteeism
autenti(fi)cación authentication
autenticar por notario (Ven) notarize
auténtico real
auto de casación (Sp) writ of error
auto de comparecencia
 (Sp) summons
auto interlocutorio interlocutory
 decree
autoayuda self-help
autoedición por computadora
 desktop publishing
autofin (Ven) internal financing
automóvil de la empresa
 company car

autoridad command
autoridad de línea (Ch) line of
   authority
autoridad expresa express authority
autoridad fraccionada
   (Mex) (Ven) splintered authority
autoridad funcional functional
   authority
autoridad inferida inferred
   authority
autorización endorsement or
   indorsement, license
autorización para transacciones
   trading authorization
autorizar license, permit
autorización del usuario
   user authorization
autoseguro self-insurance
auxiliar dummy, subsidiary
auxiliar de clientes
   (Ch) accounts receivable ledger
auxiliar de proveedores
   (Ch) accounts payable
aval guarantee, guaranty
aval limitado (Sp) qualified
   endorsement
avalar collateralize
avalúo (Mex) valuation

avance página page down
aversión al riesgo (Sp) risk
   aversion
avería damages
   (Sp) average
   (Ch) fast tracking
**averiguador y expositor de
   ruindades** muckraker
aviso notice
aviso confidencial tip
aviso de débito (Ch) debit,
   memorandum
aviso de dejar vacante notice
   to quit
aviso de despido notice of
   dismissal
aviso de huelga strike notice
aviso de incumplimiento notice
   of default
aviso de vencimiento
   (Ch) expiration notice
aviso legal (Ch) legal notice,
   statutory notice
aviso reglamentario
   (Ar) statutory notice
avulsión avulsion
ayudante (Mex) principal
ayudante de caja payer

B

baja   depression, slump
   (Sp) setback
baja de precios   break
baja en los cambios   break
baja ligera (bolsa)   down tick
bajista   bear
bajo   low
   (Ch) menial
bajo la mesa   (Ch) under the counter
bajo la par   below par
bajo riesgo   at risk
balance   balance sheet, balance
balance compensador
   compensating balance
balance de comprobación   trial
   balance
balance de situación   balance sheet
   (Mex) post closing trial balance
balance general   balance sheet
balance posterior al cierre
   (Ch) (Ven) post closing trial
   balance
balanza   (Sp) scale
balanza comercial desfavorable
   unfavorable balance of trade
balanza comercial/de comercio/de
   intercambio   balance of trade
balanza comercial que arroja un
   saldo positivo   (Ar) favorable
   trade balance
balanza comercial ventajosa/
   favorable   favorable trade
   balance
balanza de pagos   balance of
   payments
banca de concentración
   concentration banking
bancarrota   bankruptcy
banco   bank
banco agrario   (Ar) land bank
banco agropecuario   (Ven) land bank
banco asociado   (Sp) member bank
banco central   central bank

banco comercial   commercial bank
Banco de Comercio Exterior de los
   Estados Unidos
   (Mex) Export-Import Bank
   (EXIMBANK)
banco de crédito   credit union
banco de crédito hipotecario
   (Sp) land bank
banco de empleo   (Ar) job bank
Banco de Importaciones y
   Exportaciones (EXIMBANK)
   Export-Import Bank
   (EXIMBANK)
Banco de la Reserva Federal
   Federal Reserve Bank
banco de trabajos   job bank
banco federal para préstamos
   agrícolas   land bank
banco fiduciario   (Mex) trust
   company
banco fiduciario depositario
   depository trust company (DTC)
Banco Internacional para la
   Reconstrucción y el Desarrollo
   (BIRD)   International Bank for
   Reconstruction and Development
banco mercantil   merchant bank
banco miembro   member bank
Banco Mundial   World Bank
banco no miembro   nonmember
   bank
banco rural   (Mex) soil bank
banda (para fluctuación del tipo de
   cambio)   (Ch) fluctuation limit
banda de fluctuación   (Sp) trading
   range
banda de paquete   (Ar) package
   band
banquero de colocaciones
   investment banker
banquero de inversiones
   investment banker
banquero hipotecario   mortgage

191

banker

barco para el transporte de contenedores   container ship

portacontenedores   container ship

barómetro   barometer

barra de desplazamiento   scroll bar

barra intervida   backslash

barrera comercial   trade barrier

barrera   hedge

báscula   (Sp) scale

base   basis

base ajustada   adjusted tax basis

base creciente acelerada
(Ven) stepped-up basis

base de contado   (Mex) cash basis

base de costos   cost basis

base de datos   database

base de datos en línea   on-line data base

base de impuesto ajustada
adjusted tax basis

base de índice   index basis

base de tasa   rate base

base de valor en efectivo
(Mex) cash basis

base después de impuestos
(Ch) (Ven) after-tax basis

base económica   economic base

base gravable   tax base

base imponible   tax base

base de entrevistador   interviewer basis

base posterior a impuestos
after-tax basis

base predeterminada
(Ar) stepped-up basis

base salarial   (Ven) wage floor

base tarifada   (Sp) rate base

bases   (Ar) rank-and file

baudio   baud

beneficiario   beneficiary

beneficiario de pago   payee

beneficiario de una anualidad
(Sp) annuitant

beneficiario de una dotación
grantee

beneficiario de una renta vitalicia
(Ar) annuitant

beneficio   benefit, dower, gain, profit, return

beneficio contractual
(Ar) beneficial interest

beneficio líquido   (Sp) net profit

beneficio neto   net income
(Sp) net profit

beneficio por fallecimiento
(Ch) death benefit

beneficio por incapacidad
disability benefit

beneficio por servicio previo
past service benefit

beneficios   bottom line, proceeds, returns

beneficios accesorios
(Ven) fringe benefits

beneficios adicionales
perquisites (perk)

beneficios asignados   allocated benefits

beneficios brutos   gross earnings

beneficios complementarios al sueldo   (Sp) perquisites (perk)

beneficios de empleados   employee benefits

beneficios de huelga   strike benefits

beneficios de jubilación anticipada
(Ven) early retirement benefits

beneficios de jubilación temprana
early retirement benefits

beneficios de la empresa   company benefits

beneficios de los trabajadores
(Ch) employee benefits

beneficios ejecutivos adicionales
executive perquisites

beneficios fijos   fixed benefits

beneficios marginales   fringe benefits

beneficios no distribuidos
(Sp) retained earnings

beneficios por acción   earnings per share

beneficios por terminación de empleo
termination benefits

benévolo   gratis

bidireccional alternativo   half

duplex
bien encubierto   hidden asset
bien oculto hidden asset
bienal   (Ar) (Mex) (Ven) biennial
bienes   estate, goods, possession,
  property
  (Ar) asset
bienes (de consumo) duraderos
  (Ar) (Mex) (Ven) hard goods
bienes agotables   (Sp) waste assets
bienes corrientes   (Ar) yellow
  goods
bienes de capital   capital goods
  (Ven) capital assets
bienes de consumo   consumer
  goods
bienes de equipo   (Ar) capital
  resource
bienes de inversión   capital goods
bienes de producción
  (Ar) (Mex) producer goods
bienes de productores
  (Ven) producer goods
bienes de un determinado sector
  (Ar) specialty goods
bienes de uso   (Ar) fixed asset
bienes dotales   dowry
bienes durables
  (Ar) (Mex) (Ven) hard goods
bienes gananciales
  (Ar) community property
bienes industriales   industrial
  goods
bienes inmuebles   real estate, real
  property
bienes inmuebles despreciables
  depreciable real estate
bienes intangibles   (Ar) intangible
  asset
bienes intermedios   intermediate
  goods
bienes muebles   chattel, personal
  property
bienes muebles e intangibles
  personal property
bienes muebles tangibles
  (Ch) tangible personal property
bienes o productos especializados

(Ch) specialty goods
bienes privativos   separate
  property
bienes raíces   real estate
  (Sp) real property
bienes raíces amortizables
  (Ar) depreciable real estate
bienes raíces perpetuos y libres
  freehold (estate)
bienes y servicios   goods and
  services
billete   note
billete de banco   (Mex) paper
  money
bisanual   (Ch) biennial
"blended rate"   (Ven) blended rate
block sampling   block policy
bloque (de acciones)   block
bloqueado   (Mex) locked in
bloquear   block
bloqueo económico   (Ven) boycott
bodega   (Sp) warehouse
boicot   boycott
boicot principal   primary boycott
boicot secundario   secondary
  boycott
boicotear   boycott
boleta   ballot
boleta de expedición   (Mex) waybill
boletín   bulletin
boletín de noticias
  (Ar) market letter
bolsa   (Sp) market
bolsa clandestina   bucket shop
bolsa de acciones
  (Mex) stock exchange
bolsa de comercio de Nueva York
  big board
bolsa de valores   securities
  exchanges, stock exchange, stock
  market
bolsa de valores estadounidense
  American Stock Exchange
  (AMEX)
bolsa garantizada más grande
  (Ar) big board
bolso   market
bona fide purchaser   bona fide

bonificación (Ar) (Sp) abatement
(Sp) rebate
bonificación de distribución
(Ar) distribution allowance
**bonificación para mercancía de
volumen** (Ven) volume
merchandise allowance
bonificar discount
(Sp) rebate
bono a corto plazo short bond
bono a la par par bond
bono a largo plazo long bond
bono a medio plazo medium-term
bond
**bono a pagarse por ingresos de lo
construido** revenue bond
bono a tasa flotante floating-rate
note
bono a tasa variable floating-rate
note
bono al portador coupon bond
bono colateral (Sp) secured bond
bono con cupón coupon bond
**bono con cupón a largo y
vencimiento a corto plazo**
(Mex) super sinker bond
bono con garantía hipotecaria
(Mex) mortgage bond
bono con obligación
(Mex) obligation bond
bono con prima premium bond
bono corporativo corporate bond
bono cotizado bajo la par
discount bond
bono de ahorros savings bond
bono de ajuste (Ar) income bond
bono de caja bond
bono de calidad inferior junk
bond
bono de compromiso
(Ar) obligation bond
bono de compromiso general
general obligation bond
bono de ingresos municipal
municipal revenue bond
bono de interés diferido
deferred interest bond
bono de mantenimiento

(Ven) maintenance bond
**bono de obligación moral
respaldado por un estado**
moral obligation bond
bono de participación en utilidades
income bond
bono de primera clase high-grade
bond
bono de responsabilidad general
(Ven) general obligation bond
**bono de valor nominal inferior a
US$1.000** baby bond
bono de vivienda housing bond
bono del Tesoro a 30 años (USA)
long bond
bono descontado discount bond
bono especulativo (Sp) junk bond
bono garantizado secured bond,
guaranteed bond
bono genérico
(Ar) (Ch) (Ven) generic bond
bono hipotecario mortgage bond
(Sp) secured bond
bono inactivo inactive stock or
inactive bond
bono municipal municipal bond
bono nominativo
(Sp) registered bond
bono por reclutamiento
recruitment bonus
bono registrado registered bond
bono sobre ingreso income bond
bono-basura (Sp) junk bond
bonos de vencimiento escalonado
(Sp) serial bond
bonos en serie serial bond, series
bond
bonos pagaderos en serie
(Mex) serial bond
borrador (Ch) draft
borrar delete
(Ven) wipe out
brecha (Ar) (Ch) (Ven) gap
brecha inflacionaria
(Ven) inflationary gap
brillo brightness
broker con muchas sucursales
(Sp) wire house

bruto gross
bucle loop
buena cantidad de dinero
  good money
buena fe bona fide, good faith
buena operación killing
buena voluntad goodwill
bufete (Mex) desk
buque de carga (Mex) container
  ship

buque de servicio irregular
  (Sp) tramp
buró desk
burocracia red tape
burócrata bureaucrat
bursátil (Sp) stock exchange
buscador search engine
buscador de ofertas (gangas)
  (Ven) bargain hunter
buscar to search

C

caballero blanco (Sp) white knight
cabeza de la casa head of
   household
cabeza y hombros (Mex) head and
   shoulders
cabildero lobbyist
cable federal Fed wire
cabrillado (Ven) whipsawed
cache cache
cadena "daisy" daisy chain
cadena afiliada affiliated chain
cadena de mando chain of
   command
cadena o línea de montaje
   assembly line
caducar lapse
caducidad forfeiture, lapse
   (Mex) statute of limitations
caída del precio de un título valor
   (Ar) downturn
caída rápida break
caída repentina slump
caja cash, desk, till
caja de jubilaciones retirement
   fund
   (Sp) pension fund
caja chica petty cash fund
caja de pensiones (Sp) retirement
   fund
caja de seguridad (Ch) lock box
caja registradora cash register
cajero cashier
cajero pagador (Sp) payer
cajón till
calas (Sp) test checks
calcular cipher, work out
calcular el interés compuesto
   mensualmente (Ch) monthly
   compounding of interest
calcular el precio de costo cost
cálculo reckoning
cálculo de absorción absorption
   costing

cálculo directo de los costos direct
   costing
calidad quality
calidad (de un postulante)
   description
calificación de solvencia
   (Ar) credit rating
calificación de solvencia financiera
   (Sp) rating
calificación de valores (Sp) rating
calificación por mérito merit rating
calumnia slander
calumnia escrita libel
cámara de compensación
   clearinghouse
cambial (Sp) bill of exchange
cambiar change, trade, exchange
cambio change, exchange,
   permutations, trade
   (Ar) switching
cambio contable accounting change
cambio de dirección (Ar) reversal
cambio de personal turnover
cambio de precio rápido y sensible
   (Sp) break
cambio de venta (Sp) asking price
campaña corporativa corporate
   campaign
campaña de retirada de productos
   (Ven) recall campaign
canal de distribución
   channel of distribution
canal de ventas channel of sales
canasta básica (Mex) market
   basket
canasta comercial (Ar) market
   basket
canasta de mercado (Ch) market
   basket
cancelación revocation
   (Sp) offset
cancelación de gravamen
   discharge of lien

cancelación de una deuda
(Ven) satisfaction of a debt
cancelar cancel, abrogate
(Mex) discharge
(Sp) offset, liquidate
(Ven) wipe out
**cancelar (con una operación
inversa)** close out
cancelar una deuda (Ar) honor
(Ven) wipe out
cancillería chancery
candidato propuesto/designado
(Ven) nominee
canje change, exchange, trade-off
(Sp) swap
cánon de arrendamiento
(Ven) rental rate
cantidad bruta gross amount
cantidad de equilibrio
(Ar) (Mex) equilibrium quantity
cantidad de principal principal
amount
cantidad global lump sum
cantidad principal de un préstamo
(Sp) principal
cantidad sometida a una operación
(Ch) operand
capacidad capacity
**capacidad de endeudamiento de
valores** borrowing power of
securities
**capacidad de mantenerse en el
tiempo** (Ch) staying power
capacidad de pago ability to pay
capacidad desperdiciada
(Mex) idle capacity
capacidad excedida (Sp) overflow
capacidad excesiva de destrucción
(Ven) overkill
capacidad financiera credit rating
capacidad ideal ideal capacity
capacidad máxima maximum
capacity
capacidad no utilizada idle capacity
capacidad ociosa idle capacity
capacidad óptima optimum
capacity
capacidad práctica practical capacity

capital asset, capital, corpus
(Ch) principal amount
(Mex) principal
capital arriesgado en una empresa
venture capital
capital autorizado (Ar) authorized
shares or authorized stock,
capital stock
capital aventurado venture capital
capital circulante working capital
capital circulante negativo
negative working capital
capital comanditario (Sp) limited
liability
capital comercial stock
capital contable (Sp) net assets
(Mex) equity; proprietorship
capital dañado impaired capital
capital de explotación working
capital
capital de trabajo
(Ch) (Mex) (Ven) working
capital
capital de trabajo negativo
(Ven) negative working capital
capital desembolsado paid-in
capital
capital disminuido impaired capital
capital improductivo dead stock
capital más intereses
(Ch) principal and interest
payment (P&I)
capital pagado paid-in capital
capital riesgo (Mex) (Sp) venture
capital
capital simiente (Ven) seed money
capitalismo capitalism
capitalismo absoluto
(Ven) pure capitalism
capitalización total total
capitalization
capitalizar capitalize
capitulaciones matrimoniales
(Ven) prenuptial agreement
captura (Ar) taking
carácter character
característica amortizable
call feature

característica rescatable
(Ar) call feature
carga cargo, encumbrance,
lading, lien, load
carga caliente hot cargo
carga de trabajo workload
carga especulativa hot cargo
carga familiar (Ch) dependent
carga frontal (Ar) front-end load
carga por avión (Sp) airfreight
carga tributaria efectiva
(Ch) effective tax rate
carga útil payload
cargamento cargo, lading
cargar charge, debit, load
cargar de más (Sp) overcharge
cargar en memoria (Sp) load
cargo charge, debit, expense
cargo administrativo management
fee
cargo de inicio (para un crédito)
(Ch) front-end load
cargo de mantenimiento
maintenance fee
cargo diferido deferred charge
cargo excesivo overcharge
cargo extraordinario
(Sp) nonrecurring charge
cargo fijo fixed charge
cargo financiero (Ch) finance
charge
cargo por administración
management fee
cargo por crédito no aprovechado
(Ch) standby fee
cargo por financiamiento
(Mex) finance charge
cargo por originación origination
fee
cargo por servicios service fee
cargo por ventas de valores sales
charge
cargo/depósito no reembolsable
nonrefundable fee or
nonrefundable deposit
cargos diferidos prepaid expenses
cargos por conservación
(Ven) maintenance fee

cargos por ventas sales charge
caro (Ch) (Mex) pricey
carpeta de ventas (Ch) sales
portfolio
carpeta file
carro de tanque (Ch) tank car
carta asegurada guaranteed letter
carta de envío (Sp) transmittal
letter
carta de intención letter of intent
carta de pago (Sp) receipt
carta de poder (Sp) proxy
carta de porte waybill
carta de porte negociable
(Sp) order bill of lading
carta de porte nominativa
(Sp) straight bill of lading
carta de recomendación
testimonial
carta de seguimiento
follow-up letter
carta de ventas sales letter
carta garantizada guaranteed letter
carta que acompaña transmittal
letter
carta remesa (Mex) transmittal
letter
cartel cartel
cartel de empresas (Sp) trust
cartel de mercancías
commodity cartel
cartel de productos commodity
cartel
cartel internacional international
cartel
cartera portfolio
cartera de títulos (Sp) securities
cartera de valores portfolio
cartera de ventas
(Ar) (Mex) (Ven) sales portfolio
cartera eficiente efficient portfolio
casa firm
casa abierta open house
casa comercial house
casa con terreno homestead
casa de banca bank
casa de corretaje con sucursales
wire house

casa de liquidación clearinghouse
casa matriz (Mex) holding
company; parent company
casa solariega homestead
casador de gangas bargain hunter
casar (Sp) abrogate
cascada (Ch) filtering down
casco de la ciudad (Ven) inner city
casi dinero near money
caso de fuerza mayor act of God
caso fortuito act of God
catálogo de cuentas (Mex) coding
of accounts; chart of accounts
catastro cadastre
categoría class, status
categoría de contribuyentes
income group
categoría impositiva (Ven) tax
bracket
caución bail bond, guarantee,
guaranty
(Sp) pledge, security
caución de mantenimiento
maintenance bond
caución de terminación
completion bond
caucionar (Sp) pledge
causa próxima procuring cause
causante (de impuestos)
(Mex) taxpayer
**cazador de ejecutivos para
reclutarlos** headhunter
cazador de gangas (Mex) bargain
hunter
cazatalentos headhunter
cedente assignor
ceder assign, surrender
cédula (Sp) scrip
cédula de trabajo
(Mex) (Sp) schedule
cédulas hipotecarias
(Sp) mortgage-backed security
celda activa active cell
celda en blanco blank cell
censor jurado de cuentas
(Sp) auditor
censura censure
censura de cuentas (Sp) audit

censurar censure
centésimo (Sp) basis point
centésimo de entero (Sp) basis
point
centralización centralization
centro comercial mall
centro de beneficio (Sp) profit
center
centro de costos cost center
centro de ganancias profit center
ceremonia de recepción (Ar) open
house
cerrar close
certificación authentication,
certification
(Sp) affidavit
(Ven) testimonial
certificado de acción (Sp) scrip
certificado de acciones stock
certificate
certificado de auditor auditor's
certificate
certificado de depósito (CD)
certificate of deposit (CD)
**certificado de depósito de no menos
de 100.000 dólares** jumbo
certificate of deposit
**certificado de depósito de un año o
más** term certificate
certificado de depósito jumbo
(Ar) jumbo certificate of deposit
certificado de depósito negociable
negotiable certificate of deposit
certificado de exclusión estoppel
certificate
certificado de fideicomiso de equipo
trust certificate
**certificado de fideicomiso para
votación** voting trust
certificate
certificado de habilitación
(Ar) certificate of occupancy
certificado de habitabilidad
(Ven) certificate of occupancy
certificado de incorporación
certificate of incorporation
certificado de inventario inventory
certificate, stock certificate

certificado de liberación
(Ar) release
certificado de ocupación   certificate
of occupancy
certificado de participación
participation certificate
certificado de reducción de deuda
reduction certificate
certificado de reintegro   debenture
certificado de título   certificate of
title
certificado de uso   certificate of use
**certificado del administrador
judicial**   receiver's certificate
certificado del cíndico
(Mex) receiver's certificate
certificado provisional   scrip
certificado respaldado por hipotecas
mortgage-backed security
**certificado, dictamen o informe de
auditor**   auditor's certificate,
opinion, or report
certificar   attest, certify, insure
cesación   expiration
cesación o abandono de plan
discontinuance of plan
cesantía   (Ch) unemployment,
severance pay
cese de inflación   disinflation
cese de operaciones   shutdown
cesión   assignment, bequest,
conveyance, surrender
(Ar) surrender life insurance
(Ven) bailment
cesión a un fideicomiso   deed of trust
cesión de activos   divestiture
cesión de arrendamiento
assignment of lease
cesión de locación   (Ar) assignment
of lease
cesión temporal   (Sp) repurchase
agreement (REPO, RP)
cesionario   assignee, grantee
(Mex) grantor
cesionista   grantor
(Sp) assignor
ciberespacio   (Ven) cyberspace
ciclo administrativo   management
cycle

ciclo contable   accounting cycle
ciclo coyuntural   (Ar) business
cycle
ciclo de Kondratieff   (Mex) long-
wave cycle
ciclo de vida   life cycle
ciclo de vida de producto   product
life cycle
ciclo de vida de una inversión
investment life cycle
ciclo de vida familiar   family life
cycle
ciclo económico   business cycle
ciclo o período de facturación
billing cycle
ciclo operativo   operating cycle
ciencia actuarial   actuarial science
ciencia administrativa
(Ar) management science
ciencia de la administración
(Ch) (Mex) management science
ciencia económica   economics
ciento por ciento   (Mex) par
cierre   close, closing, settlement
cierre de año   (Ven) year-end
cierre de ejercicio   (Ven) year-end
cierre de mes   (Ch) end of month
cierre de una rueda bursátil
(Ar) close
cierre del año   (Ch) year-end
cierre patronal   lockout
cifra   cipher
cifra de negocios   (Sp) turnover
cifrar   cipher
cifra redonda   lump sum, round figure
cinta   tape
circuito   circuit
circuito cerrado   (Mex) loop
circuito de distribución   channel of
distribution
circuito integrado
integrated circuit
circulación de cheques sin fondos
(Sp) kiting
circular informativa sobre valores
(Mex) market letter
circunferencia   girth
circunstancias atenuantes
extenuating circumstances

citación call
  (Sp) summons
citación judicial summons, subpoena
citar call, subpoena
citatorio (Mex) summons
ciudad del interior inner city
ciudad interior inner city
clase order, range, run
clase social class
clases asalariadas no obreras
  (Ch) salariat
clasificación classification, rating
clasificación bruta gross rating
  point (GRP)
clasificación contributiva tax
  bracket
clasificación de bonos
  bond rating
clasificación de cuentas
  coding of accounts
clasificación de méritos
  (Mex) merit rating
clasificación de puestos
  (Ar) (Mex) job classification
clasificación de seguridad
  security rating
clasificación del trabajo
  (Ch) (Mex) job classification
clasificación impositiva tax
  bracket
clasificación por antigüedad
  aging of accounts receivable or
  aging schedule
clasificación prospectiva
  prospective rating
clasificación Z Z score
clasificar class, code, file, index
cláusula clause
cláusula abrogatoria
  (Ven) cancellation clause
cláusula adicional rider
cláusula de abandono
  abandonment clause
cláusula de aceleración
  acceleration clause
cláusula de adquisición subsecuente
  after-acquired clause
cláusula de amparo hold harmless
  clause

cláusula de anulación cancellation
  clause
cláusula de autorización enabling
  clause
cláusula de aviso de cancelación
  notice of cancelation clause
cláusula de aviso de rescisión/
  cancelación (Ven) notice
  of cancelation clause
cláusula de caducidad de los plazos
  (Ar) acceleration clause
cláusula de cambio de beneficiario
  change of beneficiary provision
cláusula de cancelación
  (Mex) cancellation clause
cláusula de construcción derruida
  (Mex) fallen building clause
cláusula de desastre común o
  cláusula de supervivientes
  common disaster clause or
  survivorship clause
cláusula de humo smoke clause
cláusula de inalterabilidad
  (Mex) nondisturbance clause
cláusula de incontestabilidad
  noncontestability clause
cláusula de indexación escalator
  clause
cláusula de insolvencia
  insolvency clause
cláusula de liberación release
  clause
cláusula de negocio en marcha
  going-concern clause
cláusula de no declarar huelga
  no-strike clause
cláusula de opción al pago
  anticipado (Sp) acceleration
  clause
cláusula de prepago prepayment
  clause
cláusula de pronto pago a la venta
  due-on-sale clause
cláusula de provisión de anulación
  cancellation provision clause
cláusula de reanudación
  (Mex) reopener clause
cláusula de reapertura
  (Ar) reopener clause

cláusula de reembolso anticipado
acceleration clause

cláusula de renuncia disclaimer

cláusula de rescisión
(Ven) cancellation clause

cláusula de retroactividad
(Ar) grandfather clause

cláusula de revisión escalator
clause

cláusula de seguro solapante
other insurance clause

cláusula de suicidio suicide clause

cláusula de valor en el mercado
market value clause

cláusula de vencimiento anticipado
(Mex) acceleration clause

cláusula disputable contestable
clause

cláusula habilitante enabling clause

cláusula incontestable
incontestable clause

cláusula indisputable
incontestable clause

**cláusula liberatoria de
responsabilidad** (Ar) hold
harmless clause

cláusula provisoria de cancelación
(Mex) cancellation provision
clause

cláusula resolutiva cancellation
clause

**cláusulas estándar de un documento
legal** boilerplate

**cláusulas fijas o esenciales de un
acuerdo/contrato**
(Ven) boilerplate

clausura closing

clausurar close

clave de acceso (Sp) password

clichés buzz words

cliente client, customer

cliente en perspectiva prospect

cliente potencial (Ar) prospect

clímax de ventas selling climax

club de inversiones investment
club

club de servicios (Ar) service club

coarrendamiento cotenancy

cobertura cover, hedge

cobertura a corto plazo
(Ven) short covering

cobertura ampliada extended
coverage

cobertura de carga familiar
(Ch) dependent coverage

cobertura de cargo fijo fixed-
charge coverage

cobertura de dependiente
dependent coverage

cobertura de dividendos preferidos
preferred dividend coverage

cobertura de posición faltante
(Ven) short covering

**cobertura de propiedad personal
sin importar la ubicación**
personal property floater

cobertura de un seguro insurance
coverage

cobertura extendida extended
coverage

cobertura total full coverage

cobrable collectible

cobranza collection

cobrar (salarios) collect

cobrar al contado cash

cobro collection

codeudor hipotecario co-mortgagor

codicilio codicil

codificación encoding, encryption

codificar cipher, code (v.)

código code

código de barras bar code

código de construcción building
code

código de cuentas (Ven) chart of
accounts

código de ética code of ethics

código de paquete package code

código de vivienda housing code

código secreto cipher

código universal de producto
(Ar) (Ch) (Ven) universal life
insurance

coeficiente (Mex) index (Sp) rate
(Ven) conversion ratio

coeficiente beta beta coefficient

coeficiente de caja (Sp) cash ratio,
liquidity ratio

coeficiente de correlación
correlation coefficient
coeficiente de determinación
coefficient of determination
coeficiente de endeudamiento
(Ar) debt-to-equity ratio
coeficiente de endeudamiento
(Ven) debt coverage ratio
coeficiente de liquidez
(Ar) (Ven) liquidity ratio
coeficiente de liquidez a corto plazo
acid test ratio
(Ar) quick ratio
coeficiente de rotación
(Mex) turnover
coherencia consistency
colapso de la bolsa crash
colateral (Mex) security
colaleralizar collateralize
colega colleague
colindante (Mex) adjoining
colocación investment
colocación de capital funding
colocación de fondos funding
colocación de trabajo job
placement
colocación privada (Sp) private
offering or private placement
colocador de emisión underwriter
colocar invest
colusión collusion
comanditario (Mex) (Sp) silent
partner
combinación de intereses
(Sp) pooling of interests
combinación de negocios business
combination
combinación horizontal
horizontal combination
combinaciones combinations
combinar devise
comenzado pero no terminado
inchoate
comerciabilidad marketability
comerciable merchantable
comercial commercial, mercantile
comercialización merchandising
comercialización automática
automatic merchandising

comercializar merchandise
comerciante dealer, trader
comerciante al por mayor
(Sp) wholesaler
comerciar market, merchandise,
trade
comercio business, trade
comercio electrónico e-commerce
comercio en condiciones de
reciprocidad (Ar) fair market
rent
cometer concusión graft
comisión commission, fee, load
comisión "standby" (Ar) standby
fee
comisión clandestina kickback
comisión de agente brokerage
Comisión de Bolsa y Valores
Securities and Exchange
Commission (SEC)
comisión de gestión
(Sp) management fee
comisión de intermediación
(Mex) finder's fee
comisión de seguridad safety
commission
Comisión de Valores y Bolsa
(Mex) Securities and Exchange
Commission (SEC)
Comisión de Valores y Cambios
(Mex) Securities and Exchange
Commission (SEC)
comisión dividida split
commission
comisión por mantenimiento
(Ar) maintenance fee
comisión residual pool
comisionista assignor, commission
broker
comiso, de (Sp) attachment
comité de préstamos loan
committee
comité directivo (Ch) executive
committee
comité ejecutivo executive
committee
comité equitativo equalization board
comité/grupo de trabajo (Ven) task
group

comitente (Sp) assignor, principal

como está como se encuentra as is

comodatario bailee

comodato bailment

comodidades (Ar) (Mex) amenities

compañero partner

compañero(a) colleague

compañía company

compañía administradora de fondo mutuo de acciones ilimitadas open-end management company

compañía afiliada (Sp) affiliated company

compañía apalancada leveraged company

compañía asociada affiliated company

compañía controlada controlled company

compañía controladora parent company

compañía de depósito (Mex) trust company

compañía de inversiones inmobiliarias (Ar) real estate investment trust (REIT)

compañía de inversiones registrada registered investment company

compañía de inversiones regulada regulated investment company

compañía de responsabilidad limitada limited company

compañía de seguros insurance company (insurer)

compañía de seguros mutuos (Sp) mutual insurance company

compañía de seguros por acciones stock insurance company

compañía de títulos title company

compañía dentro de un grupo de afiliados constituent company

compañía fiduciaria trust company

compañía fiduciaria depositaria depository trust company (DTC)

compañía difunta defunct company

compañía filial (Sp) subsidiary company

compañía financiera cautiva captive finance company

compañía matriz (Ven) parent company

compañía multinacional multinational corporation (MNC)

compañía mutual mutual company

compañía registrada registered company

compañía subsidiaria controlled company

compañía tenedora (Mex) holding company

compañía tenedora controlada por pocas personas personal holding company (PHC)

compañía tenedora/matriz bancaria bank holding company

compañía/empresa de inversiones investment company

compañía/sector que no atrae inversión wallflower

comparables comparables

comparación competitiva (Ch) benchmark

compartimiento del trabajo (Ch) job sharing

compartir share

compartir responsabilidades (Ar) job sharing

compensación compensation, indemnity, offset (Sp) set-off

compensación de riesgos cambiarios hedge

compensación diferida deferred compensation

compensación más allá de cierta cantidad override

compensación por longevidad longevity pay

compensación, indemnización/ reparación global (Ar) aggregate indemnity (aggregate limit)

compensado (Sp) offset

compensar clear, indemnify (Sp) offset

competencia competition

competencia desleal unfair
  competition
competencia entre industrias
  interindustry competition
competencia perfecta perfect
  competition
competencia pura pure
  competition
competidor competitor
competidor por un contrato
  gaming
compilación compilation
compilador compiler
complejo industrial militar
  military-industrial complex
componedor adjuster
componenda (Sp) arbitration
componente component part
**comportamiento de una
  organización**
  (Ch) organizational behavior
comportamiento del consumidor
  (Ven) consumer behavior
comportamiento institucional
  (Ar) (Ven) organizational
  behavior
composición composition
composición del capital
  (Ven) capital structure
compra acquisition, buyout, purchase
  (Sp) procurement
compra a suma alzada (Ch) lump-
  sum purchase
compra al/sobre el margen
  (Ven) buying on margin
compra apalancada leveraged
  buyout (LBO)
**compra de acciones en
  cantidadconstante** dollar cost
  averaging
compra de cobertura short
  covering
compra de margen buying on
  margin
compra de medios (Ar) media buy
compra especial special purchase
compra global lump-sum purchase
compra para cubrir (Sp) short
  covering

compra sobre provisión buying on
  margin
comprador buyer, shopper, vendee
comprador a cargo charge buyer
comprador de buena fe bona fide
comprador de caja o en efectivo
  cash buyer
comprador de medios (Ar) media
  buyer
**comprador de medios de
  comunicación** (Mex) media
  buyer
comprador de una sola vez
  one-time buyer
comprador identificado al azar
  (Ch) sample buyer
comprador múltiple
  (Ar) multibuyer
comprador residente resident
  buyer
comprar buy
comprar al cien por cien
  (Sp) (Ven) buyout
compras centralizadas central
  buying
compras netas net purchases
compras recíprocas reciprocal
  buying
compraventa sale
  (Ch) agreement of sale
comprobación audit
comprobación del fallo
  (Ch) judgment proof
comprobante voucher
comprobante de cheques
  check stub
comprobante de diario journal
  voucher
comprobar audit
comprometerse a contract
compromiso commitment, covenant
  (Sp) liability, warranty
compromiso de otorgar una hipoteca
  mortgage commitment
**compromiso de pago al primer
  requerimiento** demand note
compromiso firme firm
  commitment
compromiso hipotecario mortgage

commitment
compromiso personal
   (Sp) personal liability
compromiso sólido firm
   commitment
compulsión duress
computadora computer
computadora tablet tablet
cómputo reckoning
comunicación colectiva (Ar) mass
   communication
comunicación de masas
   (Mex) mass communication
comunicación por satélite satellite
   communication
comunicado bulletin
   (Sp) informe
comunicar convey
comunicarse a través de una red de
   contactos
   (Ch) (Ven) networking
Comunidad Económica Europea
   (CEE) European Economic
   Community (EEC)
comunismo communism
con alta concentración de mano de
   obra (Ven) labor intensive
con causa de justificación
   (Ar) justifiable
con conciencia limpia clean hands
con dinero in the money
con dividendo, derechos anexos o
   con garantía cum dividend,
   cum rights or cum warrant
con el dinero asegurado
   (Ch) in the money
con fecha al fin de mes (Ch) EOM
   dating
con garantía (Ar) good faith
con gran intensidad de mano de
   obra (Ar) labor intensive
con movilidad social ascendente
   (Ven) upwardly mobile
con propiedad sobre bienes
   inmuebles (Ar) real estate
   owned (REO)
concatenación (Ar) networking
conceder grant
conceder permiso de ausencia en el

trabajo furlough
conceder una escritura charter
concentración de empresas
   (Ven) business combination
concepto de mercadeo marketing
   concept
concepto de mercadotecnia
   (Mex) marketing concept
concesión concession, license
   (Mex) adjudication, franchise
concesión por mercancías
   merchandise allowance
concesionario dealer, distributor,
   licensee
conciliación conciliation,
   reconciliation
conciliador conciliator
concluir close, seal
conclusión bottom line, closing
concordancia consistency
concursante competitor
concurso (Ar) competition
condena condemnation
condición protocol
condición previa condition,
   precedent
condición subsecuente
   subsequent condition
condiciones terms
condiciones de negocios business
   conditions
condominio joint tenancy
conducta afectiva affective
   behavior
conducta del comprador buyer
   behavior
conducta del consumidor
   consumer behavior
conducto (Mex) pipeline
conectado online
conectarse log on
conexión en red
   (Mex) networking
conexión imalábrica wireless
   connection
confecciones y quincallería dry
   goods
confesión deposition
confiabilidad reliability

confianza trust
confidencial confidential
configuración settings
confirmación confirmation
confirmación positiva positive
   confirmation
confiscación condemnation,
   embargo, forfeiture
confiscar impound
confiscar una sucesión escheat
conflicto colectivo labor dispute
conflicto de intereses conflict of
   interest
conflicto laboral labor dispute
conformación (Sp) reconciliation
conformidad de cobertura
   adequacy of coverage
confundir mistake
confusión confusion, merger
congelación salarial wage freeze
conglomerado conglomerate
congruencia de objetivos goal
   congruence
conjunto mix
conmutación (Mex) switching
conmutación telefónica
   (Mex) (Ven) telephone
   switching
conocimiento discovery
conocimiento condicionado
   (Mex) foul bill of landing
conocimiento de embarque
   bill of lading
   (Sp) waybill
conocimiento de embarque a la
   orden order bill of lading
conocimiento de embarque aéreo
   (Ven) air bill
conocimiento de embarque con
   reservas foul bill of lading
conocimiento de embarque corrido
   (Sp) straight bill of lading
conocimiento de embarque
   intransferible (Ven) straight
   bill of lading
conocimiento de embarque
   negociable (Sp) order bill of
   lading
conocimiento de embarque no

negociable straight bill of
   lading
conocimiento de embarque
   nominativo (Sp) straight bill of
   lading
conocimientos técnicos know-how
consejero attorney-at-law
consejero delegado chief executive
   officer
consejero externo outside director
consejero miembro del consejo de
   administración director
consejo counsel
consejo de administración board
   of directors
consejo de administración
   directorate
consejo de equidad board of
   equalization
consejo de estabilización/ igualación
   equalization board
Consejo de la Reserva Federal
   Federal Reserve Board (FRB)
consenso (Sp) agreement
consentimiento (Sp) accession
conservación maintenance
conservación diferida deferred
   maintenance
conservador custodian
conservatismo conservatism
consignación consignment
consignación (de una moción)
   (Ar) recording
consignatario consignee
consola console
consolidación merger
consolidación (de una deuda)
   funding
consolidación de empresas
   (Sp) merger
consolidador consolidator
consorcio consortium, pool,
   syndicate
   (Sp) trust
consorcio de emisión syndicate
consorcio periodístico
   (Ar) newspaper syndicate
constancia acknowledgment
constancia de efectivo cash

acknowledgement
constante constant
constante hipotecaria mortgage
  constant
constante hipotecario anual
  annual mortgage constant
constitución de una empresa/
  sociedad (Ven) incorporation
consultor consultant
consultor administrativo
  management consultant
consumismo consumerism
consumidor consumer
consumidor industrial industrial
  consumer
contabilidad accountancy
contabilidad con doble registro
  double-entry accounting
contabilidad de costo reposición
  replacement cost accounting
contabilidad de costos cost
  accounting
contabilidad de deudores
  (Sp) accounts receivable
contabilidad de fondos fund
  accounting
contabilidad de organización sin
  fines de lucro nonprofit
  accounting
contabilidad de recursos humanos
  human resource accounting
contabilidad de valor corriente
  current value accounting
contabilidad de valor de reposición
  (Ar) current value accounting
contabilidad ejecutiva managerial
  accounting
contabilidad financiera financial
  accounting
contabilidad por partida sencilla
  (Mex) single-entry bookkeeping
contabilidad por partida única
  single-entry bookkeeping
contabilidad pública public
  accounting
contabilizar book
  (Mex) journalize
contable bookkeeper
  (Sp) accountant

contacto bilateral bilateral contact
contador accountant, bookkeeper
contador principal comptroller
contaminación pollution
contenido de trapo
  (Mex) (Ven) rag content
contestación (Sp) answer
contingencia de ganancia gain
  contingency
contingencia de pérdidas loss
  contingency
contingente (Sp) quota
continuidad continuity
contraasiento reversing entry
contracción contraction
contracuentas contra-asset
  account
contradecir disaffirm
contrademanda counterclaim
contrahecho counterfeit
contralor controller
contralor de una empresa
  comptroller
contraoferta counteroffer
contraorden countermand
contrapartida (Sp) offset
contraprestación value
contraprestación suficiente
  valuable consideration
contraprestación válida valuable
  consideration
contrario adversary
contrarreclamación counterclaim
contrarrestar cross
  (Sp) offset
contrarrestar una transacción
  (Mex) unwind a trade
contraseña password
contratación recruitment
contratación de terceros para
  servicios o manufactura
  outsourcing
contratar contract, charter
contratiempo reversal, setback
contratista contractor
contratista externo independent
  contractor
contratista general general
  contractor

contratista independiente
independent contractor
contratista principal general
contractor
contrato agreement, contract,
covenant
(Mex) deed
contrato a costo más ganancias
cost-plus contract
contrato a precio fijo fixed-price
contract
contrato a término (Ar) forward
contract
contrato aleatorio aleatory contract
contrato bilateral indenture
contrato celebrado (Ch) executed
contract
contrato colectivo (Mex) collective
bargaining
contrato colectivo de trabajo
(Mex) employment contract
contrato colectivo de trabajo
(Mex) labor agreement
contrato comercial (Mex) trade
agreement
**contrato concerniente a un
inmueble** land contract
contrato condicionado
(Sp) conditional contract
contrato condicional
conditional contract
contrato cumplido executed
contract
contrato de adhesión adhesion
contract
contrato de arrendamiento lease
**contrato de arrendamiento sobre
gas y petróleo** (Ar) oil and gas
lease
contrato de compraventa sales
contract, agreement of sale, buy-
and-sell agreement
**contrato de compraventa a plazos/
en abonos** (Mex) installment
contract
**contrato de compraventa de un
inmueble** land contract
contrato de compromiso (Sp) trust
deed

contrato de empleo employment
contract
contrato de fideicomiso
(Mex) trust deed
contrato de fletamiento charter
contrato de futuros futures
contract, commodities futures
**contrato de futuros sobre títulos
valores** (Ar) financial future
contrato de gas y petróleo
(Mex) oil and gas lease
contrato de hecho sobreentendido
implied in fact contract
contrato de indemnización
contract of indemnity
contrato de ingresos garantizado
guaranteed income contract (GIC)
**contrato de instrumentos
financieros a plazo** financial
future
contrato de readquisición
(Mex) repurchase agreement
(REPO, RP)
contrato de recompra
(Mex) buy-back agreement
contrato de recuperación
buy-back agreement
contrato de retroventa repurchase
agreement (REPO, RP)
contrato de seguro insurance
contract
contrato de seguro de adhesión
adhesion insurance contract
contrato de servicio residencial
(Ar) (Ch) (Ven) residential
service contract
contrato de trabajo
(Ch) (Ven) employment contract
contrato de venta a plazos
installment contract
contrato doble dual contract
contrato ejecutado executed
contract
contrato expreso express contract
contrato global (Ar) blanket
contract
contrato implícito implied contract
contrato laboral (Mex) labor
agreement, employment contract

contrato múltiple blanket contract
**contrato no exclusivo para vender
 un inmueble** open listing
contrato oral oral contract
contrato sinalagmático indenture
contrato unilateral unilateral
 contract
contrato verbal oral contract
contratos a plazo forward contract
contribución contribution, tax
contribución neta net contribution
contribuciones
 (Ch) (Mex) property tax
 (Sp) assessment
contribuciones de empleados
 employee contributions
contribuyente taxpayer
control control
control de alquileres (Ven) rent
 control
control de calidad quality control
control de cambios exchange
 control
control de costos cost
 containment
control de crédito selectivo
 (Ch) (Ven) selective credit control
control de inventario inventory
 control
**control de inventario mediante
 reserva** reserve-stock control
control de línea (Ch) line control
control de mercancías
 merchandise control
control de producción production
 control
control de salarios (Ven) wage
 control
control específico de crédito
 (Mex) selective credit control
control interno internal control
control operacional operational
 control
control operativo (Ar) operational
 control
control salarial
 wage control
control selectivo de crédito
 (Ar) selective credit control

controlador controller
controlador principal controller
convenio accord and satisfaction,
 agreement, cartel, control,
 covenant, settlement, stipulation
convenio abierto blanket contract
convenio antes de casarse
 (Ch) prenuptial agreement
convenio colectivo laboral labor
 agreement
convenio comercial trade
 agreement
convenio de compra y venta
 buy-and-sell agreement
convenio de compraventa buy-sell
 agreement
convenio de industria naciente
 infant industry agreement
convenio de no competir covenant
 not to compete
**convenio de préstamo a la
 construcción** building loan
 agreement
convenio de recompra buy-back
 agreement
convenio de recuperación
 buy-back agreement
convenio de venta agreement of sale
convenio premarital
 (Ven) prenuptial agreement
convenio suplementario
 supplemental agreement
convenios de amparo hold-
 harmless agreements
convenir settle
conversión conversion
 (Sp) refunding
conversión de la antigüedad
 (Mex) senior refunding
conversión involuntaria
 involuntary conversion
convertibles convertibles
convertibles en dinero (Mex) near
 money
convocar call
convocatoria call
 (Sp) summons
cooperativa co-op, cooperative
cooperativa de crédito

(Ar) (Ven) credit union
cooperativa de productores
producer cooperative
coordinada X x coordinate
coordinada Y y coordinate
copia adaptada conformed copy
copia conformada conformed
copy
copia de seguridad back up
copiar to copy
copropiedad cooperative apartment
copropiedad sobre un inmueble
joint tenancy
corporación corporation, guild
corporación cerrada closely
held corporation
corporación de facto de facto
corporation
corporación de hecho
de facto corporation
Corporación de Seguro de Depósito
Federal (CSDF)
Federal Deposit Insurance
Corporation (FDIC)
corporación doméstica domestic
corporation
corporación extranjera alien
corporation, foreign corporation
corporación miembro member
firm or member corporation
corporación sin acciones
nonrenewable natural resources
corporación sin fines de lucro
nonprofit corporation
corporal corporeal
corpóreo corporeal
corrección correction
corredor broker, jobber
(Sp) commercial broker
corredor de bienes raíces
(Ar) (Ch) (Mex) (Ven) realtor
corredor de bolsa jobber,
stockbroker, commission broker
corredor de bonos bond broker
corredor de comercio broker,
commercial broker
corredor de fincas realtor
corredor de mercancías
merchandise broker

corredor de valores
(Mex) stockbroker
corredor galardonado (Ven) prize
broker
corredor hipotecario mortgage
broker
corredor o agente de pleno servicio
full-service broker
corredor residencial residential
broker
correduría (Mex) brokerage
corregir (Ven) amend
correlación negativa negative
correlation
correo certificado certified mail
correo electrónico electronic mail
(email)
correspondencia de respuesta
comercial (Mex) business
reply mail
correspondencia de respuesta de
negocios business reply mail
correspondiente correspondent
corresponsal (Sp) agent
corresponsal hipotecario mortgage
correspondent
corretaje brokerage
corrida (Mex) run
corriente current
corrupción graft
corte (sentido monetario)
denomination
cosecha emblements
coseguro coinsurance
costar cost
coste cost
coste del transporte (Sp) cost of
carry
coste efectivo (Sp) actual cost
coste marginal (Sp) marginal cost
coste normalizado (Sp) standard
cost
costo charge, cost
costo seguro flete CIF
costo actual (Sp) current cost
costo atribuido imputed cost
costo base (Ar) cost basis
costo corriente current cost
costo de adquisición historical cost

(Ch) (Mex) (Ven) acquisition cost

costo de capital   cost of capital

costo de cierre   closing cost

costo de conversión (trabajo directo más gastos generales) conversion cost

costo de emisión   (Ar) flotation (floatation) cost

costo de fabricación   manufacturing cost

costo de flotación   flotation (floatation) cost

costo de la compra   acquisition cost

costo de la mercancía fabricada cost of goods manufactured

costo de la mercancía vendida   cost of goods sold

costo de la transacción   acquisition cost

costo de manufactura manufacturing cost

costo de oportunidad   opportunity cost

costo de organización (Ch) (Ven) organization cost

costo de posesión   cost of carry

costo de producción   (Mex) cost of goods manufactured (Sp) manufacturing cost

costo de reemplazo   replacement **cost**

costo de reposición   replacement cost

costo de reposición (Mex) stockout cost

costo de reproducción   reproduction cost

costo de servicio anterior (Ch) (Ven) prior service cost

costo de transacción   transaction cost

costo de ventas   (Ch) (Mex) cost of goods sold

costo del coproducto   (Ar) joint product cost

costo depreciado   depreciated cost

costo directo   direct cost

costo discrecional   discretionary cost

costo en conjunto del producto (Ch) joint product cost

costo estándar   standard cost

costo fijo/constante   fixed cost

costo fijo promedio   average fixed cost

costo fuera del lugar de trabajo (Ven) off-site cost

costo histórico   historical cost

costo imputado   imputed cost

costo indirecto   indirect cost

costo institucional (Ar) organization cost

costo laboral unitario (Ar) unit-labor cost

costo marginal   marginal cost

costo neto   net cost

costo no recuperado   unrecovered cost

costo no vencido   unexpired cost

costo original   original cost

costo por absorción   absorption costing

costo privado   private cost

costo promedio   average cost

costo real   actual cost

costo registrado   imputed cost

costo semivariable   semivariable cost

costo tipo   (Mex) standard cost

costo unidad/mano de obra (Ven) unit-labor cost

costo y flete   C&F

costos comunes aplicados (Ar) applied overhead

costos o gastos controlables controllable costs

costoso   (Ar) pricey

cota bursátil más alta   (Sp) top out

cotización   contribution, quotation (Mex) benchmark

cotización del mercado libre (Mex) open-market rates

cotización en el mercado (Sp) market value

cotización en una bolsa de valores listing

cotización firme   firm quote

cotización mínima   (Sp) low quote

cotizacion máxima high quote
cotización sólida firm quote
cotizar (Sp) list
cotizarse (Sp) trade
cotizarse en la bolsa going public
covarianza covariance
crecimiento accretion, appreciation, expansion, inflation
crecimiento cero (Mex) no-growth
crecimiento cero de la población (Ven) zero population growth (ZPG)
crecimiento de población nulo (Ar) zero population growth (ZPG)
crecimiento demográfico cero (Ch) (Mex) zero population growth (ZPG)
crecimiento desbalanceado unbalanced growth
crecimiento descquilibrado (Ar) (Ven) unbalanced growth
crecimiento económico economic growth
crecimiento económico cero zero economic growth
crecimiento nulo (Mex) no-growth
crédito credit, dcbt
    (Ar) claim
crédito a plazo (Sp) term loan
crédito al por menor retail credit
crédito alto high credit
crédito autorrenovable (Sp) revolving credit
crédito comercial deferred payments, trade credit
crédito consolidado consolidation loan
crédito cruzado (Sp) swap
crédito de energía residencial (Ar) (Ven) residential energy credit
crédito de impuesto energético energy tax credit
crédito de jubilación diferida deferred retirement credit
crédito de pago constante constant-payment loan
crédito de proveedores deferred payments
crédito diferido deferred credit
crédito económico easement
crédito fiscal tax credit
crédito hipotecario con tasa renegociada (Ch) renegotiated rate mortgage (RRM)
crédito hipotecario de la Asociación de Viviendas Federal FHA mortgage loan
crédito hipotecario de pagos progresivos (Ar) graduated payment mortgage (GPM)
crédito impositivo tax credit
crédito mercantil goodwill (Mex) reputation
crédito para energía de uso doméstico (Mex) residential energy credit
crédito por cuidado de niños y dependientes child and dependent care credit
crédito por participación en riesgo (Sp) venture capital
crédito renovable revolving credit
crédito renovable automáticamente (Sp) revolving credit
crédito rotatorio revolving credit
crédito superior high credit
créditos a corto plazo (Mex) accounts receivable
créditos diferidos (Sp) unearned income (revenue)
créditos dudosos (Sp) bad debt
cresta de una gráfica (Sp) peak
crisis (Sp) setback
crisis económica slump
crisis económica de 1929 Great Depression
criterio basis
    (Sp) judgment
cruzar cross
"cuadrar" una cuenta (Mex) tally
cuadratura (Ch) reconciliation
cuadro de demanda (Ven) demand schedule
cuadro descriptivo index
cualidad quality
cualquier aparato mecánico

(Ven) widget

cuarto mercado (Ar) (Mex) fourth market

cuasicontrato implied contract, quasi contract

cubierta cover, covered option

cubrir cover

cubrir aguas (Sp) top out

cubrir una posición corta buy in

cuenta account, bill, reckoning, tally

cuenta a plazo fijo (Sp) time deposit

cuenta abierta open account

cuenta administrada managed account

cuenta asegurada insured account

cuenta bloqueada frozen account

cuenta cerrada closed account

cuenta congelada frozen account

cuenta conjunta joint account

cuenta contable account statement

cuenta corriente drawing account, open account

cuenta corriente a la vista demand deposit

cuenta corriente/hipotecaria especial (Ven) negotiable order of withdrawal (NOW)

cuenta custodial custodial account

cuenta de ahorro a la vista con interés (Ven) negotiable order of withdrawal (NOW)

cuenta de capital capital account

cuenta de confiscación impound account

cuenta de contrapartida (Ar) contra-asset account

cuenta de control control account

cuenta de crédito rotatorio revolving charge account

cuenta de custodia custodial account

cuenta de cheques con intereses negotiable order of withdrawal (NOW)

cuenta de embargo (Mex) impound account

cuenta de fideicomiso (Ven) trust account

cuenta de gastos expense account

cuenta de gastos de representación (Ven) expense account

cuenta de impuestos y préstamos (Mex) tax and loan account

cuenta de jubilación individual individual retirement account (IRA)

cuenta de la casa house account

cuenta de la empresa house account

cuenta de margen margin account

cuenta de orden (Ar) (Ven) suspense account

cuenta de pérdidas y ganancias (Sp) profit and loss statement (P&L)

cuenta de resultados income statement (Sp) profit and loss statement (P&L)

cuenta del balance real account

cuenta diferida deferred account

cuenta económica (Ar) real account

cuenta en suspenso (Sp) suspense account

cuenta fiduciaria trust account

cuenta indistinta (Sp) (Ven) joint account

cuenta mancomunada joint account

cuenta nominal nominal account

cuenta para operaciones de bolsa a crédito (Sp) margin account

cuenta patrimonial de propietarios de viviendas homeowner's equity account

cuenta personal (Mex) drawing account

cuenta puente (Ch) suspense account (Ven) over (short)

cuenta saldada closed account

cuenta sin límite de depósito y reembolso (Mex) super NOW account

cuenta suspensiva suspense
account
cuenta "T" (Ch) T-account
cuenta transitoria (Sp) suspense
account
cuentas a cobrar accounts
receivable
cuentas cruzadas contra-asset
account
cuentas de clientes accounts
receivable
cuentas de ingresos income
accounts
cuentas de orden contra-asset
account
cuentas de proveedores accounts
payable
cuentas por cobrar accounts
receivable
cuentas por pagar accounts payable
cuerpo de la herencia (Ch) estate
cuerpo directivo directorate,
management
cuidado attention
cumplimiento
(Ar) (Ven) fulfillment,
performance
cumplimiento de una obligación
(Ch) satisfaction of a debt
cumplimiento específico specific
performance
cuota quota, share
(Ch) installment
(Mex) rate
cuota de importación import quota

cuota de mercado (Sp) market
share
cuota mortuaria (Ch) death benefit
cupo (Sp) quota
cupón a largo plazo (Ven) long
coupon
cupones separados (Sp) strips
curador tutor
cursiva italic
curso ordinario de los negocios
ordinary course of business
curva atípica backward-bending
supply curve
curva de costo marginal marginal
cost curve
curva de demanda demand curve
curva de la demanda demand
schedule
**curva de la relación entre la
demanda y precio** (Ar) demand
curve
curva de Phillip
(Ar) (Ven) Phillip's curve
curva de posibilidad de producción
production-possibility curve
curva de rendimiento yield curve
curva de rendimiento inverso
inverted yield curve
curva de rendimiento positiva
positive yield curve
curva de rentabilidad (Sp) yield
curve
curva en J (Mex) J-curve
custodia custody, safekeeping
custodio custodian

CH

chanchullo (Mex) payola
cheque check
cheque aprobado certified check
cheque certificado certified check, registered check
cheque confirmado certified check
cheque de caja cashier's check
cheque de gerencia (Ven) cashier's check
cheque de paga paycheck
cheque de salario paycheck
cheque de tercera parte third-party check
cheque interno internal check
chequera (Mex) check register

D

dádiva (Ven) gift
daño loss
daño doloso contra bienes muebles
(Ven) malicious mischief
daño irreparable irreparable
damage
daños damages
daños efectivos (Sp) actual damages
daños fijados por contrato
liquidated damages
daños imprevistos incidental
damages
daños incidentales incidental
damages
daños indirectos o incidentals
(Ven) incidental damages
daños nominales nominal damages
daños punitivos punitive damages
daños reales actual damages
daños y perjuicios por despido
(Ar) (Ven) severance damages
dar produce
dar cuenta y razón account
dar en prenda (Sp) pledge
dar fe (Sp) attest
dar fianza bond
dar finiquito balance
dato credit
datos data
datos de series temporales
(Ven) time series data
datos por series cronológicas
(Ar) time series data
datos sin procesar raw data
de acuerdo a lo especificado
by the book
de baja calidad low-grade
de baja ley (Ch) low-grade
de baja tecnología (Ar) low-tech
de casa en casa house to house
de costa afuera (Ven) offshore
de entrada en vigor
(Ven) effective date
de forma habitual consistency

de importancia estadística
(Ven) statistically significant
de impuestos diferidos tax deferred
de intensa mano de obra labor
intensive
de mar adentro offshore
de medio tiempo (Ven) part-time
de papel (Sp) paper
de poca tecnología (Ch) low-tech
de precio elevado (Ven) pricey
de un año a la fecha
(Mex) year-to-date (YTD)
debenture (Ar) debenture
deber accountability, duty
deberes load
debitar charge, debit
débito charge, debit
decidir (Mex) settle
decisión judgment, resolution
decisión tributaria
(Ven) revenue ruling
declaración declaration, deposition,
disclosure, statement
declaración a priori a priori
statement
declaración de edad falseada
(Mex) misstatement of age
declaración conjunta del impuesto
sobre la renta joint return
declaración de fideicomiso
declaration of trust
declaración de impacto ambiental
environmental impact statement
(EIS)
declaración de impuestos
tax return
declaración de impuestos
consolidada consolidated tax
return
declaración de impuestos estimados
declaration of estimated tax
declaración de impuestos modificada
amended tax return
declaración de ingresos retenidos

retained earnings statement

declaración de renta fija fixed
income statement

declaración del capital de los socios
(Ar) (Ven) statement
of partners' capital

declaración del cierre closing
statement

**declaración del impuesto sobre la
renta** income tax return

**declaración del propósito de una
emisión de valores**
registration statement

declaración errónea
misrepresentation

declaración falsa misrepresentation

declaración fiscal (Sp) tax return

declaración fraudulenta
fraudulent misrepresentation

declaración impositiva
(Sp) tax return

declaración informativa
(Ch) information return

declaración jurada affidavit
(Ven) deposition

**declaración sobre impuestos
conjunta** joint return

declarar declare

decomiso embargo, forfeiture

decretar declare

decreto order

dedicación dedication

dedicación a uso público
dedication

dedicado al oro goldbug

deducción deduction, recoupment

deducción de impuestos
(Sp) tax deduction

deducción fija standard
deduction

deducción fiscal tax deduction
(Sp) tax credit

deducción impositiva tax
deduction

deducción impositiva matrimonial
marital deduction

deducción por depreciación
allowance for depreciation

deducciones de nómina payroll

deductions

deducciones del cheque de salario
payroll deductions

deducciones detalladas itemized
deductions

deducible (Ven) tax deductible

deducible de la utilidad imponible
(Ar) tax eductible

**deducible de los aportes de los
empleados** (Ar) deductibility
of employee contributions

deducible para efectos contributivos
tax deductible

defecto de título title defect

defecto legal (Ar) legal wrong

defecto oculto latent defect

defectuoso(a) defective

defensa pleading

defensa de litigio contra asegurado
defense of suit against insured

defensa de política quemada
(Ven) scorched-earth defense

defensor del pueblo
(Ar) (Ven) ombudsman

defensor(a) (por lo civil)
defendant

deficiencia deficiency

déficit deficiency, deficit, gap,
shortfall

déficit (superávit) commercial trade

déficit federal federal deficit

déficit neto de títulos valores
(Ar) short interest

definicción de celda cell definition

deflación deflation, disinflation

defraudación defalcation

degradación attrition, debasement

dejar a salvo hold-harmless
agreements, hold harmless
clause

dejar de cumplir break

dejar vacante vacate

del muelle al sitio de entrega
(Ven) pier to house

delegación de voto (Sp) proxy

delegado delegate

delegante (Sp) principal

delegar delegate

delincuente delinquent

delito menor misdemeanor
demanda demand
 (Mex) petition
demanda cíclica cyclical demand
demanda coyuntural
 (Ar) cyclical demand
demanda de cobertura
 complementaria (Sp) margin
 call
demanda de indemnización por
 siniestro claim
demanda de mercado market
 demand
demanda derivada derived demand
demanda global aggregate demand
demanda inducida derived demand
demanda primaria primary
 demand
demandado asked, defendant
 (Ch) (Ven) respondent
demandante plaintiff
demandar demand
demérito (Mex) wear and tear
demográfica demographics
demolición demolition
demora demurrage
denegación disclaimer
denominación denomination
densidad density
dentro de los límites del estado
 (Ar) blue-sky law
departamento department
departamento de investigación
 research department
departamento de personal
 (Mex) human resources,
 personnel department
departamento de recursos humanos
 (Ven) personnel department
departamento de relaciones de
 inversionistas investor
 relations department
departamento de servicio
 service department
departamento fiduciario o de
 fidcicomiso bancario bank
 trust department
dependencias (Ch) premises

dependiente dependent
deponer (Sp) attest
deposición deposition
depositar deposit, file
depositar en el banco bank
depositario bailee
 (Sp) receiver, trustee
 (Mex) escrow agent
depositario de bienes en custodia
 (Mex) bailee
depósito bailment, deposit,
 safekeeping, stockroom,
 warehouse
 (Ven) earnest money
depósito a la vista demand
 deposit
depósito a plazo time deposit
depósito a término (Sp) time
 deposit
depósito de archivos archive
 storage
depósito de buena fe good-faith
 deposit
depósito de garantía security
 deposit
 (Ar) good-faith deposit
depósito disponible demand
 deposit
depósito en tránsito deposition
 transit
depreciación debasement,
 depreciation
depreciación acelerada
 accelerated depreciation
depreciación acumulada
 (Ch) allowance for depreciation
 (Ch) (Sp) accumulated
 depreciation
depreciación adicional del primer
 año (tributario)
 (Ch) additional first-year
 depreciation (tax)
depreciación combinada
 composite depreciation
depreciación de primer año
 first-year depreciation
depreciación económica
 economic depreciation

depreciación física physical
  depreciation
depreciación irreparable
  (Ven) incurable depreciation
depreciación material
  (Sp) physical depreciation
**depreciación/amortización
  remediable** curable depreciation
depreciación sobre el saldo
  (Ar) declining-balance method
depreciar depreciate
depresión depression, slump
depresión económica
  (Mex) recession
derecho charge
  (Ch) law, title
derecho (hipotecario) de rescate
  equity of redemption
derecho a recibir un pago claim
derecho adjetivo adjective law
derecho administrativo
  administrative law
derecho antimonopólico
  (Ar) antitrust laws
derecho beneficioso beneficial
  interest
derecho civil civil law
derecho comercial commercial
  law
derecho común common law
derecho consuetudianario
  (Ven) common law
derecho contingente o compensatorio
  (Ven) contingent fee
derecho de acceso access right
derecho de acción chose in action
derecho de cambio
  commutation right
derecho de devolución right of
  return
derecho de dominio absoluto
  freehold (estate)
derecho de dominio pleno
  (Ar) fee simple or fee simple
  absolute
derecho de ejecución hipotecaria
  right of redemption
derecho de explotar minas
  mineral rights

derecho de expropiación
  eminent domain
**derecho de garantía sobre un
  bien inmueble**
  (Ar) encumbrance
derecho de importación tariff
**derecho de opción a adquirir
  acciones en la empresa**
  (Ar) employee stock option
derecho de pago total
  commutation right
derecho de paso right-of-way
derecho de patente (Sp) royalty
derecho de prelación right of
  first refusal
derecho de propiedad property
  rights, proprietorship
**derecho de recuperar el bien
  ejecutado** (Ar) equity of
  redemption
derecho de rescisión right of
  rescission
derecho de retención lien
derecho de retracto (Sp) right
  of redemption
derecho de supervivencia right
  of survivorship
derecho de suscripción
  subscription right
derecho de uso easement
derecho de usufructo
  beneficial interest
  (Ar) (Ch) (Ven) usufructuary
  right
**derecho de vender un inmueble
  para satisfacer una deuda**
  security interest
derecho de voto voting right
derecho especial de giro
  (Sp) special drawing rights (SDR)
derecho internacional
  international law
derecho legal legal right
derecho mercantil mercantile law
derecho prendario (Sp) lien
derecho procesal adjective law
derecho subjetivo (Ven) legal
  right
derechohabiente beneficiary

derechos fee
derechos aéreos air rights
derechos de almacenamiento
    demurrage
derechos de autor copyright
derechos de desarrollo de
    transferencia (Ven) transfer
    development rights
derechos de ejecución de
    transferencia (Ar) transfer
    development rights
derechos de explotación de un
    raspaso (Mex) transfer
    development rights
derechos de los marginales
    (Ar) squatter's rights
derechos de posesión tenure
derechos de prioridad de compra
    de nueva emisión de acciones
    preemptive rights
derechos de propiedad property
    rights
derechos de tasación
    (Ch) appraisal rights
derechos de un colono usurpador
    (Ch) squatter's rights
derechos de valuación appraisal
    rights
derechos del accionista
    (Ar) appraisal rights
derechos reales (Sp) property tax
derechos sobre la propiedad que
    tiene el arrendatario
    leasehold
derivado/secundario (efecto)
    (Ar) spillover
derogar (Mex) abrogate
derrama (Ar) (Sp) apportionment
derramamiento (Ven) spillover
derrame (Ch)) spillover
derrochar waste
derroche waste
derrota/destrucción total
    (Ch) wipeout
derrumbe demolition
desaceleración (Ven) slowdown
desactivar deactivate
desacuerdo discrepancy
desahucio ejectment, eviction

desajuste gap
desalojamiento (Ch) eviction
desalojamiento constructivo
    (Ch) eviction, constructive
desalojamiento efectivo
    (Ch) eviction, actual
desalojamiento parcial
    (Ch) eviction, partial
desalojar (Mex) dispossess
desalojo (Mex) (Ven) eviction
desalojo constructivo
    (Ar) constructive eviction
desalojo efectivo (Mex) actual
    eviction
desalojo parcial
    (Ar) (Mex) partial eviction
desalojo real (Ar) actual eviction
desarrollar development,
    expansion, work out
desarrollo de marca brand
    development
desarrollo de producto brand
    development
desarrollo institucional
    (Ar) organization development
desarrollo organizativo
    organization development
desbordamiento overflow
    (Ven) spillover
descapitalizarse (Ven) rundown
descarga unloading
descargar discharge, release,
    download
descargo discharge, release
descendencia descent
descentralización decentralization
descomercialización demarketing
desconectado off-line
descongelar unfreeze
descontar discount, draw
    (Sp) rebate
descripción description
descripción de cargo
    (Ch) (Ven) job description
descripción de puestos
    (Mex) job description
descripción de trabajo job
    description
descubierto (Ar) deficit

descubrimiento discovery
descuento abatement, discount,
  markdown, rebate
descuento de bono bond
  discount
descuento de caja (Mex) cash
  discount
descuento de consumo de capital
  capital consumption allowance
descuento de distribución
  distribution allowance
descuento de emisión original
  original issue discount (OID)
descuento de facturas factoring
descuento en efectivo cash
  discount
descuento hipotecario mortgage
  discount
descuento no devengado
  unearned discount
descuento por grandes cantidades
  (Ven) quantity discount
descuento por manejo handling
  allowance
descuento por pago al contado
  cash discount
descuento por pago en efectivo
  cash discount
descuento por volumen volume
  discount
  (Mex) quantity discount
**descuento por volumen de
  mercancías** (Ar) (Ch) (Mex)
  volume
  merchandise allowance
descuento por/de promoción
  promotional allowance
descuento sobre bonos
  (Ven) bond discount
descuento sobre cantidad
  quantity discount
descuento vertical
  (Ar) (Ven) vertical discount
**descuentos de la planilla de
  remuneraciones** (Ch) payroll
  deductions
deseconomías diseconomies
desechos (Ch) waste

desembargar discharge
desembolsar pay
desembolso disbursement,
  expense
desembolso de caja o de efectivo
  cash disbursement
desembolso nacional bruto
  gross national expenditure
desempeño execution
  (Sp) performance
desempleo unemployment
desempleo cíclico cyclical
  unemployment
desempleo estructural structural
  unemployment
desempleo friccional frictional
  unemployment
desempleo involuntario
  involuntary unemployment
desempleo irreductible
  frictional unemployment
desempleo tecnológico
  technological unemployment
desequilibrio gap
desfalco defalcation, peculation
  (Mex) embezzlement
desgaste natural (Sp) wear and
  tear
desgaste normal o por uso normal
  (Ven) normal wear and tear
desglose (Ven) analysis
desgravable (Ven) tax deductible
desgravación fiscal exemption
  (Sp) tax deduction
desgravación hipotecaria
  (Ar) (Mex) mortgage relief
deshaucio efectivo (Mex) actual
  eviction
deshaucio o desalojo implícito
  (Mex) eviction, constructive
desheredación escheat
deshonra dishonor
deshonrar dishonor
designación (mercancías)
  description
desindustrialización
  deindustrialization
desinflación disinflation

desistimiento disclaimer
desmantelar (Mex) breakup
desmonetización demonetization
desmoralizar demoralize
desocupación (Ven) unoccupancy
despachador dispatcher
despacho bureau
despedida de trabajadores
   (Ch) lay off
despedir discharge
despedir a un empleado lay off
desperdiciar (Sp) waste
desperdicios waste
despido dismissal
despido del trabajo (Mex) lay off
despido disciplinario de
   trabajadores disciplinary
   layoff
despilfarrar (Sp) waste
despilfarro boondoggle
   (Sp) waste
desplazamiento eviction, shift
desplome dumping
desposeer dispossess
desposesión divestiture, eviction
desregulación deregulation
destajo piece work
destinar (Ven) allocate
destinatario consignee
destitución discharge, dismissal
destreza manual (Ch) manual skill
destrucción demolition
desuso (Sp) obsolescence
desvalorización depreciation
desvalorizar depreciate
desviación discrepancy
desviación estándar standard
   deviation
desviación típica (Sp) standard
   deviation
desvío de fondos embezzlement
detalle (Sp) retail
detallista afiliado affiliated
   retailer
detallista especializado specialty
   retailer
detector de tiburones
   (Mex) shark watcher

detener el pago stop payment
deterioro damages, wear and tear
deterioro normal normal wear
   and tear
deterioro por uso (Mex) wear
   and tear
determinación de ingresos promedio
   (Ar) income averaging
determinado (Ch) locked in
determinar (Mex) settle
deuda debt, liability
   (Mex) debenture
deuda a corto plazo short-term
   debt or short-term liability
deuda a largo plazo
   (Mex) long-term debt or long-
   term liability
deuda afianzada funded debt
   (Ven) bonded debt
deuda asegurada (Sp) secured
   debt
deuda circulante (Mex) floating
   debt
deuda consolidada bonded debt,
   funded debt
deuda de rango superior senior
   debt
deuda efectiva effective debt
deuda en bonos bonded debt
deuda en obligaciones bonded
   debt
deuda flotante/a corto plazo
   floating debt
deuda fundamental
   (Ch) underlying debt
deuda garantizada secured debt
deuda hipotecaria mortgage debt
deuda impaga arrears
deuda nacional bruta gross
   national debt
deuda o crédito incobrable bad
   debt
deuda per cápita per-capita debt
deuda precedente
   (Mex) underlying debt
deuda principal (Sp) senior debt
deuda respaldada (Sp) secured
   debt

deuda saldada liquidated debt
deuda sin garantía unsecured
 debt
deuda subordinada subordinate
 debt
deuda subyacente
 (Ar) (Ven) underlying debt
deudas a corto plazo current
 liabilities
deudas a corto plazo
 (Mex) accounts payable
deudor debtor, obligee
deudor determinado por sentencia
 (Ar) judgment debtor
deudor hipotecario mortgagor
deudor moroso
 (Mex) (Ven) deadbeat
deudor(a) judicial judgment debtor
deudores diversos accounts
 receivable
deudores morosos/ fallidos
 (Sp) bad debt
devaluación devaluation
devengado y no pagado
 (Ven) outstanding
devengamiento modificado
 (Ch) modified accrual
devengar accrue
devolución (Mex) restitution
 (Sp) refund, return
devolución de una herencia al
 estado escheat
devoluciones (Mex) returns
devoluciones y rebajas de las ventas
 (Ch) (Mex) (Ven) sales
 returns and discounts
devolver (Sp) refund
día comercial (Sp) business day
día de negocios business day
día de pago pay day
día hábil business day
día laborable business day
diagrama arbóreo (Ar) tree
 diagram
diagrama de árbol
 (Ch) (Ven) tree diagram
diagrama de dispersión
 (Ar) (Mex) (Ven) scatter
 diagram

diagrama de flujo flowchart
diagrama de lotes o terrenos
 (Ven) plot
diagrama de planta (Ar) floor plan
diagrama de secuencia flowchart
diario diary, general journal,
 journal
diario de caja registro de caja
 (Mex) cashbook
diario de ventas (Sp) sales
 journal
diario general general journal
dictamen con salvedad
 (Ch) "except for" opinion
dictamen con salvedades
 (Mex) qualified opinion
dictamen desfavorable
 (Ven) adverse opinion
dictamen jurídico (Ven) legal
 opinion
dictamen/informe del auditor
 (Ar) accountant's opinion
dictaminar enjoin
difamación slander
difamatorio libel
diferencia gap, shortfall
diferencia de rendimiento yield
 spread
diferencia permanente
 permanent difference
dificultad impasse
 (Ven) setback
difusión exposure
dígito de comprobación
 (Ven) check digit
dígito de control check digit
dígito de verificación check digit
dígitos eliminados digits deleted
dígitos suprimidos digits
 deleted
dilución dilution
dilución de capital dilution
dimensiones girth
dimisión (Mex) dismissal
dinero hard cash, money
dinero ajeno (Ch) (Mex) other
 people's money
dinero caro (Sp) tight money
dinero contante y sonante hard

cash
dinero disponible   good money
dinero efectivo   hard money
dinero en circulación
   (Ven) currency in circulation
dinero escaso   (Sp) tight money
dinero fácil   easement
dinero fresco   (Mex) new money
dinero iniciador   (Ar) seed
   money
dinero líquido   hard money
dinero no convertible
   inconvertible money
dinero nuevo   (Ch) new money
dinero para gastos personales
   spending money
dinero por delante   front money
diplomacia   diplomacy
dirección   (Sp) management
dirección de correo electrónico
   email address
dirección de Internet   web address
dirección de protocolo de Internet
   internet protocol (IP) address
dirección de recursos humanos
   human resources management
   (HRM)
dirección electrónica   email address
dirección general   (Ven) directorate
dirección general (en ministerios)
   (Sp) agency
dirección por contacto
   (Sp) management by walking
   around (MBWA)
director   director, principal
   (Sp) manager
director de agencia
   (Ar) (Mex) (Ven) branch
   office manager
director de (agencia) urbana
   (Sp) branch office manager
director de comercialización
   marketing director
   (Ar) merchandising director
director de departamento
   (Sp) vice-president
director de mercadeo
   (Ch) merchandising director
director de mercadotecnia

(Mex) marketing director
director de sucursal   branch
   office manager
director externo   (Ven) outside
   director
director general   (Sp) president, CEO
director general de finanzas
   chief financial officer
director general de la empresa
   chief executive officer
director general de operaciones
   (Mex) chief operating officer
directorio   board of directors
dirigente   executive, leader
dirigir   control, order
   (Sp) manage
dirimir   (Sp) settle
discado digital aleatorio
   (Ar) (Ven) random-digit dialing
discernimiento   discrimination
discreción   discretion
discrepancia   discrepancy
discriminación   discrimination
discriminación de edad   age
   discrimination
diseñador   drawer
diseño   plat
diseño de paquete   package design
disimular   holdback
disintermediación
   disintermediation
disminución   shrinkage
   (Ar) depletion
   (Sp) rebate
disminución de la capacidad de
   trabajo   burnout
disminución esperada   shrinkage
disminución progresiva   degression
disolución   breakup, dissolution
disolver   breakup
dispensa   exemption
disponer por testamento   devise
disponibilidad   (Mex) cash reserve
   (Sp) liquidity
disponibilidades monetarias
   (Ven) money supply
disposición   facility
disposición con fecha de expiración
   (Ar) sunset provision

disposición de pago ability to play
disposición de redención
(Mex) call feature
disposición legal que protege
derechos adquiridos
grandfather clause
disposición transitoria
(Ven) sunset provision
disposiciones testamentarias de
bienes inmuebles devise
dispositivo (Ven) widget
dispositivo móvil mobile device
distinción discrimination
distracción de fondos
(Ven) peculation
distribución apportionment,
array, delivery, distribution
(Ar) occupancy
distribución abierta open
distribution
distribución de beneficios
(Sp) appropriation
distribución de ingresos generales
general revenue sharing
distribución de suma alzada
(Ch) lump-sum distribution
distribución equitativa
equitable distribution
distribución global lump-sum
distribution
distribución limitada limited
distribution
distribución primaria primary
distribution
distribución secundaria
secondary distribution
distribución selectiva selective
distribution
distribuidor dealer, distributor, issuer
distribuir distribute
(Ven) allocate
distrito comercial central (DCC)
central business district (CBD)
distrito residencial residential
district
divergente (Mex) snowballing
diversificación diversification
diversificación de precios
(Sp) price lining

divida contable (Ar) reporting
currency
dividendo dividend
dividendo acumulado
accumulated dividend
dividendo acumulativo
cumulative dividend
dividendo adicional extra dividend
dividendo de fin de año year-end
dividend
dividendo de liquidación
liquidation dividend
dividendo en acciones stock
dividend
dividendo en efectivo cash
dividend
dividendo ilegal illegal dividend
dividendo no pagado passed
dividend, unpaid dividend
dividendo omitido passed
dividend, omitted dividend
dividendo pasivo (Sp) assessment
dividendo preferente
(Sp) preferred dividend
dividendo preferido preferred
dividend
dividendos extraordinarios
extraordinary dividends
dividendos impagos
(Ar) accumulated dividend
dividendos por pagar dividends
payable
divisas devise, foreign exchange
divisas en circulación currency
in circulation
división split
división administrativa bureau
división de ingresos income splitting
división del trabajo dividends
payable
division of labor dividends
payable
divulgación disclosure, exposure
divulgación total full disclosure
doble disminuición de saldo
double declining balance
doble empleo con miras de obtener
dos pensiones (Ar) double-dipping
doble gravamen double taxation

doble imposición double
taxation

doble impuesto fiscal double
taxation

doble inmersión (Mex) double-
dipping

doble precisión (Mex) double
precision

doble tributación
(Ch) (Ven) double taxation

**doble (triple) indemnización por
daños y perjuicios** double
(treble) damages

documentación documentation,
instrumentality

documentación de respaldo
(Ch) documentary evidence

documentación de transporte
instrumentalities of transportation

documentación financiera
financial statement

documento instrument, paper
(Mex) indenture
(Sp) title

documento a favor
(Ar) accommodation paper

documento cambiario aceptado
trade acceptance

documento de crédito draft

documento de crédito descontable
eligible paper

documento de emisión de bonos
(Ar) indenture

documento de garantía especial
(Mex) (Ven) special warranty

documento de título muniment
of title

documento falsificado forgery

documento negociable paper

documento por cobrar
note receivable

documento por pagar note payable

documento probatorio
documentary evidence

documentos comerciales
(Mex) commerical papers

**documentos de bienes muebles o
mobiliarios** chattel paper

documentos en pago
(Mex) chattel paper

documentos externos external
documents

documentos negociables
(Sp) negotiable instruments

dólares constantes constant
dollars

dólares corrientes current dollars

dólares estables hard dollars

dólares fuertes hard dollars

dolo fraud

domiciliar domicile

domicilio domicile

domicilio principal
(Ch) principal residence

dominio property

dominio absoluto
(Ar) freehold (estate)

dominio eminente eminent domain

dominio público public domain

donación bequest, gift

donación vencida (Ar) matured
endowment

donador donor

donante donor, grantor

donar bequeath

donatario grantee

dotación appropriation,
endowment, grant

dotar appropriate

dote dower, dowry
(Mex) gift

dueño landlord

dueño-operador owner-operator
deed

duplicación de beneficios
duplication of benefits

duplicado de carta de porte
(Sp) waybill

E

easy money   easement
ecológico   environmentally friendly,
   ecological
econometría   econometrics
economía   economics, economy
economía abierta   open economy
economía aplicada   applied
   economics
economía basada en los servicios
   (Ch) (Ven) service economy
economía cerrada   closed economy
economía clandestina   underground
   economy
economía controlada   controlled
   economy
   (Ven) command economy
economía de control   command
   economy
economías de escala   economies of
   scale
economía de mercado   market
   economy
economía de oferta   supply-side
   economics
economía de puro mercado
   (Ar) pure-market economy
economía dirigida
   managed economy
   (Ar) controlled economy
   (Mex) command economy
economía madura   mature economy
economía mixta   mixed economy
economía neoclásica
   (Ar) (Ch) neoclassical economics
economía normativa   normative
   economics
economía planificada   managed
   economy, planned economy
economía política   economics
economía tradicional
   (Ar) (Ch) (Ven) traditional
   economy
económico   economic
economista   economist

ecuación contable   accounting
   equation
edad de jubilación   (Ch) retirement
   age
edad de retiro   retirement age
edad de retiro normal   (Ar) normal
   retirement age
edad falsa   (Ar) misstatement of age
edad normal de jubilación
   (Ch) (Mex) normal retirement
   age
edades de retiro múltiples
   multiple retirement ages
edificación de terrenos   land
   development
educación continua/enseñanza
   continua   continuing education
educación permanente
   (Ar) continuing education
efectivo   cash, hard cash
efecto a la vista   (Sp) sight draft
efecto cambiario   draft
efecto cascada   (Sp) pyramiding
efecto de bola de nieve
   (Ven) snowballing
efecto de espejismo
   (Ar) (Ven) halo effect
efecto de ingreso   income effect
efecto de sustitución   substitution
   effect
efecto halo   (Mex) halo effect
efecto vencido   due bill
efecto(s) por cobrar   (Ven) note
   receivable
efecto(s) por pagar   (Ven) note
   payable
efectos   (Ven) paper
efectos de comercio
   (Ch) commercial paper
efectos de comercio
   (Sp) negotiable instruments
efectos de favor
   (Sp) accommodation paper
efectos externos o internos

(Ven) spillover
efectos fiscales grantor trust
efectos redescontables
  (Ven) eligible paper
eficacia de costos cost-effectiveness
eficiencia efficiency
eficiencia marginal de capital
  marginal efficiency of capital
egreso disbursement
ejecución execution, fulfillment,
  performance
  (Mex) run
ejecución de hipotecaria
  (Ar) foreclosure
ejecución fiscal tax foreclosure
ejecución por embargo de bienes
  inmuebles embargo
ejecutado executed
ejecutar execute
ejecutivo executive
ejecutivo dc cuenta (Ch) account
  executive
ejecutivo dc publicidad
  (Mex) account executive
ejecutor testamentario executor
ejecutorio executive, executory
ejemplo de cuota (Ar) quota,
  sample
ejercer exercise
ejercer un gasto expense
ejercicio exercise
  (Ch) period, accounting period
ejercicio (de funciones) execution
el más alto y de mejor uso highest
  and best use
el plazo es de esencia time is of
  the essence
elaboración manufacture
elaboración por lotes o por series
  batch processing
elaborar manufacture, work out
elasticidad de precios price
  elasticity
elasticidad unilateral unitary
  elasticity
elección alternada
  (Ar) (Ven) staggered election
elección entre grupos
  (Mex) staggered election

electrodomésticos white goods
elegir elect
elemento de ahorros savings
  element
elementos comunes common
  elements
eliminación automática automatic
  checkoff
eliminación de restricciones
  (Ar) deregulation
emancipación emancipation
embalaje de plástico de burbuja
  (Ven) blister packaging
embalaje/envase de plástico
  blister packaging
embalaje/envase defraudador
  deceptive packaging
embalaje/envase engañoso
  (Ven) deceptive packaging
embarcadero a casa (Ar) pier to
  housc
embargado garnishee
cmbargar cmbargo, garnish, levy
embargar (mercancías) impound
embargo attachment, embargo,
  injunction, levy
embargo (de un bien hipotecado)
  foreclosure
embargo de bienes garnishmcnt
embargo de terceros garnishment
embargo fiscal (Mex) tax selling
embargo preventivo (Sp) lien
embarque (Mex) lading
embarque directo drop-shipping
embaucamiento confidence game
emisión (de eurodólares, etc.)
  floater
emisión de cheques sin fondos
  check-kiting
emisión de gran demanda
  (Ar) hot issue
emisión mas allá de lo permitido
  overissue
emisión menor (de acciones o
  bonos) (Ch) junior issue
emisión prevendida presold issue
emisión subordinada (Ar) junior issue
emisiones de acciones de alta
  cotización hot issue

emisiones maduras
(Ven) seasoned issue
emisor issuer
emisor de opción (Sp) writer
emitido y en circulación issued
and outstanding
emitir float, issue
empadronado respondent
empaque engañoso
(Mex) deceptive packaging
empate (en las votaciones) draw
empeñar hypothecate
empeño pledge
empeoramiento único (Ch) unique
impairment
emplazamiento summons
emplazamiento (de un juicio)
(Mex) garnishment
empleado clerk, employee
empleado autónomo self-employed
empleado paralegal (Ven) paralegal
empleado probatorio probationary
employee
empleado público public employee
empleado que recibe receiving
clerk
empleador patrón
empleados (Sp) personnel
empleo (Ar) occupation, job
empleo de media jornada
part-time
empleo/aplicación de los fondos
(Sp) application of funds
emprendedor entrepreneur
empresa company, concern, house,
corporation, enterprise, venture
(Ch) business
empresa afiliada affiliated
company
empresa colectiva joint venture
empresa conjunta joint venture
empresa controlante (Ar) holding
company
empresa de expedición forwarding
company
empresa de servicios service
bureau
empresa de transporte
(Ar) (Ven) carrier

empresa de transporte público
(Ar) common carrier
empresa diversificada diversified
company
empresa en etapa de desarrollo
development stage enterprise
empresa fantasma (Ven) shell
company
empresa no miembro nonmember
firm
empresa pequeña small business
empresa sin incorporar pero con
acciones joint-stock company
empresa transportadora por contrato
(Ven) contract carrier
empresario entrepreneur
(Mex) manager
empréstito (Sp) loan
en circulación outstanding
en desuso (Sp) obsolescence
en efectivo cash basis
en el estado en que se encuentra
(Sp) as is
en el exterior offshore
en el interior de la empresa
in-house
en el principio at the opening
en horas de poca demanda
(Ven) off peak
en las condiciones actuales as is
en mal estado defective
en mora (Ch) arrears
(Ven) outstanding
en perpetuidad in perpetuity
encaje cash position
(Ch) reserve requirement
encarcelado (Ven) in the tank
encargar (Sp) order
encargo order
encogimiento
(Ch) (Mex) (Ven) shrinkage
encubrimiento concealment
(Mex) lapping
encuesta survey
endeudamiento debt
endosante de favor accommodation
endorser, maker or party
endoso collateral, endorsement or
indorsement

endoso calificado (Mex) qualified
   endorsement
endoso completo (Sp) qualified
   endorsement
**endoso con exclusión de
   responsabilidad** (Sp) qualified
   endorsement
endoso condicional qualified
   endorsement
endoso de cobierta extendida
   extended coverage endorsement
endoso inflacionario inflation
   endorsement
energías renovables renewable
   energy
enfermedad de trabajo
   occupational disease
enfermcdad laboral
   (Ven) occupational disease
enfermedad ocupacional
   occupational disease
enfermedad profesional
   (Sp) occupational disease
enfoque/estrategia de costos
   cost approach
enfoque según rentas
   (Ven) income approach
enganche (Mex) downpayment
enjugar (un déficit) (Ar) wipeout
enlace link
enlace hipertextual inserto
   embedded link
enmendar amend
enmienda amendment
ensayo test
entablar encroach
**entablar y decidir un juicio
   hipotecario** (Mex) foreclosure
ente entity
ente jurídico (Sp) legal entity
entero (Sp) point
entidad entity
entidad corresponsal o financiera
   (Ar) correspondant
entidad de ahorros (Ven) thrift
   institution
entidad de financiación finance
   company
entidad legal legal entity

entrada posting
entrada en vigor (del seguro)
   (Sp) attachment
entradas income, revenue
entradas brutas (Sp) revenue
entradas netas (Sp) net income
entradas y salidas ingress and
   egress
entrar a la bolsa going public
entredicho injunction
entrega delivery, grant
entrega buena good delivery
entrega contra reembolso
   (Ar) cash on delivery (COD)
entrega en depósito (Ven) bailment
entrega en el tiempo acostumbrado
   regular-way delivery (and
   settlement)
entrega especial special delivery
entrega parcial partial delivery
entrega satisfactoria good delivery
entregar grant
entrenamiento de sensibilidad
   (Ven) sensitivity training
entrenamiento en el trabajo
   on-the-job training (OJT)
entrenamiento sobre la marcha
   (Sp) on-the-job training (OJT)
entretenimiento amenities
entrevista interview
entrevista de fondo (Ar) depth
   interview
entrevista de partida exit interview
entrevista estructurada interview,
   structured
entrevista exhaustiva depth
   interview
entrevista no estructurada
   interview, unstructured
entrevistado (Ar) respondent
entrevistar interview
enunciado de problema de ley
   (Mex) statement
enunciar express
envase primario primary package
enviar forward
enviar por exprés express
envilecimiento debasement
envío contra reembolso (ECR)

cash on delivery (COD)
epígrafe (Sp) title
equidad equity
equilibrio equilibrium, balance
equilibrio de mercado market equilibrium
equipo equipment, facility
equipo de empresa (Ch) venture team
equipo de riesgo (Ar) (Mex) venture team
equipo de trabajo (Sp) task force
equipo de trabajo especial task force
equipo de transporte rolling stock
equitativo equitable
equivalencia de rendimiento yield equivalence
equivalencia en efectivo cash equivalence
equivalente en acciones comunes common stock equivalent
equivocación error, mistake
errar make a mistake
error error, mistake
error bilateral bilateral mistake
error compensatorio compensating error
error contable accounting error
error de derecho (Ch) (Mex) mistake of law
error de escritura clerical error, write error
error de la ley (Ar) mistake of law
escala scale
escala de incentivos (Mex) incentive fee
escala de índices/coeficientes (Ven) ratio scale
escala de intervalo interval scale
escala de razón ratio scale
escala nominal nominal scale
escala ordinal ordinal scale
escala salarial wage bracket, wage scale
escala única (Ch) flat scale
escala uniforme flat scale
escalafón (Sp) scale
escalonamiento de vencimientos

staggering maturities
escarbador de vidas ajenas (Ch) muckraker
escasez scarcity, scarcity value
escasez de fondos squeeze
escasez de inventario (disminución) inventory shortage (shrinkage)
escisión spin-off
escoger elect
escribiente (Mex) clerk
escrito libel
escritorio desktop (Ven) desk
escritura (Mex) indenture
escritura con garantías de título warranty deed
escritura de constitución (Sp) statute
escritura de emisión (Sp) trust deed
escritura de fideicomiso deed of trust
escritura de guardián guardian deed
escritura de incorporación articles of incorporation
escritura de propiedad evidence of title
escritura de propiedad inmobiliaria en lugar de embargo de un bien hipotecado deed in lieu of foreclosure
escritura de propiedad inmobiliaria deed
escritura del administrador (Ar) administrator's deed
escritura especial de garantía (Ch) special warranty deed
escritura fiduciaria trust deed
escritura sin registrar unrecorded deed
escritura sobre donaciones gift deed
escritura social (Sp) charter
escritura/acta constitutiva (Mex) certificate of incorporation
escritura/acta de constitutión charter
esencial material

eslabonamiento (Ar) networking
espacio abierto (Mex) open space
espacio cibernético cyberspace
especialista specialist
especialización horizontal
horizontal specialization
especialización vertical vertical
specialization
especializado journeyman
especificación specification
especificación de trabajo job
specification
especulación stock jobbing
especulación en participación con
otros joint venture
especulador raider
(Mex) bargain hunter
(Sp) jobber
especulador a la alza bull
especulador por cuenta propia
jobber
especular (Mex) take a flier
especulativo commercial
esperanza de vida (Sp) life
expectancy
espionaje industrial industrial
espionage
espiral inflacionaria
(Mex) (Ven) inflationary spiral
espíritu de trabajo (Ar) morale
esquema de flujo de pedidos
(Ven) order flow pattern
esquema general (Ch) general
scheme
esquirol scab
(Sp) strikebreaker
estabilización stabilization
estabilización de precios price
stabilization
estabilización de precios mediante
intervención peg
estabilización salarial wage
stabilization
estabilizador automático (fiscal)
automatic stabilizers
estabilizador integrado built-in
stabilizer
estabilizador interno o automático
(Ar) built-in stabilizer

estabilizarse level out
estable firm
establecer (Mex) settle
establecer promedio hacia abajo
average down
establecer un límite máximo cap
establecer un promedio average
establecimiento premises
establecimiento de negocio start-up
establecimiento de objetivos goal
setting
establecimiento de promedio de
ingresos income averaging
establecimiento de una fecha
dating
estación de trabajo work station
estacionamiento
(Ch) (Mex) parking
estadígrafo de prueba (Mex) test
statistic
estadística (Ch) (Mex) statistic
estadística de una prueba
(Ar) (Ch) (Ven) test statistic
estadística deductiva inferential
statistics
estadística no paramétrica
nonparametric statistics
estadística T T statistic
estadísticas statistics
estadísticas descriptivas
despriptive statistics
estado footing (Ven) status
estado asistencial welfare state
estado contable consolidado
(Ar) consolidated financial
statement
estado de ánimo (Ch) morale
estado de bienestar welfare state
estado de condición statement of
condition
estado de cuenta statement
(Ar) (Ch) (Ven) account statement
estado de ganancias y pérdidas
income statement, profit and
loss statement (P&L)
estado de ingresos
(Ven) (Sp) profit and loss
statement (P&L)
(Mex) income accounts

estado de pagado   paid status

estado de resultados   (Ar) earnings report
   (Ch) income statement

estado del capital de los socios
   (Ch) statement of partners' capital

estado financiero   financial statement

estado contable comparativo
   (Ar) comparative financial statements

estado financiero interino
   (Ch) interim statement

estado financiero personal
   personal financial statement

estado financiero proyectado
   projected (pro forma) financial statement

estado interino   interim statement

estado provisional   (Ven) interim statement

estados a fechas intermedias
   (Mex) interim statement

estados contables   (Ar) financial statement

estados financieros certificados
   certified financial statement

estados financieros comparativos
   comparative financial statements

estados financieros consolidados
   consolidated financial statement

estafa   fraud, goldbrick

estancamiento   stagnation

estándar monetario
   (Mex) monetary standard

estandarte   standard

estátus   status

estatuto   bylaws, statute
   (Ch) (Mex) ordinance

estatutos de constitución
   (Sp) articles of incorporation

estilo administrativo
   (Ar) management style

estilo de administración
   (Ch) management style

estilo directivo   (Mex) management style

estimación   appraisal, estimate
   (Mex) assessment

   (Sp) appropriation

estimador   appraiser, estimator

estimador no sesgado   unbiased estimator

estimar   appraise, assess, budget

estímulo fiscal   (Mex) tax incentive

estipendiario   stipend, stipendiary

estipendio   stipend, stipendiary

estipendio por manipulación
   (Ar) handling allowance

estipulación   stipulation

estipulación/disposición de cambio de beneficiario   change of beneficiary provision

estipulación restrictiva   restrictive covenant

estocástico   stochastic

estorbo   nuisance

estratagema para reducir o aplazar la carga impositiva   tax shelter

estratagemas para adornar
   window dressing

estrategia   strategy

estrategia competitiva   competitive strategy

estrategia de captación
   (Mex) milking strategy

estrategia de diferenciación
   differentiation strategy

estrategia de fragmentación
   (Mex) segmentation strategy

estrategia de inversion   investment strategy

estrategia de segmentación
   segmentation strategy

estrategia de segmento
   segmentation strategy

estrategia para sacar provecho/ beneficio de algo
   (Ch) milking strategy

estructura   structure

estructura corporativa   corporate structure

estructura de administración y gobierno   (Sp) organization

estructura de capital compleja
   complex capital structure

estructura del capital   capital structure

estructura financiera financial
structure
estructura histórica historical
structure
estructura institucional
(Ar) organization structure
estructura organizativa
organization structure
estructuras accesorias
appurtenant structures
estudiar study
estudio analysis, research, review
(Sp) survey
estudio analítico analytical review
**estudio antes de retirar productos
del mercado** (Ch) recall study
**estudio basado en cuestionarios
recordatorios** (Ar) recall study
estudio de aciertos (Mex) recall
study
estudio de cambio analysis of
variance (ANOVA)
estudio de factibilidad feasibility
study
estudio de movimientos
(Ar) (Mex) motion study
estudio de una moción o propuesta
(Ch) motion study
estudio de viabilidad fcasibility
study
estudio/examen de revocación
(Ven) recall study
estudios del consumo consumer
research
estudios sobre micromovimientos
(Mex) micromotion study
ética ethical, ethics (Mex) moral
law
ética de los negocios business
ethics
ética empresarial (Ven) business
ethics
ético ethical, ethics
etiqueta tag
etiqueta del código de barras bar
code label
etiquetar tag
euro (referente a Europa) Euro
evaluable (Sp) rateable

evaluación appraisal, assessment,
evaluation, estimate
(Sp) rating
evaluación de fuentes
(Ar) (Ch) source evaluation
evaluación de origen (Ven) source
evaluation
evaluación de trabajo job
evaluation
evaluación de un área clave
(Ar) (Ch) key-area evaluation
evaluar appraise, assess
(Sp) rate
evasión de impuestos tax evasion
evasión fiscal (Sp) tax evasion
evento subsiguiente subsequent
event
eventos de separación disjoint
events
eventos desarticulados disjoint
events
evicción como represalia
retaliatory eviction
evidencia del juicio (Ar) judgment
proof
cvidente manifest
evolución del capital (Ar) capital
turnover
exacción de dinero
(Mex) shakedown
exacto express
examen analysis, exam, review, test
(Sp) survey
examen de acreditación
(Ar) licensing examination
examen de cuentas (Sp) audit
examen de licencia (Ch) licensing
examination
examen de un testigo hearing
examen físico (Ar) (Ch) physical
examination
examen médico medical examination
(Mex) (Ven) physical examination
examinar (Sp) review
excedente (Ch) spillover
(Sp) surplus
excedente sobre el valor nominal
(Mex) prima
excepción demurrer

exceso overage
exceso de gastos sobre el presupuesto
   cost overrun
excesos de costos (Ar) cost overrun
excluir crowd, crowding out
exclusión estoppel, exclusion
exclusión de cobertura exclusion
   of coverage
exclusión de dividendos dividend
   exclusion
exclusión de riesgos comerciales
   (Mex) business risk exclusion
exclusión de riesgos de negocios
   business risk exclusion
exclusiones exclusions
exención exemption, franchise
   (Mex) release
exención de impuesto de casa
   solariega homestead tax
   exemption
exentar frank
exhibición comercial (Ch) trade
   show
exhibir (documentos)
   (Mex) produce
exigencia demand
exigibilidad; obligación de dar
   cuenta (Sp) (Ven) accountability
exigible amortizable
eximente exculpatory
eximir frank
existencias stock
existencias de almacén
   inventory
existencias de mercancías
   inventory
ex legal ex-legal
exoneración exemption
expansión expansion
expansión diagonal diagonal
   expansion
expansión interna internal expansion

expansión/crecimiento horizontal
   horizontal expansion
expectativa de vida
   life expectancy
expedición consignment
expedidor consignor, dispatcher
expediente file, record
   (Mex) rediscount rate
expedir forward
   (Mex) issue
expiración expiration
explorador browser
explotación development,
   exploitation
explotar (Ven) bleed
exportación export
exportar export
exposición exposure
exposición comercial o industrial
   (Mex) (Ven) trade show
expresar draft, express
expreso express
expropiación condemnation
expropiación parcial partial taking
expropiar dispossess
expuesto a comprar (Ven) open-to-
   buy
expulsión expansion, eviction,
   spread (Ar) tract (Mex) acreage
extensión de línea line extension
extensión de marca brand
   extension
extensión de producto brand
   extension
extorsión racket
extracción de fondos
   (Sp) withdrawal
extracontable (Ch) off the balance
   sheet
extracontable (Ch) off the books
extracto (Sp) statement
extrapolación extrapolation

F

fábrica plant
fabricación manufacture
fabricante fabricator, maker
fabricar manufacture, produce
facilidad facility
facsímil (fax) facsimile
factor de anualidad annuity
   factor
factor de anualidad Inwood
   Inwood annuity factor
factor de conversión para
   contribuciones de empleados
   conversion factor for
   employee contributions
factor de desgaste
   (Ar) (Mex) (Ven) wearout factor
factor de reversión
   (Ar) reversionary factor
factor limitante
   constraining (limiting) factor
factor reversionario
   reversionary factor
factor tiempo (Sp) time value
factores humanos human
   factors
factorial factorial
factura bill, invoice
   (Mex) voucher
facturación por ciclos cycle
   billing
factura previa (Ven) pre-bill
facturación bruta gross billing
facturación cíclica (Mex) cycle
   billing
facturación coyuntural
   (Ar) cycle billing
facturación diferida deferred
   billing
facturar bill
facturar en adelante (Ch) pre-bill
fachada (Mex) frontage
faena (Ch) job
falsa representación de la edad
   (Ch) misstatement of age

falsificación forgery
   (Ven) padding
falsificado counterfeit
falsificar counterfeit
falso counterfeit
falso jefe (Mex) straw boss
falta error
   (Mex) misdemeanor
falta de aceptación (de un título
   de crédito) dishonor
falta de fondos (Mex) NSF
falta de pago default
falta de pago de un cheque
   dishonor
falta de recepción fail to receive
falta en corto (Ar) short squeeze
faltante deficiency, deficit
faltantes de inventario
   (Mex) inventory shortage
   (shrinkage)
faltas con permiso justificado
   (Sp) (Ven) leave of absence
fallar default
fallo judgment
fallo de deficiencia deficiency
   judgment
fallo de embargo preventivo
   (Mex) judgment lien
fallo por falta de comparencia
   default judgment
fama reputation
familia de fondos mutuos
   (Mex) family of funds
familia o grupos de fondos
   (Ar) (Ch) family of funds
fanático hacker
fascismo fascism
fatiga burnout
favorito bookmark
fecha de cierre closing date,
   deadline
fecha de ejecución (Sp) trade
   date
fecha de emisión date of issue

fecha de entrega delivery date,
fecha de exclusión
   settlement date
fecha de exclusión deadline
fecha de la oferta (Ven) offering
   date
fecha de liquidación
   (Sp) settlement date
fecha de ofrecimiento offering
   date
fecha de pago payment date,
   settlement date
fecha de registro date of record
fecha de transacción trade date
fecha de valor value date
fecha de vencimiento maturity date
   (Mex) deadline
   (Sp) yield-to-mature (YTM)
fecha del cierre settlement date
fecha efectiva effective date
   (Sp) value date
fecha en que se pone en venta
   (Ven) on-sale date
fecha en vigor effective date
fecha límite closing date,
   deadline
fecha sin dividendo ex-dividend
   date
fecha tope (Ven) closing date,
   effective date
fecha valor (Sp) value date
fechado dating
fechado cada tercer mes
   (Mex) EOM dating
felicitaciones kudos
feria comercial (Ar) trade show
fiabilidad (Sp) reliability
fiador guarantor
   (Mex) sponsor
fiador de guarantee
fianza bail bond, bond, collateral,
   guaranteed security, guaranty,
   security, surety bond
   (Sp) security deposit
fianza corporativa corporate bond
fianza de apelación appeal bond
fianza de cumplimiento
   performance bond
   (Sp) completion bond

fianza de entredicho injunction
   bond
fianza de fidelidad
   (Ven) fiduciary bond
fianza de fidelidad colectiva
   (Mex) commercial blanket bond
fianza de fiel cumplimiento
   (Ven) performance bond
fianza de licencia license bond,
   permit bond
fianza de licitación
   (Ar) (Ven) bid bond
fianza de oferta bid bond
fianza de pago payment bond
fianza de participación en puja
   (Sp) bid bond
fianza de una parte en arbitración
   arbitrage bond
fianza de una parte en arbitraje
   (Mex) arbitrage bond
fianza general comercial
   commercial blanket bond
fianza judicial (Sp) judicial bond
ficha de trabajo (Ch) job ticket
ficha personal (Ch) personal
   data sheet
fideicomisario nominee
   (Sp) trustee
fideicomiso trust
   (Ar) trust, general management
fideicomiso activo (Sp) living trust
fideicomiso ciego blind trust
fideicomiso complejo complex
   trust
fideicomiso de explotación
   (Ar) canon
fideicomiso de inversion
   investment trust
fideicomiso de tierras land trust
fideicomiso del otorgante
   (Ch) (Ven) grantor trust
fideicomiso discrecional
   (Mex) (Ven) (Ven) trust,
   discretionary
fideicomiso durante la vida de
   quien lo estableció living
   trust
fideicomiso implícito/sobrentendido
   involuntary trust

fideicomiso irrevocable
irrevocable trust
fideicomiso no discrecional
nondiscretionary trust
fideicomiso para la inversión en bienes inmuebles real estate investment trust (REIT)
fideicomiso para un pródigo
spendthrift trust
fideicomiso revocable revocable trust
fideicomiso simple simple trust
fideicomiso testamentario
testamentary trust
fidelidad de compromiso y crédito total full faith and credit
fiduciario fiduciary, trustee
fijación fixation
fijación de precios price-fixing
fijación de precios de prestigio
(Mex) prestige pricing
fijación de precios selectos
(Ven) prestige pricing
fijación de precios variables
(Ven) variable pricing
fijación de tasas rate setting
fijación del precio del oro
(Mex) golden fixing
fijado (Ch) locked in
fijar tipo de cambio libre (Ar) float
fijo flat
filial (Ch) affiliated company
filtrar hacia abajo (Ch) filtering down
fin expiration
fin de ejercicio year-end
fin de mes end of month
fin de sesión close
financiación financing
financiación a través de la emisión de acciones (Ar) equity financing
financiación interna internal financing
financiación mediante déficit
(Ven) deficit financing
financiación negativa
(Ven) negative carry
financiamiento financing, funding

financiamiento a través de fondos propios equity financing
financiamiento creativo
creative financing
financiamiento de cuentas por cobrar accounts receivable financing
financiamiento de inventario
inventory financing
financiamiento de patrimonio
(Mex) equity financing
financiamiento del déficit
deficit financing
financiamiento interno internal financing
financiamiento permanente
permanent financing
financiamiento permanente tras la construcción take-out loan, take-out financing
financiamiento provisional
interim financing
finca (Ar) homestead
fingir un impedimento/una enfermedad malingering
finiquitar discharge
(Sp) release
finiquito discharge, release
firma firm, subscription
firma garantizada guarantee of signature
firmado executed
firmante maker
firmante de acomodación
accommodation endorser, maker or party
firmar execute
(Ven) subscript
firmar conjuntamente cosign
firme firm
fiscal fiscal
fiscalidad (Ar) taxation, interest on dividends
fiscalista fiscalist
fletar charter
flete charter
flete aéreo airfreight
flete por vagonada
(Ven) carload rate

flexible open-end
flotación de una moneda float
flotar float
fluctuación change fluctuation
flujigrama (Ch) flowchart
flujo de caja cash flow
flujo de caja después de mpuestos
    (Ven) after-tax cash flow
flujo de caja negativo
    (Ven) negative cash flow
flujo de caja posterior a impuestos
    after-tax cash flow
flujo de dinero flow of funds
flujo de efectivo cash flow
flujo de efectivo antes del pago de impuestos before-tax cash flow
flujo de efectivo descontado
    discounted cash flow
flujo de fondos (Mex) cash flow
    (Ar) flow of funds
flujo de fondos incremental
    incremental cash flow
flujo de fondos negativo
    negative cash flow
flujo de ingresos income stream
flujo de ingresos a plazo fijo
    (Ar) level-payment income stream
flujo de ingresos con pagos parejos
    (Ch) level-payment income stream
flujo incremental de circulante
    (Ven) incremental cash flow
flujo monetario flow of funds
folleto bulletin
folleto informativo de una emisión
    prospectus
fomento (Ch) development
fomento de ventas (Sp) sales promotion
fondo bottom, pool
fondo ciego blind pool
fondo común pool
fondo común de inversión
    (Ar) index fund, mutual fund
fondo común de inversiones
    (Ven) money market fund
fondo de acciones comunes
    common stock fund

fondo de amortización
    accumulated depreciation, sinking fund
fondo de caja chica
    (Ar) (Mex) petty cash fund
fondo de crecimiento growth fund
fondo de desarrollo/apreciación
    (Mex) fund
fondo de eliminación cleanup fund
fondo de inversión (Ar) fund
    (Ven) load fund
fondo de inversión de acciones ordinarias common stock fund
fondo de inversión del mercado monetario money market fund
fondo de inversiones en oro
    gold mutual fund
fondo de jubilación
    (Ven) retirement fund
fondo de jubilación
    (Sp) working capital
    (Ven) pension fund
fondo de pensiones
    (Ch) retirement fund
fondo de pensiones pension fund
fondo de previsión (Sp) reserve
fondo de revisión/contingencias
    (Ven) contingencey fund
    (Sp) pension fund
fondo de recuperación
    (Ar) (Ch) (Ven) recovery fund
fondo de regalía (Ven) canon
fondo de reposición
    (Ar) (Mex) replacement reserve
fondo de reserva reserve fund
fondo de retiro retirement fund
fondo fijo imprest fund, imprest system
fondo general general fund
fondo índice index fund
fondo jubilatorio pension fund
Fondo Monetario Internacional
    International Monetary Fund (IMF)

fondo mutuo mutual fund
fondo mutuo con capital fijo
   (Ar) closed-end mutual fund
fondo mutuo con comisión load
   fund
fondo mutuo con metas de
   apreciación performance fund
fondo mutuo de acciones limitadas
   (Mex) closed-end mutual fund
fondo mutuo equilibrado
   balanced mutual fund
fondo mutuo sin comisión no-load
   fund
fondo/fideicomiso corpus
fondo para imprevistos
   (Ar) contingencey fund
   (Ven) contingencey fund
fondo por rendir (Ch) expense
   account
fondo revolvente
   (Mex) revolving fund
fondo rotativo para gastos menores
   imprest fund, imprest system
fondo rotatorio revolving fund
fondos asset
fondos de dinero (Sp) money
   market
fondos del banco central
   (Ar) federal funds
fondos disponibles (Ar) good money
fondos en fideicomiso trust fund
fondos externos external funds
fondos federales federal funds
fondos no cobrados uncollected
   funds
fondos para previsión de
   contingencias contingency fund
forma corta short form
forma de información
   (Mex) information return
forma de propiedad ownership
   form
forma simplificada short form
formación de capital capital
   formation
formación de equipos team building
formación práctica (Sp) on-the-
   job training (OJT)
formalizado executed

formalizar execute
formas comerciales
   (Mex) commercial forms
formato de celda cell format
formato de ganancias y comisiones
   (Ven) profit and commissions
   form
formato tipo (Ch) boilerplate
fórmula statement
formular express
formulario de ganancias y comisiones
   (Ar) profit and
   commissions form
formulario de información
   information return
formulario de orden order form
formulario/hoja de pedidos
   (Ven) order form
formularios comerciales
   commercial forms
formularios de ubicaciones múltiples
   (Ar) multiple locations forms
foro de chat chat forum
franco (costado de la) barcaza
   free alongside ship (FAS)
franco a bordo free on board
   (FOB)
franco al costado del buque
   (Ven) free alongside ship (FAS)
franco sobre muelle free
   alongside ship (FAS)
franquear frank
franquicia concession, franchise
fraude forgery, fraud
fraude cometido usando el servicio
   postal mail fraud
frecuencia frequency
frente (Mex) frontage
frente de la propiedad frontage
frutos cultivados emblements
fuente source
fuentes de fondos sources of funds
fuera de balance off the balance
   sheet
fuerza de choque (Sp) task force
fuerza de trabajo (Mex) work
   force
fuerza laboral labor force, work
   force

fuerza laboral cesante
(Ch) unemployed labor force
fuerza pública (Ar) police
power
fuga de capital capital flight
fuga de dólares dollar drain
función de consumo
consumption function
función de la producción
(Ar) line function
función de línea (Ch) line
function
función del zoom zoom function
función derecho duty
función lineal (Mex) line
function
funcionario de operacions principal
chief operating officer
**funcionario ejecutivo principal/
CEO** chief executive officer

funcionario financiero principal
(Ven) chief financial officer
fundación endowment
fundamento (Mex) (Ven) basis
fusión merger
fusión estatutaria
(Ven) statutory merger
fusión horizontal horizontal
merger
fusión legal (Ch) statutory merger
fusión por absorbción merger
fusión reglamentaria
(Ar) statutory merger
fusionar merge
futuro financiero (Ar) financial
future
futuros de índices de acciones
stock index futures
futuros de monedas currency
futures

G

galopante (Ven) snowballing

gama (Sp) range

ganancia gain, margin, profit,
returns
(Mex) income

ganancia adicional boot

ganancia bruta gross earnings,
gross benefi

ganancia de capital
(Mex) capital gain (loss)

ganancia gravable (Sp) taxable
income

ganancia líquida (Sp) net profit

ganancia normal normal profit

ganancia ordinaria/ingreso ordinario
ordinary gain or ordinary income

ganancia (pérdida) a largo plazo
long-term gain (loss)

ganancia (pérdida) ficticia
(Ven) paper profit (loss)

ganancia realizada realized gain,
recognized gain

ganancia reconocida
(Ch) recognized gain

ganancia sobre el capital
capital gain (loss)

ganancias acumuladas
accumulated earnings tax or
accumulated profits

ganancias antes de impuestos
earnings before taxes

ganancias anuales annual
earnings

ganancias indivisas undivided
profit

ganancias inesperadas windfall
profit

ganancias netas net profit

ganancias no distribuidas
(Ven) undivided profit

ganancias operativas operating
profit

ganancias (pérdida) sin realizar
paper profit (loss)

ganancias (pérdida) sobre el papel
paper profit (loss)

ganancias (pérdidas) no realizadas
unrealized profit (loss)

ganancias por acciones (comunes)
totalmente diluidas fully
diluted earnings per (common)
share

ganancias retenidas no apropiadas
(Ven) unappropriated retained
earnings

ganancias retenidas
(Ven) retained earnings

ganancias retenidas, apropiadas
(Ven) retained earnings,
appropriated

ganancias y beneficios earnings
and profits

ganar gain, gross

garante guarantor, sponsor
(Sp) underwriter

garantía collateral, cover,
guarantee, guaranty,
indemnity, management,
pledge, security, warranty

garantía de buena ejecución
(Sp) performance bond

garantía de comerciabilidad
warranty of merchantability

garantía de cumplimiento
performance bond

garantía de habitabilidad
warranty of habitability

garantía de póliza de seguros
chose in action

garantía de una deuda debt
security

garantía garantizada guaranteed
security

garantía implícita
(Mcx) implied warranty

garantía subsidiaria/colateral
(Mex) collateral

garantía tácita implied warranty

garantizar cover, guarantee, hypothecate, insure

gastar expense
(Mex) pay

gasto disbursement, expense
(Ar) stipend, stipendiary

gasto asignado appropriated expenditure

gasto de ajuste de pérdidas loss adjustment expense

gasto de renta (Ch) deduction

gasto financiero finance charge

gasto general general expense

gasto incidental carrying charge

gasto (ingreso) no relacionado con la operación o explotación
(Ch) nonnegotiable instrument

gasto nacional bruto gross national expenditure

gasto/costo del ejercicio
(Ch) period expense, period cost

gasto/costo periódico period expense, period cost

gastos cost

gastos (generales) de administración (Sp) administrative expense

gastos administrativos
administrative expense

gastos anticipados (Sp) prepaid expenses

gastos de adquisición
(Sp) acquisition cost

gastos de capital (Ar) capital expenditure

gastos de cierre closing cost

gastos de explotación operating expenses

gastos de fabricación overhead

gastos de gestión
(Sp) management fee

gastos de intereses por inversion
investment interest expense

gastos de la compra-venta de un buen inmueble (Ar) closing cost

gastos de mantenimiento
(Ven) maintenance fee

gastos de negocios ordinarios y necesarios ordinary and
necessary business expense

gastos de operación
(Mex) operating expenses

gastos de renta
(Ch) itemized deductions

gastos de viaje
(Mex) subsistence

gastos deficitarios (Sp) deficit spending

gastos derivados incrementals
incremental spending

gastos fijos overhead
(Ar) applied overhead

gastos fijos o generales de fábrica
factory overhead

gastos generales overhead

gastos generales aplicados
applied overhead

gastos generales directos
direct overhead

gastos generales indirectos
indirect overhead

gastos generales no imputados
(Ch) underapplied overhead

gastos generales subaplicados
(Ar) (Ven) underapplied overhead

gastos imprevistos
(Mex) nonrecurring charge

gastos indirectos
(Mex) overhead

gastos no operativos (utilidades)
(Ar) nonnegotiable instrument

gastos no periódicos
(Mex) nonrecurring charge

gastos operativos operating expenses

gastos para inversiones de capital
capital expenditure

gastos prepagados prepaid expenses

gastos que superan los ingresos
deficit spending

generador de números aleatorios
random-number generator

general across the board

generalista generalist

género class

géneros tejidos (Ven) soft goods

géneros textiles soft goods
genuino real
geodemografía geodemography
geometría media (Ar) geometric
  mean
gerencia (Ven) management
gerencia de equipos (Ven) team
  management
gerencia de primera línea
  (Ven) first-line management
gerencia de recursos humanos
  (Ven) human resources
  management (HRM)
gerencia media (Ven) middle
  management
gerente director, manager
  (Mex) principal
  (Sp) vice-president
gerente de marca brand
  manager
gerente de producto brand
  manager
gerente de sucursal (Sp) branch
  office manager
gestión (Ch) management
gestión de base de datos
  database management
gestión de recursos humanos
  human resources management
  (HRM)
gestión del riesgo (Sp) risk
  management
gestión/administración de primer
  nivel first-line management
gestión por equipo (Ch) team
  management
gestor agente
gestor de emisión (Sp) manager
girado drawee
girador drawer, writer
  (Sp) maker
girar bill, draw
giro turnover
  (Ch) draw
giro a la vista (Mex) sight draft
giro a plazo (Mex) time draft
giro a un plazo (Sp) time draft
giro de capital capital turnover
giro de inventario stock

turnover
giro normal de operaciones (de
  una compañía) (Ven) ordinary
  course of business
giro o letra a la vista
  (Mex) demand deposit
giros devise
global flat
globalizar bunching
glosa (Sp) audit
goce pacífico quiet enjoyment
goce tranquilo quiet enjoyment
grabar (Ch) tape
grado de solvencia estimado
  (Ar) credit rating
grado/clase de inversiones
  investment grade
gráfico chart
gráfico circular pie chart
gráfico sectorial pie chart
gran golpe killing
gran jugada killing
grandes almacenes (Sp) store
gratificación gratuity
gratificaciones perquisites (perk)
gratis gratis
gratuito gratis
gravamen encumbrance,
  imposition, lien, tax
  (Mex) pledge
gravamen del constructor
  mechanic's lien
gravamen del transportador
  carrier's lien
gravamen del transportista
  (Mex) carrier's lien
gravamen del vendedor
  vendor's lien
gravamen determinado por sentencia
  (Ar) judgment lien
gravamen general general lien
gravamen hipotecario mortgage
  lien
gravamen involuntario
  involuntary lien
gravamen por falla o por juicio
  (Ch) judgment lien
gravamen por fallo judicial
  (Mex) judgment lien

gravamen por/sobre impuestos no pagados   tax lien
gravamen sobre bienes muebles   (Ar) chattel mortgage
gravamen voluntario   voluntary lien
gravar   tax
   (Mex) assess
   (Sp) mortgage
gremio   guild
gremio laboral   labor union, trade union
gremio obrero   (Mex) labor union
gremio por oficios   (Ar) craft union
gruesa   gross
grupo   battery, pool
grupo de contribuyentes   income group
grupo de interés   interest group
grupo de oficio
   (Ch) occupational group
grupo de tareas   task group
grupo estratégico   (Ar) target audience

grupo interesado   (Ch) interest group
grupo ocupacional
   (Ar) occupational group
grupo profesional
   (Mex) occupational group
guarda   custody
guardar como   save as
guardar para sí mismo   holdback
guardar un archivo   save a file
guardar un documento   file
guardián   custodian, guardian
guarnecer   garnish
guerra arancelaria   tariff war
guerra de patentes
   (Ar) (Mex) patent warfare
guerra de precios   price war
guía   (Sp) receipt, waybill
guía administrativa
   management guide
guía aérea   air bill
guía de carga   (Sp) waybill
guía de despacho   (Ch) waybill
gusano   worm

H

haber (Ch) debit
habilidad dower
habilidad de deducción de
  contribuciones de empleados
  deductibility of employee
  contributions
habilidad manual
  (Ar) (Mex) manual skill
habilitado payer
hacer algo en demasía (Ch) overkill
hacer bajar las cotizaciones
  vendiendo al descubierto
  hammering the market
hacer clic en click on
hacer doble clic en double click on
hacer líquido cash
hacer operaciones bancarias
  (Sp) bank
hacer rentable (Ven) turnaround
hacer seguimiento trace, tracer
hacer un bosquejo (de un proyecto)
  draft
hacer un cálculo work out
hacer un depósito deposit
hacer una contrademanda
  counterclaim
hacer una mejor propuesta
  (Ch) bidding up
hacer una oferta (Sp) tender
hacia adelante forward
haciendo negocios bajo el nombre de
  (Mex) doing business as (DBA)
haciendo negocios como doing
  business as (DBA)
hectárea hectare
hecho extraordinario
  (Ch) extraordinary item
hecho material (Ar) material fact
hecho pertinente (Ch) material fact
hecho posterior (Ch) subsequent
  event
hecho substancial (Mex) material
  fact
heredar inherit

herederos heirs
herederos y cesionarios heirs and
  assigns
herencia inheritance
heterogéneo heterogeneous
heurística heuristic
heurístico(a) heuristic
híbrido hybrid
hiperinflación hyperinflation
hipermercado superstore
hipertexto hypertext
hipoteca encumbrance, mortgage
  (Sp) lien
hipoteca abierta open mortgage
hipoteca adicional a la primera
  surcharge
hipoteca ampliable open-end
  mortgage
hipoteca autoamortizante self-
  amortizing mortgage
hipoteca cancelada (Mex) closed-
  end mortgage
hipoteca cerrada closed-end
  mortgage
hipoteca colectiva (Ar) blanket
  mortgage
hipoteca con tasa de interés variable
  variable-rate mortgage (VRM)
hipoteca con tipo de interés ajustable
  (Sp) adjustable-rate mortgage
  (ARM)
hipoteca convencional
  conventional mortgage
hipoteca de anualidad invertida
  reverse annuity mortgage (RAM)
hipoteca de apreciación compartida
  shared-appreciation mortgage
  (SAM)
hipoteca de inquilinato leasehold
  mortgage
hipoteca de pago flexible flexible-
  payment mortgage (FPM)
hipoteca de pagos escalonados
  (Mex) graduated payment

mortgage (GPM)

hipoteca de pagos parejos level-payment mortgage

hipoteca de primer grado first mortgage

hipoteca de recursos propios creciente growing-equity mortgage (GEM)

hipoteca de reducción directa direct-reduction mortgage

hipoteca de segundo grado (Ar) second mortgage

hipoteca de tasa renegociada (Ven) renegotiated rate mortgage (RRM)

hipoteca garantizada guaranteed mortgage

hipoteca garantizada con el interés del arrendatario en la propiedad leasehold mortgage

hipoteca general blanket mortgage

hipoteca ilimitada (Sp) open-end mortgage

hipoteca limitada closed-end mortgage

hipoteca mobiliaria chattel mortgage

hipoteca no variable closed-end mortgage

hipoteca para hacer cumplir la obligación de la compra de la propiedad purchase money mortgage

hipoteca posterior junior mortgage

hipoteca prendaria (Ar) chattel mortgage

hipoteca presupuestaria budget mortgage

hipoteca que incluye mobiliario package mortgage

hipoteca que incorpora otra hipoteca existente wraparound mortgage

hipoteca renovable open-end mortgage

hipoteca secundaria junior mortgage

hipoteca simple conventional mortgage

hipoteca sobre bienes muebles chattel mortgage

hipoteca sobre capital compartido (Ar) (Ven) shared-equity mortgage

hipoteca subordinada junior mortgage

hipoteca subyacente underlying mortgage

hipotecar hypothecate, mortgage (Sp) bond

hipótesis hypothesis

hipótesis alterna alternative hypothesis

hipótesis sustitutiva (Ar) alternative hypothesis

historial antecedents

hito landmark

hoja de cálculos electrónica spread sheet

hoja de costos de empleos (Ar) job cost sheet

hoja de datos personales (Ar) personal data sheet

hoja de ruta waybill

hoja de trabajo worksheet

hoja de vida (Ven) personal data sheet

hoja del costo del trabajo/faena (Ch) job cost sheet

hojas amarillas (Ar) (Mex) yellow sheets

holding (Ch) holding

hombre material (Ar) material man

homogéneo homogeneous

honor honor

honorario honorarium

honorario contingente contingent fee

honorario contingente (Ven) standby fee

honorario de incentivo incentive fee

honorario de intermediario finder's fee

honorario de reserva (Ven) standby fee

honorario de tenencia holding fee

honorario fijo o determinado fixed fee

honorarios fee, pay

honradez integrity
hora civil standard time
hora estándar (Ar) (Mex) standard
  time
hora legal (Ven) standard time
hora normal (Ch) standard time
hora oficial standard time
horario schedule, timetable
horarios flexibles flextime
horas de menos cargas o de menos
  consumo (Ar) off peak
horas extraordinarias
  (Sp) overtime
horas extras overtime
horas-hombre man-hour
hostigamiento sexual sexual
  harassment

hostigar dun
huelga strike
huelga de brazos caídos
  (Sp) sit-down strike
huelga de solidaridad sympathetic
  strike
huelga demonstrativa picketing
huelga general general strike
huelga laboral (Sp) walkout
huelga no autorizada por el sindicato
  wildcat strike
huelga patronal lockout
huelga salvaje (Sp) wildcat strike
huella trace, tracer
huida hacia la calidad flight to
  quality
husmeador (Mex) muckraker

I

icono icon
identificación específica specific identification
idioma modelo modeling language
igualdad par
igualdad ante la ley (Ven) equal opportunity employer
igualdad aparente de oportunidades (Mex) tokenism
igualdad laboral (empresa que practica la) (Mex) equal opportunity employer
ilegalmente (Ven) under the counter
ilimitado (Mex) open-end
imagen de marca brand image
imagen de producto brand image
impacto fiscal (Mex) tax impact
imparcialidad equity
impedimento bar, estoppel
impedir bar, crowd, enjoin
impedir que la competencia penetre un mercado crowding out
imperfección del título cloud on title
imperfecto defective
imperialismo imperialism
ímpetu momentum
implícito(a) implied
imponer enjoin, tax, levy
imponible rateable
importación import
importancia relativa (Mex) materiality
importar import
importe (Sp) principal
importe neto (Sp) proceeds
importe nominal (Ar) face amount
importe total (Mex) gross amount
imposición deposit, imposition
imposición a la vista demand deposit

imposición a plazo (Sp) time deposit
imposición de contribuciones (Mex) levy
impresora por renglones (Sp) line printer
improductivo nonproductive
impuesto duty, levy, tax
impuesto a la herencia estate tax, inheritance tax
impuesto a las transferencias transfer tax
impuesto adicional surtax
impuesto adicional sobre ganancias excessive profit tax
impuesto al consumo (de tabaco alcohol) excise tax
impuesto al valor agregado value-added tax
impuesto al viajero frecuente (Ar) commuter tax
impuesto complementario (Sp) surtax
impuesto de cooperación (Mex) levy
impuesto de lujo luxury tax
impuesto de plusvalía value-added tax
impuesto de utilidades (Sp) withholding tax
impuesto de viajero(a) commuter tax
impuesto estimativo estimated tax
impuesto fijo flat tax
impuesto mínimo alternativo alternative minimum tax
impuesto oculto hidden tax
impuesto progresivo progressive tax
impuesto regresivo regressive tax
impuesto represivo repressive tax
impuesto retenido (Mex) withholding tax

impuesto sobre donaciones gift tax
impuesto sobre el valor añadido
   (Sp) value-added tax
impuesto sobre franquicia
   franchise tax
impuesto sobre ingresos mercantiles
   (Mex) sales tax
impuesto sobre ingresos negativo
   negative income tax
impuesto sobre la nómina
   payroll tax
impuesto sobre la propiedad
   property tax
impuesto sobre la renta
   income tax
   (Sp) withholding tax
impuesto sobre las ventas sales tax
impuesto sobre los ingresos
   income tax
impuesto sobre nóminas
   (Mex) payroll tax
impuesto sobre planilla de sueldos
   (Ar) payroll tax
impuesto sobre transferencias
   (Mex) transfer tax
impucsto sucesorio estate tax
impuesto suntuario luxury tax
impuesto único (Ch) flat tax
**impuesto unificado sobre herencias
   y donaciones** (Ch) (Ven) unified
   estate and gift tax
**impuestos acumulados sobre las
   ganancias** (Mex) accumulated
   earnings tax or accumulated
   profits
impuestos devengados/acumulados
   accrued taxes
impuestos por pagar accrued taxes
**impuestos sobre las utilidades
   acumuladas** (Ar) accumulated
   earnings tax or accumulated
   profits
impuestos sobre sueldos y salarios
   (Mex) payroll tax
impuestos vencidos
   (Sp) (Ar) accrued taxcs
impulso momentum
imputar allocate
incapacidad incapacity

incapacitado para trabajar
   unemployable
incautación attachment
incautación de publicidad
   advertising appropriation
incautar (Ven) impound
incentivo de ventas sales incentive
incentivo impositivo tax incentive
incentivo remuneratorio
   (Ar) incentive pay
incentivo salarial wage incentive
incidencia fiscal (Mex) tax incidence
incidencia impositiva tax incidence
inclinarse hacia (Sp) trend
incluir incorporate
incobrable uncollectible
incompetente incompetent
incorporación assimilation,
   incorporation
   (Ven) annexation
incorporar draft, incorporate
   (Sp) merge
incremento appreciation,
   accession, accretion
incremento mensual de interés
   (Ar) monthly compounding of
   interest
incremento no devengado
   unearned increment
incumbir concern
incumplimiento default,
   nonperformance
incumplimiento de contrato
   breach of contract
incumplimiento de una obligación
   delinquency
incumplimiento de una obligación
   contractual repudiation
incumplimiento o falta de entrega
   fail to deliver
incumplir (el pago de una deuda)
   dishonor
**incurrir en un estado de
   desheredación** escheat
indefinidamente ad infinitum
indemnidad indemnity
indemnidad total (límite global)
   aggregate indemnity (aggregate
   limit)

indemnización   damages,
   allowance, compensation,
   (Sp) indemnity
indemnización justa por
   expropiación   just compensation
indemnización o beneficio por
   muerte   death benefit
indemnización por cese de empleo
   (Mex) severance pay
indemnización por despido
   severance pay
indemnizar   indemnify
   (Mex) recoup
independencia   independence
indexación   indexing
indexación de los salarios   cost-of-
   living adjustment (COLA)
indicador   (Ven) barometer
indicador de tendencia   bellwether
indicadores anticipados   leading
   indicators
indicadores atrasados   lagging
   indicators
indicadores de coyuntura anticipada
   (Ar) leading indicators
indicadores del sentir   sentiment
   indicators
indicadores económicos   economic
   indicators
índice   index
   (Ven) barometer
índice de absorción
   (Ven) absorption rate
índice de ajuste   deflator
índice de ausencia
   (Ven) absenteeism
índice de cobro   (Ven) collection
   ratio
índice de conversión
   (Ven) conversion ratio
índice de crecimiento
   (Ven) growth rate
índice de crecimiento compuesto
   (Ven) compound growth rate
índice de crecimiento económico
   (Ven) economic growth rate
índice de deflación   (Ar) deflator
índice de desarrollo de marca (IDM)
   brand development index (BDI)

índice de inflación   (Ar) inflation
   rate
índice de mercado   market index
índice de pérdida   (Ven) loss ratio
índice de precios   price index
índice de precios al consumidor
   consumer price index, inflation
   rate (CPI)
   (Mex) inflation rate
índice de préstamo al valor
   (Ven) loan-to-value ratio (LTV)
índice de recuperación
   (Ar) recapture rate
índice de valorización
   (Ven) assessment ratio
índice deflacionario   deflator
índice del desarrollo de mercado
   market development index
índice del grupo beneficiario
   (Ar) target group index (TGI)
índice del grupo objetivo
   (Ch) target group index (TGI)
   (Ven) target group index (TGI)
índice desventajoso   (Mex) black
   list
índice inferior   (Ven) subscript
índice potencial de marca (IPM)
   brand potential index (BPI)
índice/coeficiente operativo
   (Ven) operating ratio
indigente   (Ch) (Ven) pauper
indirecto   (Ar) spillover
industria   industry
industria a punto de extinción
   (Ven) sunset industry
industria agroalimentaria
   agribusiness
industria artesanal   cottage
   industry
industria básica   (Mex) essential
   industry
industria casera   cottage industry
industria cíclica   cyclical industry
industria de chimeneas
   (Mex) smokestack industry
industria de la extracción
   (Ven) extractive industry
industria en caída
   (Mex) sunset industry

industria en declive
(Mex) sunset industry
industria esencial o indispensable
essential industry
industria extractiva extractive
industry
industria minera extractive
industry
industria pesada heavy industry
industria que contamina
(Ch) smokestack industry
industria regulada regulated
industry
industrial industrial, industrialist
industrias básicas
(Ven) smokestack industry
ineficacia en el mercado
inefficiency in the market
inferencia estadística statistical
inference
inferior minor
inflación inflation
inflación de dos dígitos double-
digit inflation
inflación estructural structural
inflation
inflación galopante galloping
inflation
**inflación impulsada por salarios
ascendentes** wage-push inflation
inflación inducida por la demanda
(Ar) demand-pull inflation
inflación latente creeping inflation,
hidden inflation
inflación lenta creeping inflation
inflación por costos cost-push
inflation
**inflación provocada por alzas
salariales** (Ven) wage-push
inflation
**inflación provocada por aumentos
salariales** (Sp) wage-push
inflation
**inflación provocada por el alza de
los costos** (Ar) cost-push
inflation
**inflación provocada por un aumento
de la demanda** demand-pull
inflation

inflación súbita galloping inflation
inflación subyacente hidden
inflation
inflación subyacente (Sp) creeping
inflation
influencia (Mex) leverage
influencia no indebida
(Ven) undue influence
influencia personal personal
influence
información (Mex) data
información confidencial inside
information
información no pública nonpublic
information
información para la prensa
(Mex) press kit
informaciones data
informante (Ch) stool pigeon
informe anual annual report
informe de amortización call
report
informe de antigüedad de clientes
(Ch) aging of accounts
receivable or aging schedule
informe de bienes (Ar) property
report
informe de gastos expense report
informe de ingresos earnings
report
**informe de los censores jurados
de cuentas** (Sp) auditor's
certificate, opinion, or report
informe de propiedades
(Ven) property report
informe de resultados
(Ven) earnings report
informe de título title report
informe del recibo (Ch) receiving
record
informe detallado (Ar) rundown
informe externo external report
informe financiero preliminar
exposure draft
**informe financiero anual completo
detallado** comprehensive
annual finacial report (CAFR)
informe sobre el estado financiero
statement of affairs

informes de otra referee

informes de segmento segment reporting

informes financieros comparativos comparative financial statements

informes preparados a fechas intermedias interim statement

infraasegurado underinsured

infracción breach, infringement, violation
(Ar) trespass

infracción de patente patent infringement

infraestructura infrastructure

infringir breach
(Ch) trespass

ingeniero industrial industrial engineer

ingreso income, revenue, yield
(Ven) taking

ingreso (pérdida) pasivo(a) passive income (loss)

ingreso activo active income

ingreso bruto gross income, gross revenue

ingreso bruto ajustado adjusted gross income

ingreso corriente (Ar) active income

ingreso de la reventa
(Ar) proceeds from resale

ingreso de pedidos (Ch) order entry

ingreso discrecional discretionary income

ingreso disponible discretionary income

ingreso general general revenue

ingreso global aggregate income

ingreso gravable (Mex) taxable income

ingreso imputado imputed income

ingreso monetario money income

ingreso neto net income
(Ar) net proceeds

ingreso neto por acción común
(Ch) net income per share of common stock

ingreso operativo neto net operating income (NOT)

ingreso personal personal income
(Ar) earned income

ingreso presunto (Ch) imputed income

ingresos income, proceeds, take

ingresos antes de impuestos pretax earnings
(Mex) earnings before taxes

ingresos con respecto a un difunto income in respect of a decedent

ingresos de la cartera de valores portfolio income

ingresos de retiro retirement income

ingresos de ventas sales revenue

ingresos del erario (Mex) revenue

ingresos devengados
(Ch) (Mex) (Ven) earned income

ingresos en efectivo (Mex) cash earnings

ingresos en metálico (Sp) money income

ingresos extranjeros foreign income

ingresos imponibles taxable income

ingresos líquidos (Sp) net income

ingresos marginales marginal revenue

ingresos no devengados unearned income (revenue)

ingresos/renta tributable
(Ch) taxable income

ingresos por acción earnings per share

ingresos por acción primarios primary earnings per (common) share

ingresos por primas de opciones vendidas premium income
ingresos por ventas (Mex) sales revenue

ingresos psíquicos psychic income

ingresos reales real earnings, real income

ingresos retenidos retained earnings

ingresos retenidos no asignados unappropriated retained earnings

ingresos y gastos directos
(Mex) nonnegotiable instrument

ingresos y utilidades
  (Mex) earnings and profits
iniciativa initiative   .
iniciar boot
inicio home
inicio de amparo commencement
  of coverage
inicio de cobertura
  commencement of coverage
inicio rápido quick launch
índice/coeficiente administrativo
  (Ven) management ratio
injerto graft
injusticia tort
inmiscuirse en asuntos o funciones
  ajenas encroach
inmobiliarias (Sp) property
inmueble estate
inmueble que genera rentas
  (Ar) income property
innovación innovation
inobservancia default
inquilino tenant
  (Mex) lessee
  (Ven) occupant
inquilino de anclaje (Ar) anchor
  tenant
inquilino suspendido holdover
  tenant
inscribir list
inscripción registration, record
  (Mex) subscription
inserter embed
insolvencia bankruptcy, insolvency
inspección inspection
  (Sp) survey
inspector de cuentas auditor
inspector(a) de obra surveyor
instalación equipment, facility
instalación fija fixture
instalaciones premises
instalaciones fijas comerciales
  trade fixtures
instancia (Sp) petition
instigación procurement
institución de ahorros thrift
  institution
institución fiduciaria (Sp) trust

company
institución financiera financial
  insitution
instrucción general statement
instrumento instrument
instrumento de buena calidad
  (bajo riesgo) (Ch) prime paper
instrumento de crédito debt
  instrument
instrumento de deuda
  debt instrument
instrumento hipotecario alternativo
  (IHA) alternative
  mortage instrument
instrumento negociable pagadero a
  persona específica order paper
instrumento no negociable
  nonnegotiable instrument
instrumentos negociables
  negotiable instruments
insuficiencia deficiency, shortfall
insurgente insurgent
insurrecto insurgent
integración a futuro
  (Ar) integration, forward
integración de empresas de
  producción y de distribución
  forward integration
integración horizontal
  horizontal integration
integración por vía horizontal
  horizontal channel integration
integración progresiva
  (Ven) forward integration
integración regresiva
  (Ven) integration, backward
integración retroactiva
  (Ar) integration, backward
integración vertical vertical
  integration
integración vertical hacia abajo
  (Mex) forward integration
integración vertical inversa
  backward vertical integration
integridad integrity
inteligencia artificial articles of
  incorporation
intención de ganancia profit

motive
intensidad de utilización de tierras
land-use intensity
intensivo en el conocimiento
(Ch) knowledge intensive
intensivo en habilidad   skill
intensive
intercalar   merge
intercambiar   exchange
intercambio   barter, exchange,
swap, trade-off
intercambio de valores   (Sp) swap
intercambio libre de impuestos
tax-free exchange
interdicto   injunction
interés   interest
interés adquirido   vested interest
interés al mejor cliente   (Sp) prime
rate
interés asegurable   insurable
interest
interés calculado sobre año comercial
(360 días)   (Sp) ordinary interest
interés calculado sobre año natural
exact interest
interés complementario   add-on
interest
interés compuesto   compound
interest
interés futuro   future interest
interés imputado   imputed interest
interés indiviso   undivided interest
interés mayoritario   controlling
interest
interés minoritario   minority
interest or minority investment
interés presunto   (Ch) imputed
interest
interés que se carga sobre una
cuenta   carrying charge
interés reversionario   reversionary
interest
interés revertido   (Ar) reversionary
interest
interés simple   simple interest
interés sobre los dividendos
(Ar) taxation, interest on dividends
interés vencido (Mex) accrued

liabilities
interesar   concern
intereses   (Mex) finance charge
intereses devengados/acumulados
accrued interest
intereses no devengados   unearned
interest
intereses no vencidos   unearned
interest
intereses ordinarios   ordinary
interest
intereses pagados por anticipado
(Sp) prepaid-interest
intereses prepagados   prepaid-
interest
intereses vencidos; cupón corrido
(Sp) accrued interest
interfase   (Mex) interface
interfaz   interface
interferencia de patrón   employer
interference
interferencia patronal
(Mex) employer interference
interlocutoria
interlocutory decree
intermediación   intermediation,
brokerage
intermediario   intermediary, jobber
(Mex) underwriter
intermediario (en una negociación)
go-between
intermediario financiero   broker,
financial intermediary
intermediario por cuenta ajena
(Sp) broker
intermedio   intermediary
internamente   in-house
Internet   Internet
interpolación   interpolation
interpretador(a)   (Mex) interpreter
intérprete   interpreter
interrogatorios   interrogatories
interrupción de negocios   business
interruption
intervalo   range
intervalo de confianza   confidence
interval
intervalo de transacciones   trading

range
intervención mediation
interventor comptroller
(Sp) receiver
inundación (de un mercado) glut
inundar (un mercado) glut
invadir encroach
(Ch) trespass
invasión encroachment
inventando trabajo para mantener
ocupado a alguien (Ch) make-
work
inventar devise
inventario inventory, stock
inventario (proyectos)
(Ar) pipeline
inventario a la descarga de la
mercancía (Sp) tally
inventario abierto open stock
inventario constante
perpetual inventory
inventario contable
(Sp) book inventory
inventario continuo
(Sp) perpetual inventory
inventario de cierre
closing inventory
inventario de manufactura
manufacturing inventory
inventario en libros
book inventory
inventario extracontable
(Sp) physical inventory
inventario final (al cierre del
ejercicio) closing inventory
inventario físico physical
inventory
inventario muerto dead stock
inventario permanente
(Ch) perpetual inventory
inventario perpetuo perpetual
inventory
inventario protegido forward stock
inventario real (Sp) physical
inventory
inversión investment,
reversal, stake
inversión de capital capital
expenditure, capital investment

inversión directa direct investment
inversión directa extranjera
foreign direct investment
inversión en bienes inmuebles
(Ar) land
inversión extranjera foreign
investment
inversión negativa (Ven) negative
carry
inversiones permitidas para ciertas
instituciones financieras legal
investments
inversionista a pequeña escala
(Ven) small investor
inversionista acreditado accredited
investor
inversionista autorizado
(Ar) accredited investor
inversionista con conciencia social
(Ar) (Ven) socially conscious
investor
inversionista institucional
institutional investor
inversionista pasivo passive
investor
inversionista pequeño
(Ar) (Ch) (Mex) small investor
inversor (Ven) writer
inversor bursátil con expectativas
bajistas (Ven) bear
invertir invest
invertir por fórmula formula
investing
investigación (Mex) survey
research
(Sp) operations research (OR)
investigación aplicada applied
research
investigación cualitativa
qualitative research
investigación cuantitativa
quantitative research
investigación de antecedentes
background investigation
investigación de mercadeo
marketing research
investigación de mercado market
research
investigación de mercadotecnia

(Mex) marketing research

investigación de operaciones
operations research (OR)

investigación del consumidor
consumer research

investigación intensiva, de
research intensive

investigación y desarrollo
research and development (R&D)

investigador analyst

ir a alcanzar (a un deudor) dun

ir a la huelga (Sp) strike

IRA autoadministrado (Ven) self-
directed IRA

irrevocable irrevocable

ítem listing

ítem monetario (Ch) monetary item

ítem no monetario
(Ch) nonmonetary item

ítems de preferencia impositiva
tax preference items

iteración iteration

J

jefatura de redacción   desk
jefe (Sp) principal
jefe de familia   (Mex) head of
   household
jefe de producto   (Sp) brand
   manager
jerarquía   hierarchy
jinetear (Mex) lapping
jornada   shift
jornada dividida   split shift
jornal   pay
   (Mex) breadwinner
   (Sp) wage
jubilación   (Ch) retirement
jubilación anticipada
   (Ch) (Mex) (Ven) early
   retirement
jubilación diferida   deferred
   retirement
jubilación forzosa
   (Ar) compulsory retirement
jubilación obligatoria   compulsory
   retirement
jubilación temprana   early
   retirement
judicial   deposition
juego   battery
juego de empresa
   (Mex) management game
juego de suma cero   (Mex) zero-
   sum game

juez (Sp) referee
juicio   discretion, discrimination,
   judgment
juicio amigable   friendly suit
juicio arbitral   arbitration
juicio ejecutivo   (Sp) attachment
juicio/desalojo de lanzamiento
   (Mex) dispossess proceedings
juicio/diligencia de desalojo
   dispossess proceedings
juicio hipotecario   foreclosure
junta anual   (Ch) reunión anual
Junta de Directores   (Ven) board
   of directors
junta de revisión de avalúos
   (Ven) board of equalization
junta directiva   board of directors
junta directiva de interbloqueo
   interlocking directorate
junta directiva vinculada
   (Ven) interlocking directorate
junta interina vinculada
   (Mex) interlocking directorate
jurado   jury
jurisdicción de un tribunal
   (Sp) jurisdiction of a court
jurisprudencia   jurisprudence
justificable   (Ch) justifiable
justificante   (Sp) voucher
justificativo   exculpatory
justo   equitable

K

"kit" de prensa (Ar) (Ven) press kit

L

laboral labor
lacrar seal
lactación (Ar) milking
laguna legal loophole
lanzamiento ejectment
lanzar float, issue
lapso lapse
latitud latitude
laudo (Sp) arbitration
lealtad de marca **brand loyalty**
"leasing" (Ar) capital lease
   (Ar) (Ch) financial lease
"leasing" con cuotas graduadas
   (Ch) graduated lease
"leasing" financiero (Ch) capital
   lease, direct financing lease
lectura de la cinta magnética
   (Ven) reading the tape
lectura de la tira de papel de suma
   (Ven) reading the tape
legado bequest
legado (inmobiliario) devise
legalización probate
   (Sp) authentication
legar bequeath
legatario legatee
legislación de control de emisión y
   ventas de valores blue-sky law
legislación fiscal (Ar) revenue
   ruling
lesión personal personal injury
lesiones/daños independientes de
   todos los otros medios injury
   independent of all other means
letra a la vista sight draft
letra aceptada acceptance
letra bancaria (Ven) banker's
   acceptance
letra comercial aceptada
   (Mex) trade acceptance
letra de cambio bill of exchange,
   draft
letra de cambio a fecha cierta time

draft
letra de cambio a plazo (Sp) time
   draft
letra de cambio a término time
   draft
letra de reactivación follow-up
   letter
letrado (Sp) attorney-at-law
ley law
ley adjetiva adjective law
ley de descanso dominical
   (Ar) blue laws
ley de los costos crecientes law of
   increasing costs
ley de los números grandes law of
   large numbers
ley de los rendimientos decrecientes
   law of diminishing returns
ley de oferta y demanda law of
   supply and demand
ley de prescripción statute of
   limitations
ley de reemplazo
   (Mex) substitution law
ley de reversión al Estado
   (Ven) escheat
ley de sustitución
   (Ven) substitution law
ley que prohíbe realizar negocios el
   domingo blue laws
ley sobre moral moral law
leyes antimonopólicas antitrust laws
leyes antimonopolios
   (Sp) (Ven) antitrust laws
leyes contra la densidad urbana
   density zoning
leyes de etiquetado labeling laws
leyes que rigen el mercado bursátil
   (Mex) blue-sky law
leyes sobre actividades que
   requieren licencias license laws
leyes sobre la privacidad privacy
   laws

261

libelo libel
liberación deregulation, release
liberación parcial partial release
liberalización de normas
 (Ar) deregulation
liberar release
libertad económica economic
 freedom
librado drawee
librador drawer, maker
librador de un pagaré (Sp) maker
libramiento de letras cruzadas
 (Sp) kiting
libranza (Sp) bill of exchange
libre a bordo (Ar) (Mex) free on
 board (FOB)
libre al costado del buque
 (Ar) free alongside ship (FAS)
libre de compromiso commitment
 free
libre de gravámenes free and clear
libre empresa free enterprise
libreta de compromisos y fechas de
 vencimiento diary
libro (Ch) general journal, book
libro auxiliar
 (Mex) (Sp) (Ven) subsidiary ledger
 (Mex) journal
libro blanco white paper
libro de acciones stock ledger
libro de accionistas stock ledger
libro de caja cashbook
libro de compras (Ch) purchase
 journal
libro de movimientos de fondos
 cashbook
libro de pago al contado cash
 payment journal
libro de planos (Mex) (Ven) plat
 book
libro de recibos (Sp) receipt
libro de ventas sales journal
libro diario journal
libro mayor ledger
 (Ch) (Mex) general ledger
libro mayor auxiliar subsidiary
 ledger
libro mayor de cuentas por cobrar
 accounts receivable ledger

libro mayor de cuentas por pagar
 accounts payable ledger
libro mayor general general ledger
libro negro creativo creative black
 book
libros contables (Ar) accounting
 records
licencia license, permit
 (Ar) (Ch) leave of absence
licenciado en derecho
 (Mex) attorney-at-law
licenciar discharge, license
licenciatario licensee
licitación (Ar) bidding up
líder (Ch) leader
líder de opiniones opinion leader
líder en pérdida loss leader,
 leader pricing
líder extraoficial informal leader
liderazgo con participación
 participative leadership
ligar por medio de un contrato
 indenture
limitación restriction
limitación al libre comercio
 restraint of trade
límite (de inclusión) (Ar) cutoff
 point
límite de explotación comercial
 diario daily trading limit
límite de fluctuación fluctuation
 limit
límite de gastos del arrendador
 stop clause
límite de variación diaria
 (Mex) daily trading limit
límite diario de operaciones
 (Ar) daily trading limit
límite superior caps
límite superior, límite inferior
 (Ar) limit up, limit down
límites básicos o fundamentales de
 responsabilidad basic limits of
 liability
límites de un inmueble metes and
 bounds
limpiar clean
limpio clean
linaje descent

lindante adjoining
lindero de propiedad property line
linderos de un inmueble metes
   and bounds
línea line
línea bancaria bank line
línea de atención attention line
línea de construcción building line
línea de crédito facility, line of
   credit
   (Mex) credit rating
línea de crédito bancario
   (Ven) bank line
línea de fabricación en cadena
   (Sp) assembly line
línea de productos product line
línea de regresión regression line
línea de tendencia
   (Ar) (Ch) (Mex) (Ven) trend line
línea dedicada dedicated line
línca/vía jerárquica chain of
   command
**líneas de mercancías a precios
   específicos** price lining
liquidación liquidation,
   settlement, winding up
liquidación bancaria
   (Ar) clearinghouse
liquidación de daños y perjuicios
   (Ar) liquidated damages
liquidación de mercancías
   (Mex) clearance sale
liquidación de una deuda
   (Ch) satisfaction of a debt
liquidación judicial receivership
liquidador receiver
liquidar clear, liquidate, settle
liquiar (Ar) close out
liquidar una cuenta (Mex) settle
liquidez liquidity
líquido hard cash
   (Sp) net
líquido imponible (Sp) taxable
   income
lista list, listing, schedule
lista aprobada approved list
**lista de acciones bajo vigilancia
   especial** watch list

lista de bultos (Sp) packing list
lista de cuentas chart of accounts
lista de empaque packing list
lista de objetivos (Ch) hit list
lista de pasajeros manifest
lista de puntos pendientes
   (Ven) punch list
lista de raya (Mex) payroll
lista legal legal list
lista negra black list
lista para envío de correo
   (Ven) mailing list
lista perforada (Ar) punch list
listado (Sp) listing
listado aprobado approved list
litigante litigant
litigio litigation, pleading
locación bailment, lease
locador landlord, lessor
locales arrendados demised
   premises
locales cedidos demised premises
locatario bailee, lessee
logo (Ven) logo
logotipo logo
logrero profiteer
logro fulfillment
lote job jumper, parcel, plot, site
lote de acciones suelto o incompleto
   (Ven) odd lot
lote de artículos de ocasión
   (Sp) job jumper
lote de artículos variados
   (Ven) odd lot
lote impar (Ar) odd lot
lote inactivo broken lot
lote inferior a 100 acciones
   (Sp) odd lot
lote interno inside lot
lote irregular (Ven) job jumper
lote suelto de acciones
   (Ven) broken lot
lotería lottery
lucro cesante (Ven) business
   interruption
**lucha por control mediante mayoría
   de votos** proxy fight
lugar abierto (Ar) open space

LL

llamada en conferencia
conference call
llamada telefónica (Mex) buzz
words

llave (Ch) goodwill
llave en mano (Sp) turnkey
llegar a o alcanzar cierta edad
attained age

M

macroambiente macroenvironment
macroeconomía macroeconomics
madurez maturity
magnate industrial (Sp) tycoon,
  magnate
mala administración
  mismanagement
malgastar (Sp) waste
malinterpretar mistake
malversación defalcation,
  embezzlement
mancomunada y solidaramente
  jointly and severally
mancomunidad (Sp) pool
manda bequest
mandamiento writ
mandante principal
mandar (Sp) bequeath
  (Ven) enjoin
mandar un sms o un mensaje text
mandatario (Sp) agent
mandatario de hecho
  (Sp) attorney-in-fact
mandato injunction, mandate,
  writ
mandato implícito (Ar) apparent
  authority
mando command
mandos intermedios (Sp) middle
  management
manejar manage
manejo management
manejo especial (Ch) (Ven) special
  handling
manejo excesivo e innecesario de
  carga back haul
manifestación de insolvencia
  (Ven) act of bankruptcy
manifestar exercise, manifest
manifiesto manifest
manifiesto de carga manifest
manipulación manipulation
manipulación especial (Ar) special
  handling

maniquí dummy
mano de obra (Ar) (Ch) labor
  (Ar) labor force
mano de obra desempleada
  (Ven) unemployed labor force
mano de obra directa direct labor
mano de obra disponible
  (Ch) labor pool
mano de obra indirecta indirect
  labor
mantener la expectativa holdback
mantenido firm
mantenimiento maintenance,
  servicing, upkeep
  (Mex) subsistence
mantenimiento de precios mínimos
  price supports
mantenimiento diferido deferred
  maintenance
mantenimiento preventivo
  preventive maintenance
manual manual
manufactura manufacture
manufactura en proceso (Sp) work
  in progress
manufacturar manufacture
mapa map
mapa de bits bit map
mapa de zonificación zoning map
mapa impositivo tax map
mapear map
máquina trazadora (Ven) plotter
marca brand
marca comercial trademark
marca complementaria
  (Mex) flanker brand
marca del lugar de compra store
  brand
marca figurativa logo
marca registrada trademark
  (Mex) brand name
marcación aleatoria
  (Mex) random-digit dialing
marcado bookmark

marcar brand
marcar números telefónicos al azar
 (Ch) random-digit dialing
marcar un número de teléfono
 dialup
margen margin, range, spread
margen adjustable adjustable
 margin
margen complementario adicional
 (Sp) additional mark-on
margen de aportación
 contribution margin
margen de beneficio margin of
 profit, profiteer
margen de beneficio agregado al
 precio (Ch) additional mark-on
margen de colocación de emisión
 underwriting spread
margen de contribución
 contribution profit margin
margen de control
 (Ar) (Ven) span of control
margen de ganancia margin of
 profit, markup, profiteer
margen de ganancias netas net
 profit margin
margen de rendimiento (Sp) yield
 spread
margen de segmento segment
 margin
margen de seguridad margin of
 safety, safety margin
margen de utilidad (Sp) margin of
 profit, profiteer
margen de utilidad neta
 (Mex) net profit margin
márgenes margins
market timing (Mex) market
 timing
marketing directo (Ch) direct
 marketing
masa (Ar) rank-and file
masa monetaria money supply
material equipment, material
 (Mex) ware
material inmovilizado
 (Sp) tangible asset
materiales directos direct material

materialidad materiality
materias primas raw materials
 (Ar) commodity
matriz matrix
máximo peak
mayor ledger
mayor postura (Mex) outbid
mayor valor (Ch) gain
mayoría majority
mayoría de edad majority
mayorista wholesaler
mayoritario (Mex) majority
mecanización mechanization
media aritmética (Mex) arithmetic
 mean
media geométrica
 (Mex) geometric mean
media móvil moving average
media vida half-life
mediación mediation
medición de tiempos de movimiento
 (Mex) methods-time measurement
 (MTM)
medida antitiburones (Sp) shark
 repellent
medida preventiva
 (Ven) precautionary motive
medio average, medium
 (Ven) instrumentality
medio aritmético (Ch) arithmetic
 mean
medio circulante (Sp) money
 supply
medio de intercambio medium of
 change
medio de protección hedge
medio de transporte
 (Ven) instrumentalities of
 transportation
medio geométrico (Ch) geometric
 mean
medio/circuito de ventas channel
 of sales
medios (Sp) resources
medios de comunicación mass
 media, media
medios de producción capital goods
medios publicitarios media

megapíxel megapixel
mejor tasación best rating
mejor valor asignado best rating
mejora betterment
mejoramiento improvement, betterment
mejoramiento de capital capital improvement
mejorar upgrade
mejoras (Ar) capital improvement
mejoras a propiedades arrendadas (Ven) leasehold improvements
mejoras hechas por el arrendatario leasehold improvements
memorando de débito debit memorandum
memorándum memorandum
memorándum descriptivo descriptive memorandum
memorándum personal diary
memoria memory
memoria anual (Ar) (Ch) (Sp) annual report
menor minor
menor de edad minor
menor entre el costo o el valor de mercado (Ch) (Ven) lower of cost or market, lower-involvement model
menor valor de inversión (Ch) goodwill
menos de vagón less than carload (L/C)
mensaje de texto text message
mensajero express
menudeo (Sp) retail
menudista asociado affiliated retailer
mercadear market
mercadeo marketing (Sp) merchandising
mercadeo directo direct marketing
mercader bargain hunter
mercadería merchandise
mercadería cruzada cross merchandising
mercaderías (Ar) ware
mercado market
mercado a futuro para mercancías

en general commodities futures
mercado a la alza bull market
mercado a la deriva (Mex) random walk
mercado a la deriva (Mex) random walk
mercado activo active market, tight market
mercado al contado cash market, spot market
mercado alcista bull, bull market
mercado aleatorio (Mex) random walk
mercado bajista bear market
mercado bursátil (Sp) stock market
mercado competente efficient market
Mercado Común Europeo European Common Market
mercado con pocas transacciones thin market
mercado corriente (Ar) active market
mercado de bienes inmuebles real estate market
mercado de bienes raíces (Ven) real estate market
mercado de capitales capital market
mercado de divisas foreign exchange
mercado de futuros futures market
mercado de prueba test market
mercado de reposición (Ar) after market
mercado de subastas (Mex) outcry market
mercado de valores (Mex) stock market
mercado débil soft market, weak market
mercado del vendedor seller's market
mercado difícil (Ar) tight market
mercado eficiente efficient market
mercado estrecho (Ven) tight market

mercado favorable al comprador
buyer's market
mercado financiero financial
market
mercado genérico generic market
mercado gris (Mex) graveyard
market
mercado hipotecario secundario
secondary mortgage market
mercado hipotecario secundario
(Ven) second mortgage
mercado imperfecto imperfect
market
mercado libre free and open
market, free market
mercado meta (Ar) target market,
target price
mercado monetario money market
mercado monetario internacional
international monetary market
mercado negro black market
mercado objeto target market
mercado presente (Ar) cash market
mercado primario primary market
mercado primario para nuevas
emisiones (Sp) primary market
mercado secundario after market,
secondary market
mercado sensible sensitive market
mercado suicida (Ar) graveyard
market
mercadotecnia marketing,
automatic merchandising
(Mex) merchandising
mercadotecnia directa direct
marketing
mercancía (Mex) commodity,
merchandise
mercancía de la cual se espera
entrega física spot commodity
mercancía en reclamación draw
mercancía exportada export
mercancía irregular irregulars
mercancías goods
(Ch) (Ven) ware
mercancías empaquetadas
packaged goods
mercancías invendibles dead
stock

mercancías no duraderas
nondurable goods
mercancías perecederas
nondurable goods
mercancías rebajadas dutch
auction
mercancías reguladas regulated
commodities
mercantil commercial, mercantile
mercantilismo mercantilism
Mercomún Europeo
(Mex) European Common Market
merma (Ch) (Mex) (Ven) shrinkage
mermas (Ch) inventory shortage
(shrinkage)
mesa (Ch) desk
meseta de mitad de carrera
midcareer plateau
mesón (Ch) desk
meta goal
método contable accounting
method
método de acumulación accrual
method
método de amortización directo
direct charge-off method
método de camino crítico
(Ar) critical path method (CPM)
método de castigo directo
(Ch) direct charge-off method
método de comparación de mercado
market comparison approach
método de contrato completo
completed contract method
método de costos cost method
método de crecimiento firme
(Ar) steady-growth method
método de crecimiento uniforme
(Ven) steady-growth method
método de depreciación lineal
straight-line method of
depreciation
método de depreciación sobre línea
recta (Ven) straight-line
method of depreciation
método de disminución de saldo
(Mex) declining-balance method
método de ensayo y error
(Ar) trial and error

método de estudio de casos case-study method

método de ganancia bruta gross profit method

método de gastos globales overall expenses method

método de ingresos (Ar) (Ch) income approach

método de inventario al por menor retail inventory method

método de inventario periódico periodic inventory method

método de mantenimiento maintenance method

método de pago payment method

método de parte competitiva competitive party method

método de participación equity method

método de porcentaje de terminación percentage-of-completion method

método de porcentaje de ventas percentage-of-sales method

método de saldo declinante (depreciación) declining-balance method

método de saldo decreciente diminishing-balance method

método de sendero crítico (Ven) critical path method (CPM)

método de unidades de producción (Ar) (Ch) (Ven) units-of-production method

método de valor patrimonial proporcional (Ch) equity method

método de ventas ABC (Ven) ABC method

método de vía crítica critical path method (CPM)

método guía ABC method

mezcla mix

mezcla de tipos de promoción promotion mix

mezcla fondos commingling of funds

microeconomía microeconomics

miembro de una junta directiva cuyo vínculo único es ese cargo outside director

miembros de unión rank and file

miembros ordinarios (Ch) rank and file

millas de pasajero passenger mile

millonario millionaire

millonario en acciones millionaire on paper

minimum premium deposit plan

ministerio department

minorista especializado (Mex) specialty retailer

minorista subsidiario (Ar) affiliated retailer

minusvalía capital loss

minusvalía excepcional (Ven) unique impairment

minutas minutes

misión assignment

misión especial (Ven) special assignment

mitigación de daños y perjuicios mitigation of damages

mobiliario chattel, fixture

moda mode

modalidades de finiquito/ liquidación opcionales (Ven) optional modes of settlement

modelado modeling

modelo de decisiones decision model

modelo de implicación alta high-involvement model

modelo proyectivo de investigación de inversiones (Mex) value line investment survey

modificación amendment

modificación de la declaración de rentas/ingresos (Ar) amended tax return

modificar amend

modo mode

modos opcionales de acuerdo (Ar) optional modes of settlement

modos opcionales de liquidación (Ch) optional modes of

settlement
módulo básico basic module
mojón landmark
moneda money
moneda blanda (Ven) soft currency
moneda blanda soft money
moneda controlada managed
currency
moneda de curso legal legal
tender, tender
moneda débil soft currency
moneda estable hard currency
moneda fraccionaria (Mex) hard
money
moneda fuerte hard currency
(Ar) hard money
moneda funcional functional
currency
moneda sonante specie
monetario (Sp) money, monetary
monetarista monetarist
monopolio monopoly
(Sp) trust
monopolio de patente
(Ar) (Ven) patent monopoly
monopolio legal legal monopoly
(Mex) patent monopoly
monopolio natural natural
monopoly
monopolio perfecto perfect (pure)
monopoly
monopolista monopolist
monopolizador (Sp) monopolist
monopsonio monopsony
monto bruto (Ven) gross amount
monto principal principal sum
monumento monument
moral ethical, ethics
(Ar) arrears, morale
(Mex) morale
moratoria moratorium
morosidad delinquency
(Ch) arrearage
moroso delinquent
morralla (Mex) hard money
motivación motivation
motivo de acción cause of action
motivo de precaución
(Ch) (Mex) precautionary motive

motivo judicial (Ar) precautionary
motive
móvil con tendencia ascendente
(Ar) upwardly mobile
movilidad de la mano de obra
(Ar) labor mobility
movilidad laboral labor mobility
movimiento movement, shift,
turnover
(Sp) transaction
movimiento de mercancías turnover
movimiento del precio de un valor
tick
movimiento o manejo de materiales
materials handling
movimientos de cobros
(Ar) receivables turnover
mucha investigación, de research
intensive
mucho dinero (Ch) megabucks
muestra sampling
muestra aleatoria random sample
muestra de aceptación acceptance
sampling
muestra del fallo (Ch) judgment
sample
muestra dirigida (Ar) judgment
sample
muestra por el método de cuotas
(Mex) (Ven) quota sample
muestras en grupo cluster sample
muestreo sampling
muestreo al azar (Sp) random
sample
muestreo aleatorio estratificado
stratified random sampling
muestreo de bloque
(Ar) (Ch) (Mex) block sampling
muestreo en bloque (Ven) block
sampling
muestreo de característica
attribute sampling
muestreo de casa en casa
house-to-house sampling
muestreo de descubrimiento
discovery sampling
muestreo de opinión
(Mex) judgment sample
muestreo de variables variables

sampling
muestreo en grupo   cluster
sampling
muestreo estadístico   statistical
sampling
muestreo de conveniencia
convenience sampling
muestreo sistemático   systematic
sampling
muestreo unitario en dólares

dollar unit sampling (DUS)
multa   penalty
multicolinealidad   multicollinearity
multimedia   multimedia
múltiple   multiple
multiplicador   multiplier
multiplicador de alquiler bruto
gross rent multiplier (GRM)
**multiplicador de arrendamiento
bruto**   gross rent multiplier

N

navegador browser
navegar por Internet browse the
  Internet
negación de opinión (Mex) disclaimer
negligencia default, negligence
negligencia comparativa
  comparative negligence
negligencia contributiva
  contributory negligence
negligencia contribuyente
  contributory negligence
negligencia profesional
  malpractice
negligente delinquent
negociabilidad marketability
negociable negotiable
negociación negotiation
negociación colectiva collective
  bargaining
negociación individual individual
  bargaining
negociación rápida (Mex) fast
  tracking
negociaciones de patrones múltiples
  multiemployer bargaining
negociante dealer, trader
negociar (Sp) trade
negocio business, concern, store,
  transaction, venture
  (Mex) trade
negocio arriesgado venture
negocio conjunto joint venture
negocio en quiebra
  (Mex) receivership
negocio pequeño small business
negocio propio proprietorship,
  sole proprietorship
negocio vecino (Ar) neighborhood
  store
negocios business
negrita bold
nepotismo nepotism
neto clean, flat, net

nicho niche
nivel de apoyo
  (Ar) (Mex) (Ven) support level
nivel de confianza confidence level
nivel de ocupación occupancy
  level
nivel de solicitud credit rating
nivel de soporte (Ch) support level
nivel de vida standard of living
nivel máximo (Sp) peak
nivelar un presupuesto balance
nivelarse level out
no calificado not rated (NR)
no comprometerse holdback
no cualificado(a) unskilled
no cumplir con default
no deducible de los aportes
  patronales (Ar) nondeductibility
  of employer contributions
no descontado undiscounted
no en las horas de máximo consumo
  off peak
no en los libros off the books
no especializado(a) unskilled
no hacer frente a default
no interesa (Sp) out of the money
no líquido illiquid
no para ganancias (Ar) not for
  profit
no realizable illiquid
no recurrente nonrecurring charge
no redimible durante cierto tiempo
  (Sp) noncallable
no reembolsable nonrefundable
no repetitivo nonrecurring charge
no rescatable (Ar) (Ven) noncallable
no retirable noncallable
nombramiento del administrador
  judicial receivership
nombre de marca brand name
nombre de usuario username
nombre industrial (Mex) brand
  name

nombre legal legal name
nómina list, payroll
nómina de empleados (Sp) list
nominatario nominee
nómino nominee
norma norm, standard
norma de dos por ciento (Ar) two
  percent rule
norma industrial industry
  standard
normas contables accounting
  principles, accounting standards
normas de auditoría auditing
  standards
**normas para planificar la
  utilización de tierras** land-use
  planning
normas profesionales comerciales
  business etiquette
nota note
nota aclaratoria (Mex) disclosure
nota de cargo (Mex) debit
  memorandum
nota de embarque (Mex) bill of
  lading
nota de garantía (Ar) guaranteed
  letter
nota en anticipación a impuestos
  tax anticipation note (TAN)
nota en anticipación a ingresos
  revenue anticipation note (RAN)
nota o volante de débito (Ar) debit
  memorandum
nota promisoria promissory note
notariar (Mex) notarize
notario (Sp) actuary

notarizar notarize
notificación (Mex) summons, notice
notificación implícita
  constructive notice
notificación de desalojo
  (Ven) notice to quit
notificación de vencimiento
  expiration notice
notificación estatutaria
  (Ven) statutory notice
notificación legal (Ar) (Mex) legal
  notice
  (Mex) statutory notice
notificación sobreentendida/ presunta
  (Ven) constructive notice
novación novation
nueva emisión new issue
nueva estimación (Ar) reappraisal
  lease
nulo null and void
nulo y sin valor (Sp) null and void
número contable account number
número de cuenta
  (Mex) (Sp) account number
**número de horas acostumbrado por
  un período de trabajo**
  straight time
número de interés flotante
  floating-point number
número de orden order number
número de pedido (Ven) order
  number
número de punto flotante
  (Mex) floating-point number
**NYSE (Bolsa de Valores de Nueva
  York)** (Mex) big board

O

o a mejor precio or better
objeción demurrer, disclaimer
objetivo goal, objective
objetivo de costos cost objective
objeto depositado (Sp) bailment
objeto ficticio dummy
obligación accountability, bond,
   debenture, liability
   (Mex) lien
obligación a corto plazo
   (Ven) short bond
obligación a corto plazo en
   anticipación a impuestos
   tax anticipation bill (TAB)
obligación a largo plazo long-term
   debt or long-term liability
obligación al portador (Sp) bearer
   bond
obligación colateralizada con
   hipotecas (Ar) collateralized
   mortgage obligation (CMO)
obligación con prima
   (Sp) premium bond
obligación de beneficios
   proyectados projected benefit
   obligation
obligación de fideicomiso de
   equipos equipment trust bond
obligación de probar burden of
   proof
obligación garantizada guaranteed
   bond
obligación garantizado
   (Sp) secured bond
obligación hipotecaria de
   remuneración por tramos
   collateralized mortgage
   obligation (CMO)
obligación mancomunada
   (Sp) joint liability
obligación nominativa
   (Sp) registered bond
obligación/bono fiduciario
   fiduciary bond

obligación participativa income
   bond
obligación personal (Sp) personal
   liability
obligación solidaria (Ar) joint and
   several liability
obligaciones a riesgo (Sp) junk
   bond
obligaciones al descuento deep
   discount bond
obligaciones de ganancia
   (Mex) income bond
obligaciones en serie (Sp) serial
   bond
obligaciones negociables
   (Ar) corporate bond
obligado liable, obligee
obligante obligee
obligor obligee
obra en curso work in progress
obras públicas public works
obrero journeyman
   (Ar) blue collar
obrero manual (Mex) (Ven) blue
   collar
obsolescencia obsolescence
obsolescencia de habilidades skill
   obsolescence
obsolescencia funcional functional
   obsolescence
obsolescencia tecnológica
   technological obsolescence
obstáculo bar, impasse
obstruir block
obtener gain
obtener o solicitar fondos
   fund-raising
obtener un beneficio bruto
   gross gain
ocultamiento concealment
ocupación job, occupation
ocupancia occupancy
ocupante occupant, tenant
oferente offerer

oferta bidding up, offer, tender
oferta abierta open bid
oferta competitiva competitive bid
oferta de cumplir tender
oferta de entrega tender of delivery
oferta de pago tender
oferta de prueba trial offer
oferta en concurso interno self-tender offer
oferta en puja hacia arriba (Ven) bidding up
oferta en sobre sellado sealed bid
oferta excesiva glut
oferta favorable bear hug
oferta firme firm offer
oferta monetaria money supply
oferta no competitiva noncompetitive bid
oferta pública de acciones (OPA) (Ch) initial public offering (IPO)
oferta pública inicial initial public offering (IPO)
oferta pública para la adquisición de acciones tender offer
oferta sólida firm offer
oferta y aceptación offer and acceptance
oferta y demanda (Sp) bid and asked
ofertar (Sp) offer
oficial de sala (Sp) actuary
oficina agency, bureau
oficina de colocaciones employment agency
oficina de operaciones (Mex) back office
oficina de reventa (Ven) bucket shop
oficina de servicios (Mex) service bureau
oficina de una asociación executive committee
oficina ilegal de corretaje (Ar) bucket shop
oficina/departamento de crédito credit bureau
oficina principal front office
oficio shop, tender, trade

(Ch) occupation, revenue ruling
(Ar) occupation
ofrecer offer
(Mex) supply
ofrecer pagar tender
ofrecido y demandado bid and asked
ofrecimiento offer
ofrecimiento privado private offering or private placement
oligopolio oligopoly
oligopolio colusorio collusive oligopoly
oligopolio homogéneo homogeneous oligopoly
ombudsman ombudsman
opción option
opción abierta (Ven) naked option
opción al descubierto (Ven) naked option
opción cotizada listed option
opción cubierta covered option
opción de acciones de incentivo incentive stock option (ISO)
opción de compra call option
opción de compra option
opción de compra de acciones stock option
opción de compra de acciones para empleados (Mex) employee stock option
opción de empleados de suscripción de acciones employee stock option
opción de medios (Ar) media option
opción de recurso de emergencia fallback option
opción de renovación renewal option
opción de venta sales option
opción garantizada covered option
opción inmovilizada (Ar) lock-up option
opción no cubierta naked option
opción protegida covered option
opción sin el respaldo del activo correspondiente (Ven) naked option

opción-bono (Sp) stock option
opciones compensatorias
    compensatory stock options
opciones de compra de acciones
    compensatorias
    (Mex) compensatory stock
    options
opciones de índice index options
opciones en circulación open
    interest
operación (Sp) transaction
operación descontinuada
    discontinued operation
operación especulativa
    (Sp) venture
operación justa fair trade
operaciones con un valor para dar
    impresión de actividad en el
    mercado churning
operador administrator
    (Ar) trader
operando (Mex) (Ven) operand
operar (Sp) trade
operario (Ar) blue collar
opinión judgment
opinión "salvo a" "except for"
    opinion
opinión adversa adverse opinion
opinión calificada (Ven) qualified
    opinion
opinión con salvedades
    (Ch) qualified opinion
opinión condicional qualified
    opinion
opinión contraria adverse opinion
opinión de título opinion of title
opinión del contador accountant's
    opinion
opinión legal legal opinion
oponerse enjoin
oposición (Ar) competition,
    discrepancy
órdago greenmail
orden order, writ
    (Ar) (Ven) ordinance
orden a repetirse hasta nuevo aviso
    standing order
orden abierta open order
orden al contado cash order

orden con precio límite limit order
orden de compra buy order,
    purchase order
    (Mex) voucher
orden de compraventa de títulos
    pendiente de ejecución
    (Sp) open order
orden de compraventa vigente
    hasta su ejecución good-till-
    canceled order (GTC)
orden de crédito credit order
orden de fabricación
    (Mex) manufacturing order
orden de manufactura
    manufacturing order
orden de no pago (Ch) stop
    payment
orden de pico (Ven) odd lot
orden de propuesta (Ar) request
    for proposal (RFP)
orden de suspensión (Sp) stop
    order
orden de trabajo job order
orden de trabajo manufacturing
    order, work order
orden firme firm order
orden jerárquico (Ar) line of
    authority
orden ordinaria (Mex) market
    order
orden original original order
orden por etapas scale order
orden sólida firm order
ordenación array
ordenador (Sp) computer
ordenante (Sp) assignor, principal
ordenanza ordinance
ordenanza de zonificación zoning
    ordinance
ordenar class, control, enjoin, order
órdenes de trabajo (Mex) job
    jumper
ordeño (Mex) milking
organigrama organizational chart
organigrama funcional flowchart
organismo corporation
organismo de control
    (Sp) regulatory agency
organismo oficial (Sp) agency

organismo público (Sp) agency
organización organization
organización de línea y asesoría (Ar) line and staff organization
organización de mantenimiento de la salud health maintenance organization (HMO)
organización funcional functional organization
organización jerárquica (Ar) line organization
organización lineal line organization
organización lineal y funcional (Mex) line and staff organization
organización matriz (Ar) matrix organization
organización orientada a la producción production-oriented organization
órgano agency

orientación orientation
orientación profesional vocational guidance
origen (Sp) source
origen de los fondos (Sp) sources of funds
originador originator
oro papel paper gold
oscilación fluctuation
oscilamiento dumping, grant
otorgante grantor (Sp) maker
otorgar grant
otorgar ante un notario (Ven) notarize
otorgar créditos hipotecarios secundarios (Ch) second mortgage
otros ingresos other income
otros productos (Sp) overage, outstanding capital stock

P

pacto de recompra   repurchase
  agreement (REPO, RP)
pacto restrictivo   restrictive
  covenant
paga   pay, salary
paga adicional por horas/
  condiciones desfavorables
  premium pay
paga durante huelga   strike pay
paga mínima   minimum wage
pagadero   payable
pagado por adelantado   prepaid
  (Ven) paid in advance
pagado por anticipado   (Sp) prepaid
pagador   payer
pagador incumplido   deadbeat
pagar   honor, pay
pagar por adelantado   advance
pagar por anticipado   advance
pagar una deuda   (Mex) discharge
pagaré   due bill, note, promissory
  note
pagaré a la vista   demand note
pagaré   bill
pagaré de empresa
  (Sp) commercial paper
pagaré de empresa a corto plazo
  (Ven) prime paper
pagaré de favor, documento de
  garantía   (Ven) accommodation
  paper
pago   payout
pago a cuenta   downpayment,
  installment, on account
pago a término   (Ar) payment in
  due course
pago adelantado   (Ar) (Mex) paid
  in advance, prepayment
pago adicional por jornada
  irregular   shift differential
pago anticipado   (Sp) prepayment
pago "balloon"   balloon payment
pago con efecto retroactivo
  (Ar) back pay

pago con el pedido   cash order
pago contra entrega   (Mex) cash
  on delivery (COD)
pago de arrendamiento mínimo
  minimum lease payment
pago de capital
  (Ar) (Ch) (Ven)   principal
  interest, taxes, and insurance
  payment (PITI)
pago de incentivo   incentive pay
pago de pie   (Ch) downpayment
pago de principal e intereses
  principal and interest payment
  (P&I)
pago de rescate   greenmail
pago de sueldos atrasados   backpay
pago de todos los gastos de viaje
  portal-to-portal pay
pago de transferencia
  (Mex) transfer payment
pago de traspaso o de transferencia
  (Ch) (Ven) transfer payment
pago de una deuda
  (Ar) (Mex) satisfaction of a debt
pago en exceso   overpayment
pago escalonado/a cuenta
  (Ven) progressive payments
pago excesivo   overpayment
pago inicial   (Ven) downpayment,
  earnest money
pago insuficiente   underpay
pago neto   take-home pay
pago parcial   installment
  (Sp) progressive payments
pago periódico   (Sp) annuity
pago por un progreso en un
  proyecto   progressive payments
pago retenido   holdback pay
pago sobre deuda contraída   debt
  service
pago total   (Ar) total paid
pagos diferidos   deferred payments
pagos mediante liquidaciones
  escalonadas   deferred payments

pague a la vista pay as you go
palabras de respuestas (Ar) buzz
  words
palabras que están de moda buzz
  words
pantalla screen
pantalla táctil touchscreen
papel paper
papel comercial (Mex) commercial
  paper
papel de primera (Mex) prime
  paper
papel de valoración assessment
  role
papel moneda paper money
  (Mex) devise
papeleo red tape
papeleta (Ar) ballot
paquete package, parcel
paquete/serie de decisiones
  decision package
par (Sp) par
para probar suerte (Ven) on
  speculation (on spec)
para su información for your
  information (FYI)
paracaídas (cláusula) golden
  parachute
paraíso fiscal (Ven) tax shelter
paralegal (Mex) paralegal
paralización (Ven) stop clause
parámetro parameter
parcela parcel, plat
  (Ven) tract
paridad par, parity
paridad de conversión conversion
  parity
paritarias (Ar) collective
  bargaining
paro strike
  (Sp) unemployment
paro forzoso (Sp) lockout
  (Ven) involuntary unemployment
paro laboral work stoppage
parón (Ven) slowdown
parque industrial industrial park
parrilla de gestión
  (Mex) managerial grid
parte share

parte competente competent party
parte competitiva competitive
  party
parte inferior/baja bottom
parte por acomodación
  accommodation endorser, maker
  or party
parte suelta component part
parte, porción o acción fraccional
  fractional share
partición partition
participación stake
  (Mex) equity
  (Sp) share
participación accionaria holding
  company
participación accionaria no votante
  (Sp) nonvoting stock
participación de control
  controlling interest
participación de los accionistas
  (Sp) shareholder's equity
participación de marca brand
  share
participación en el mercado
  (Sp) market share
participación mayoritaria
  (Ar) controlling interest
participación minoritaria en las
  acciones minority interest or
  minority investment
participar (Sp) share
partida (Mex) indenture
partida para publicidad
  (Ven) advertising appropriation
partidas ordinarias
  (Mex) (ingresos y gastos) above
  the line
pasajero que va de pie
  (Ven) straphanger
pasaporte passport
pasar al diario (Sp) journalize
pasar el tiempo sin trabajar
  goldbrick
pasivo liability
pasivo acumulado
  (Ar) (Sp) accrued liabilities
pasivo consolidado funded debt
pasivo contingente/eventual

contingent liability

pasivo corriente (Ar) current liabilities

pasivo exigible current liabilities

pasivo exigible a plazo (Sp) time deposit

pasivos accrued liabilities

paso gradual a tasas impositivas más elevadas bracket creep

patentado patent

patentar patent

patente patent

patente de invención (Ar) (Ch) patent of invention

patente de un invento (Mex) (Ven) patent of invention

patente en tramitación (Ar) (Sp) patent pending

patente pendiente patent pending

paternalismo paternalism

patrimonio (Sp) proprietorship (Ch) (Ven) shareholder's equity

patrimonio equity, estate, inheritance (Ch) (Ven) stockholder's equity (Mex) ownership, possession

patrimonio nacional national wealth

patrimonio neto negativo (Ar) deficit net worth

patrocinador sponsor

patrocinar (Sp) sponsor

patrón boss, employer, owner, manager, standard (Ch) (Mex) template employer

patrón de flujo de pedidos (Ar) (Mex) order flow pattern

patrón de igualdad de oportunidades equal opportunity employer

patrón monetario monetary standard

patrón oro gold standard

patrón plata silver standard

peaje toll

peculado peculation (Mex) embezzlement

pecuniario pecuniary

pedido petition, requisition

(Mex) order entry (Sp) order

pedido al contado (Mex) (Ven) cash order

pedido de punto de umbral (Ar) (Ven) threshold-point ordering

pedido pero no recibido on order

pedidos sin cumplimentar (Sp) backlog

peligro risk

peligro de catástrofe catastrophe hazard

peligros mixtos mixed perils

peloteo (Sp) kiting

penalidad penalty

penalidad civil civil penalty

penalidad de retiro de fondos prematuro early withdrawal penalty

penalidad por prepago prepayment penalty

penalización (Ven) penalty

pendiente outstanding

pendiente de pago outstanding

pendiente de renovación (Mex) substitution slope

pendientes (Mex) backlog

penetración de mercado market penetration

pensión (Ch) retirement income, pension, allowance

pensión alimenticia alimony

pensión vitalicia variable (Mex) variable annuity

pensionado annuitant

peón peon

pequeñas cantidades de dineropara gastos personales pin money

pequeños beneficios perquisites (perk)

per cápita per capita **percepción de ingresos para efectos contributivos** (Ven) constructive receipt of income

pérdida forfeiture, loss

pérdida accidental fortuitous loss

pérdida completa (Sp) total loss

pérdida de capital capital loss

pérdida de capital a corto plazo
short-term capital loss
pérdida de pasatiempo
(Ar) hobby loss
pérdida económica economic loss
pérdida fiscal por pasatiempo
(Mex) hobby loss
pérdida fortuita fortuitous loss
pérdida legal de un derecho
(Ar) forfeiture
pérdida neta net loss
pérdida operativa neta net
operating loss (NOL)
pérdida ordinaria ordinary loss
pérdida por accidente casualty
loss
pérdida por fuerza mayor
(Mex) casualty loss
pérdida por siniestro
(Ven) casualty loss
**pérdida por una actividad de
afición** (Ch) hobby loss
pérdida total total loss
pérdidas con efecto retroactivo
(Ven) loss carry back
pérdidas de explotación operating
losses
pérdidas operativas operating
losses
pérdidas por partida doble
(Mex) whipsawed
**pérdidas resultantes de un
accidente** (Ar) casualty loss
**pérdidas trasladables a años
siguientes** (Ven) loss carry
forward
perdonar remit
perfeccionado perfected
perfil profile
perfil de clientela custom profile
perfil del cliente custom profile
perforación exploratoria wildcat
drilling
periódico paper
**periódico de recuperación de
inversión** payback period
período period
período (en reacción nuclear) half-
life

período base base period
período contable accounting period
período de amortización payback
period
período de apaciguamiento
cooling-off period
período de decisión anticipado
anticipated holding period
período de empleo tenure
período de gracia grace period
período de liquidación
(Sp) accounting period
período de mayor demanda
top out
período de pago pay period
período de recuperación
(Sp) upswing
período de reflexión cooling-off
period
período de rescate redemption
period
período de tenencia (Ven) holding
period
período de utilización máxima
peak period
**período de volumen normal de
trabajo** (Ar) off peak
período inactivo slack
período libre de pagos de alquiler
rent-free period
peritación (Sp) assessment, survey
peritaje (Sp) survey
perito (Ven) adjuster, appraiser
perito (de compañía de seguros)
(Sp) surveyor
perito evaluador (Ven) assessor
perjuicio irreparable irreparable
damage
perjuicio por división/separación
(Ch) severance damages
perjurio perecedero
(Ar) perishable perjury
permanencia académica academic
tenure
permisionario (Mex) licensee
permiso license, permit
permiso de construcción building
permit
permiso de trabajo work permit

permiso de uso especial special-
use permit
permiso de utilización condicional
conditional-use permit
permiso laboral (Ven) furlough
permiso para ausentarse leave of
absence
permitir license, permit
permutación permutation
permutar barter, exchange
perpetuidad perpetuity
perseguir con ardor dun
persona person
persona autorizada a venderle
valores al público registered
representative
persona en una capacidad
fiduciaria trustee
persona encargada dependent
persona informada insider
persona jurídica organization
(Sp) legal entity
persona nombrada nominee
persona que cambia frecuentemente
de un trabajo a otro (Ch) job
jumper
persona que da la pauta
(Ven) pacesetter
persona que da referencias referee
persona razonable reasonable
person
personaje simulado o ficticio
dummy
personal personnel, work force
personal de campo field staff
personal de terreno (Ch) field
staff
personal del sector de servicios
(Ven) service worker
personal desempleado
(Ar) unemployed labor force
personal interno insider
persuasión moral moral persuasion
perteneciente (Ar) appurtenant
pertinencia relevance
pertinente material
pesca en el fondo (Ar) bottom
fisher
peso leverage, load

peso bruto gross weight
peso/carga/cargo de la prueba
burden of proof
petición petition
(Ven) generic appeal
pico peak
pieza constitutiva component part
pignoración pledge
pignorar hypothecate
pila battery
piramidación (Sp) pyramiding
pirámide de riesgo (Ar) financial
pyramid
pirámide financiera financial
pyramid
pirata de computadoras hacker
pirata informático hacker
piratería laboral labor piracy
pista trace, tracer
pista de auditoría (Ven) audit trail
píxel pixel
pizca iota
plan budget, plan
plan 401 (k) 401(k) plan
plan B plan B
plan basado en la antigüedad
(Ven) aging of accounts
receivable or aging schedule
plan de acumulación voluntario
voluntary accumulation plan
plan de administración de
depósitos deposit administration
plan
plan de ahorro para jubilación
401(k) plan
plan de ahorros con retenciones de
la nómina (Ven) payroll
savings plan
plan de ahorros de planilla
(Ar) payroll savings plan
plan de ahorros en nómina
(Mex) payroll savings plan
plan de amortización
(Sp) amortization schedule
plan de beneficios
(Ar) cafeteria benefit plan
plan de beneficios a elección
(Ch) cafeteria benefit plan
plan de comercialización

marketing plan

plan de compensación diferida
deferred compensation plan

plan de compras cruzado cross
purchase plan

plan de contribución diferida
deferred contribution plan

plan de cuentas (Ar) (Ch) chart of
accounts

plan de dispersión
(Mex) (Ven) scatter plan

plan de esparcimiento (Ar) scatter
plan

plan de inversión (Ar) formula
investing

**plan de inversiones con depósitos
fijos mensuales** monthly
investment plan

plan de inversiones mensual
monthly investment plan

plan de jubilación (Ven) retirement
plan

**plan de jubilación basado en
beneficios** benefit-based
pension plan

plan de jubilación consolidado
funded pension plan

plan de jubilación contribuyente
contributory pension plan

**plan de jubilación financiado por
adelantado** advanced funded
pension plan

plan de jubilación por prestaciones
(Mex) benefit-based pension
plan

plan de lotes (Ar) plot

plan de mercadeo (Ven) marketing
plan

plan de mercadotecnia
(Mex) marketing plan

plan de pagos (Ar) amortization
schedule

**plan de participación de los
empleados en el capital de la
empresa** (Ven) employee stock
ownership plan (ESOP)

**plan de participación de los
empleados en las acciones de
la empresa** employee profit

sharing

**plan de participación de los
empleados en las ganancias de
la empresa** (Ven) employee
profit sharing

plan de participación de utilidades
(Mex) profit-sharing plan

**plan de participación en las
ganancias** profit-sharing plan

**plan de pensiones con contribuciones
definidas** defined contribution
pension plan

**plan de pensiones con prestaciones
definidas** defined-benefit
pension plan

**plan de pensiones de beneficios
definidos** (Ven) defined-benefit
pension plan

**plan de posesión de acciones de los
empleados** employee stock
ownership plan (ESOP)

plan de prestaciones estilo cafetería
(Mex) cafeteria benefit plan

plan de reducción de salario salary
reduction plan

plan de reinversión de dividendos
dividend reinvestment plan

plan de retiro retirement plan

**plan de retiro para empleados
autónomos** Keogh plan

plan de retiros
withdrawal plan

plan de salario de incentivo
incentive wage plan

**plan de sociedad controlado
por un pequeño número de
accionistas** close corporation
plan

plan de sociedad de capital cerrado
close corporation plan

plan flexible de beneficios
(Ch) cafeteria benefit plan

plan general general scheme

plan maestro master plan
(Ar) blueprint

**plan mediante el cual los empleados
participan en las ganancias**
profit-sharing plan

plan para contingencias

contingency planning

plan para medios publicitarios
media plan

plan que deberá aplicarse en caso de urgencia contingency planning

plan renovable/prorrogable de dividendos a tasa variable dividend rollover plan

plan/fideicomiso calificado qualified plan or qualified trust

planeación fiscal (Mex) tax planning

planificación a largo plazo long-range planning

planificación centralizada central planning

planificación de inventario inventory planning

planificación de la herencia (Ch) estate planning

planificación de patrimomio estate planning

planificación de propiedad estate planning

planificación estratégica strategic planning

planificación estratégica corporativa corporate strategic planning

planificación impositiva tax planning

planificación institucional (Ar) organization planning

planificación organizativa organization planning

planificador de medios media planner

planilla return, tax return, list

planilla conjunta joint return

planilla de remuneraciones (Ch) payroll

planilla de sueldos payroll

planimetría (Mex) plot

plano plat, plot

plano de piso floor plan

planta plant

planta de montaje assembly plant

planta de piso floor plan

planta piloto pilot plant

plantilla template

plantilla activa (Sp) payroll

plaza (Sp) market

plazo installment
(Ar) term, amortization
(Mex) term

plazo base base period

plazo de amortización de una emisión (Sp) payback period

plazo de reembolso (Ven) payback period

plazo de reflexión cooling-off period

plazo fijo term

plazo intermediario intermediate term

plazo intermedio
(Ven) intermediate term

plazo o término de entrega (Mex) turnaround

plazo para el pago (Ch) pay period

pleito litigation
(Sp) pleading

pleito contra el gobierno inverse condemnation

plena propiedad freehold (estate)

plica escrow

"plotter" (Mex) plotter

pluralidad majority

plusvalía betterment, capital gain (loss), unearned increment
(Ch) goodwill
(Mex) appreciation
(Ch) (Sp) accretion

plusvalías (minusvalías) tácitas (Sp) unrealized profit (loss)

plusvalías genéricas (Sp) unrealized profit (loss)

población activa sin empleo (Mex) unemployed labor force

pobre (Ch) (Ven) pauper

pobreza poverty

poco control (Ch) loose rein

poder power of attorney, proxy
(Mex) leverage

poder adquisitivo (Sp) purchasing power

poder adquisitivo discrecional

(Ven) discretionary spending power

poder aparente apparent authority

poder de compra discrecional discretionary spending power

poder de venta power of sale

poder jerárquico (Mex) line of authority

poder notarial (Sp) power of attorney

poder para compras purchasing power

poder para transferir acciones stock power

poder pericial expert power (Mex) (Ven) police power

poder temporal (Ar) staying power

poderdante principal

política de bloquear fondos block policy

política de desviación deviation policy

política de palo y zanahoria (Ven) carrot and stick policy

política de puerta abierta open-door policy

política discrecional discretionary policy

política fiscal fiscal policy

póliza (Sp) scrip, voucher

póliza adicional endorsement or indorsement

póliza con participación participating policy

póliza de catástrofe catastrophe policy

póliza de ingresos familiar family income policy

póliza de peligros enumerados named peril policy

póliza de propiedad comercial commercial property policy

póliza de propietarios de viviendas homeowner's policy

póliza de seguro hipotecario mortgage insurance policy

póliza de seguro para cubrir los ingresos familiares (Ch) family income policy

póliza de seguros con participación participating insurance

póliza principal master policy

póliza totalmente pagada fully paid policy

pólizas susceptibles a intereses interest sensitive policies

ponderación de los medios de comunicación (Mex) media weight

poner al día (Sp) update

poner en circulación issue

ponerse en huelga hit the bricks

poniendo obstáculos a algo (Ch) stonewalling

"pool" sin oportunidades (Ar) blind pool

por adelantado up front (Ven) downpayment

por cabeza per capita

por ciento percent

por debajo de la par below par

por debajo del valor nominal (Ven) below par

por día per diem

por encima de la línea (Ven) above the line

por especulación (Mex) on speculation (on spec)

por pagar (Ch) payable

porcentaje percent

porcentaje anual (Ch) annual percentage rate (APR)

porcentaje de impuesto medio average tax rate

porcentaje de mercado market share

porcentaje de pago de dividendos (Ven) dividend payout ratio

porcentaje del accionista en una corporación shareholder's equity

porcentaje del accionista en una corporación stockholder's equity

porcentaje mínimo para un préstamo (Ar) floor loan

portador payee

portador por contrato contract

carrier
portafolio eficiente (Ch) efficient
  portfolio
portavoz spokesperson
posesión property, seisin, holdings,
  long position
  (Ar) (Ch) (Ven) possession
posesión adversa adverse
  possession
posesión conjunta joint tenancy
posesión de terreno (Ven) tenure in
  land
posesión de un inmueble tras la
  expiración del arrendamiento
  tenancy at sufferance
posibilidad hypothesis
posibilidad de mejora (Ch) upside
  potential
posición footing, position, status
posición contraria adverse
  possession
posición corta short interest
posición de liquidez cash position
posición descubierta short interest
posición en el mercado position
posición financiera financial
  position
posición larga long position
posición no cubierta naked
  position
posición papel (Sp) paper
posicionamiento (Sp) positioning
postura (Mex) offer, tender
potencial ascendente (Mex) upside
  potential
potencial inutilizado idle capacity
práctica parlamentaria
  (Ch) parliamentary procedure
practicar exercise
prearrendamiento prelease
prebendaje featherbedding
precepto (Mex) injunction
precierre preclosing
precio value
  (Ar) charge
precio al contado spot price
precio al por menor (Ch) retail
  rate
precio al por menor sugerido

suggested retail price
precio aplicado administered price
precio contractual (impuesto)
  contract price (tax)
precio controlado
  administered price
precio convenido en el contrato
  (Ar) contract price (tax)
precio corriente (Sp) market price
precio de acciones adelantado
  forward pricing
precio de amortización call price
precio de catálogo list price
precio de cesión (Sp) transfer price
precio de cierre closing price or
  closing quote
precio de compra y venta (Ar) bid
  and asked
precio de conversión conversion
  price
precio de demanda demand price,
  call price
precio de ejecución strike price
precio de ejecución de una opción
  (Sp) strike price
precio de entrega inmediata spot
  price
precio de equilibrio equilibrium
  price
precio de fábrica (Sp) original cost
precio de intervención trigger price
precio de lista list price
precio de mercado market price
precio de mercado negociado
  negotiated market price
precio de monopolio monopoly
  price
precio de oferta offering price,
  supply price
  (Sp) asking price
precio de ofrecimiento offering
  price
precio de paridad parity price
precio de rescate (Ar) call price
precio de suscripción subscription
  price
precio de transferencia transfer
  price
precio de un silencio hush money

precio de venta (Sp) asking price
precio del mercado de divisas a plazo forward pricing
precio demandado asking price
precio en almacén (Ar) (Ven) off-price
precio indicativo (Ar) target price
precio justificado justified price
precio mínimo establecido por el gobierno target price
precio negociado negotiated price
precio normal normal price
precio objeto target price
precio por pieza (Mex) piece rate
precio razonable justified price
precio real de venta actual cash value
precio solicitado asking price
precio "strike" (Sp) strike price
precio unitario (Mex) piece rate
precios variables (Ar) variable pricing
precisión doble (Ar) double precision
preciso express
preclusión estoppel
precomputar precompute
predicción prediction
prefabricado prefabricated
preferencia de liquidez liquidity preference
prejuicio del entrevistador interviewer bias
premio consideration, prima
premios trading stamps
premisas premises
prenda collateral, earnest money pledge (Mex) gift
prenda garantizada guaranteed security
preocupación concern
prepagado prepaid
prepago prepayment
prerrogativa prerogative
prerrogativas administrativas management prerogative
prescribir enjoin, lapse

prescripción lapse, prescription (Mex) statute of limitations
presentación presentation
presentar file, produce
presentar justamente present fairly
presentar o cubrir una nota de gastos expense
presentar razonablemente (Mex) present fairly
presentar una declaración por daños y prejuicios claim
presentar una mejor oferta outbid
presentar una propuesta (Sp) tender
presidente president
presidente de la junta directiva chairman of the board
presidente del consejo de administración chairman of the board
presidente del directorio chairman of the board
prestación allowance, benefit (Sp) service
prestación de corretaje brokerage allowance
prestación en caso de muerte (Ar) death benefit
prestación por incapacidad (Mex) disability benefit
prestación por invalidez (Ven) disability benefit
prestación por muerte (Mex) death benefit
prestaciones (de tipo laboral) benefits fringe
prestaciones adicionales (Mex) benefits fringe
prestaciones alimentarias (Ar) alimony
prestaciones de la empresa/compañía (Mex) company benefits
prestaciones externas (Mex) spillover
prestaciones fijas (Mex) fixed benefits
prestaciones indirectas

(Mex) spillover

prestaciones laborales
(Mex) employee benefits

prestaciones por jubilación
prematura/anticipada
(Mex) early retirement benefits

prestaciones sociales
(Ven) employee benefits

prestador lender

prestamista lender

prestamista institucional
institutional lender

préstamo loan

préstamo a la vista demand loan

préstamo a plazo fijo (Ar) level-
payment mortgage

préstamo a tasa fija fixed-rate
loan

préstamo colaterizado con valores
securities loan

préstamo comercial commercial
loan

préstamo con interés interest-
only loan

préstamo con participación
participation loan

préstamo con recursos recourse
loan

préstamo con segunda hipoteca
(Mex) second mortgage

préstamo con tipo de interés
variable (Sp) rollover loan

préstamo con varios pagos
seasoned loan

préstamo concatenado
(Ar) (Mex) (Ven) piggyback
loan

préstamo consolidado
consolidation loan

préstamo contingente
(Mex) (Ven) standby loan

préstamo de construcción
construction loan

préstamo de contingencia
(Ch) standby loan

préstamo de diferencia gap loan

préstamo de disposición inmediata
(Ch) standby loan

préstamo de empalme/enlace

(Ar) bridge loan

préstamo de valores securities loan

préstamo garantizado con una
póliza de seguros policy loan

préstamo hipotecario ajustable
adjustable mortgage loan (AML)

préstamo improductivo
nonproductive loan

préstamo integral (Ar) whole
loan

préstamo mínimo (Mex) floor loan

préstamo para la construcción
(Ven) constuction loan

préstamo por término fijo
term loan

préstamo puente bridge loan

préstamo reajustable indexed loan

préstamo sobre póliza
(Mex) policy loan

préstamo temporal bridge loan

préstamos prendarios
(Ar) securities loan

préstamo "standby"
(Ar) standby loan

prestanombres dummy

prestar loan

prestar fianza bond

presunto implied contract

presupuestación con participación
participative budgeting

presupuestación de base cero
zero-base budgeting (ZBB)

presupuestación de programas
program budgeting

presupuestar budget

presupuesto budget, estimate

presupuesto base cero
(Mex) (Sp) zero-base budgeting
(ZBB)

presupuesto de caja (Mex) cash
budget

presupuesto de caja o en efectivo
cash budget

presupuesto de capital
capital budget

presupuesto de gastos expense
budget

presupuesto de ventas sales
budget

presupuesto estático static budget
presupuesto financiero
  (Mex) cash budget
presupuesto flexible flexible
  budget
pretensión (Ar) allegation
pretexto corporativo corporate veil
prevención (Mex) remedy
preventa presale
previsión estimate
previsión para la tercera edad
  (Mex) sunset provision
previsión para la vejez
  (Mex) sunset provision
previsiones forecasting
prima gift, gratuity, premium
  (Sp) subsidy
prima de bonos bond premium
prima de emisión additional paid-
  in capital
  (Ar) prima
prima de opción a comprar call
  premium
prima de opción de compra
  (Mex) call premium
prima de permanencia golden
  handcuffs
prima de rescate (Ar) (Ven) call
  premium
prima fija fixed premium
prima no devengada unearned
  premium
prima por producción
  (Mex) incentive pay
prima por redención (Mex) call
  premium
primas parejas level premiums
primer gravamen first lien
primer préstamo hipotecario para
  vivienda (Mex) whole loan
primera hipoteca first lien, first
  mortgage
primeras salidas (inventarios
  informática, etc.) dollar value
  LIFO
principal principal
principal de una herencia corpus
principal menos intereses corpus
príncipe (Sp) white knight

principio de la correspondencia
  (Mex) matching principle
principio de las aportaciones
  paralelas (Ar) matching
  principle
principio de periodificación
  (Mex) matching principle
principio de utilidad benefit
  principle
principio del esfuerzo mínimo
  least-effort principle
principio minimax (Mex) minimax
  principle
principios contables accounting
  principles, accounting standards
principios contables generalmente
  aceptados (PCGA)
  (Ar) generally accepted accounting principles
principios de contabilidad
  accounting principles, accounting
  standards
principios de contabilidad
  generalmente aceptados
  generally accepted accounting
  principles
privación divestiture
privacidad privacy
privación de un derecho
  foreclosure
privatización privatization
privilegio de prepago prepayment
  privilege
privilegio de reinversión
  reinvestment privilege
privilegio de suscripción
  subscription privilege
privilegio del transportista
  carrier's lien
privilegio fiscal tax lien
privilegio por prepago
  (Mex) prepayment privilege
privilegio subordinado junior lien
problema issue
procedimiento contable accounting
  procedure
procedimiento de desalojo
  (Ven) dispossess proceedings
procedimiento parlamentario

(Ar) (Mex) (Ven) parliamentary procedure

procedimientos de reventa resale proceeds

procesamiento por lotes (Mex) (Sp) batch processing

procesar en paralelo (Ch) (Mex) (Ven) parallel processing

proceso analítico analytic process

proceso continuo continous process

proceso discontinuo (Ar) batch processing

procurador attorney-in-fact, attorney-at-law

producción production, turnover (Ar) line control, line extension

producción continua continuous production (Ven) straight-line production

producción de valor exploitation

producción directa direct production

producción discontinua intermittent production

producción en masa mass production

producción indirecta indirect production

producción industrial industrial production

producción intermitente intermittent production

producción lineal (Ar) straight-line production

producción masiva (Sp) mass production

producción programada scheduled production

producir gross, pay, produce, yield (Sp) return

productividad productivity

productividad marginal del capital (Ven) marginal efficiency of capital

producto product, yield (Mex) income

(Sp) proceeds

producto de la reventa (Ch) (Mex) (Ven) resale proceeds

producto de usufructo (Mex) beneficial interest

producto derivado by-product

producto en curso de fabricación float

producto nacional bruto (PNB) gross national product (GNP)

producto nacional neto net national product

producto neto net proceeds

producto/bien de menor calidad (Mex) inferior good

producto/bien inferior inferior good

productor marginal marginal producer

productos goods, produce

productos acabados finished goods

productos básicos (Sp) commodity

productos de la línea amarilla (Mex) yellow goods

productos entregados physical commodities

productos netos (Sp) net income

productos netos de la explotación (Sp) net operating income (NOT)

productos resultados proceeds

productos siempre en inventario por demanda fija staple stock

profesión description, profession (Ar) occupation (Sp) trade

profit margin profiteer

profundidad o alcance del trabajo (Ch) job depth

programa schedule, timetable

programa caducado (Ar) lapsing schedule

programa de amortización amortization schedule

programa de aplicación application program

programa de auditoría audit program

programa de contabilidad
(Mex) accounting software

programa de garantía de propietarios de viviendas homeowner warranty program (HOW)

programa de primas por producción (Mex) incentive wage plan

programa de propiedad participada (PPP) (Ar) employee stock option

programa de servicio al por menor (Ar) retailer's service program

programa de servicios para minorista (Ven) retailer's service program

programa de sondajes de exploración developmental drilling program

programa secundario (Ch) subroutine

programación scheduling

programación de objetivos goal programming

programador programmer

programas agrícolas (Ven) soil bank

progreso improvement

prohibir bar

prolongación extension

promediar average

promedio average

promedio variable (Ar) moving average

promoción de ventas sales promotion

promoción vertical vertical promotion

promoción vinculada tie-in promotion

promotor developer

promotor e impulsor (Mex) mover and shaker

pronosticación forecasting

pronóstico estimate

pronóstico de respuesta (Ven) response projection

propaganda comercial (Ven) trade advertising

propaganda especializada (Ven) specialty advertising

propensión marginal a consumir marginal propensity to consume (MPC)

propensión marginal a la inversión marginal propensity to invest

propensión marginal al ahorro marginal propensity to save (MPS)

propensión marginal al consumo (Sp) marginal propensity to consume (MPC)

propiedad estate, ownership, property, holdings (Sp) proprietorship

propiedad absoluta (Ar) freehold (estate)

propiedad comercial commercial property

propiedad comunitaria community property

propiedad de adquisición subsecuente after-acquired property

propiedad de dominio absoluto (Ven) freehold (estate)

propiedad de dominio de una sola persona estate in severalty

propiedad de la tierra (Mex) tenure in land

propiedad de renta income property

propiedad devastada por un siniestro distressed property

propiedad dominante dominant tenement

propiedad en reversión estate in reversion

propiedad exenta de impuestos tax-exempt property

propiedad incorporal incorporeal property

propiedad individual severalty

propiedad industrial industrial property

propiedad inmobiliaria (Sp) real estate

propiedad libre de gravámenes

unencumbered property

propiedad marginal　marginal property

propiedad neta　(Mex) equity

propiedad/patrimonio bruto (antes de impuestos)　gross estate

propiedad personal　personal property

propiedad personal tangible　tangible personal property

propiedad que genera renta/ ingresos　(Ven) income property

propiedad similar　like-kind property

propiedad sin mejoras　unimproved property

propiedad unititular　(Ven) estate in severalty

propiedad vitalicia　life estate

propiedades　possession

propietario　landlord

propietario ausente　absentee owner

propietario beneficiario　(Sp) beneficial owner

propietario beneficioso　beneficial owner

propietario vitalicio　(Sp) life tenant

propina　tip

proponer　offer

proporción　(Sp) rate

proporción de acciones ordinarias　(Ar) common stock ratio

proporcional　rateable

proporcionar un índice　index proprietary lease, proprietary interest

propuesta　offer (Sp) tender

propuesta con derecho de reducción　open bid

propuesta sellada　sealed bid

prorratear　prorate

prorrateo　average (Ar) (Sp) apportionment

prórroga　extension

prórroga de tiempo para declarar (impuestos)　(Ch) (Mex) extension of time for filing

prórroga de tiempo para registrar　extension of time for filing

prospecto　prospect, prospectus

prospecto de emisión　(Sp) prospectus

prospecto preliminar　preliminary prospectus

protección　cover

protección del consumidor　consumer protection

proteccionismo　protectionism

protector　tutor

protector de cheques　check protector

proteger　cover

protegido contra escritura　write-protected

protocolo　protocol

protocolo de transferencia de archivos　file transfer protocol (FTP)

provecho　(Sp) profit

proveedor　dealer, supplier

proveedor de servicios de acceso a Internet　internet service provider

proveer　(Mex) supply

provisión circulante　floating supply

provisión de fondos　cover

provisión flotante　floating supply

provisiones　(Ch) accrued liabilities

provisiones totales　aggregate supply

proviso　protocol

proyección　projection

proyección de respuestas　(Ch) response projection

proyectista　(Ar) chartist

proyecto　budget, draft, enterprise

proyecto general　general scheme

proyecto quimérico　boondoggle

prudencia　prudence

prueba　test

prueba ácida　(Ar) acid test ratio, prueba ácida

prueba de (la) pérdida　proof of loss

prueba de ácido/severa
(Mex) quick ratio
prueba de coladura
(Ar) percolation test
prueba de concepto concept test
prueba de dos colas two-tailed test
prueba de efectividad de las ventas
(Ar) sales effectiveness test
prueba de eficacia de ventas
(Ven) sales effectiveness test
prueba de filtración
(Ven) percolation test
prueba de hipótesis hypothesis
testing
prueba de ji cuadrada (Mex) chi-
square test
prueba de la precisión del ajuste
(Ar) (Mex) (Ven) goodness-of-fit
test
prueba de mercado market test
prueba del ácido (Sp) acid test ratio
prueba del chi cuadrado (Ar) chi-
square test
prueba documental
(Ar) documentary evidence
**prueba documental de título de
propiedad** muniment of title
prueba mediante observación
observation test
prueba para colocación placement
test
pruebas aisladas (Sp) testcheck
pruebas selectivas (Sp) test checks
psicología industrial industrial
psychology
publicación post
publicar issue, post
publicidad advertising
publicidad comercial
(Ar) (Ch) (Mex) trade
advertising
publicidad cooperativa
cooperative advertising
publicidad de acción directa
direct-action advertising
publicidad de comercio a comercio
(Mex) business-to-business
advertising
publicidad de empresa a empresa

(Ar) business-to-business
advertising
publicidad de intriga (Sp) teaser
advertising
publicidad de margen
(Mex) image advertising
publicidad de negocio a negocio
business-to-business advertising
publicidad de prestigio prestige
advertising
publicidad de representación
image advertising
publicidad de respuesta directa
direct response advertising
publicidad defraudadora
deceptive advertising
publicidad engañosa
(Ven) deceptive advertising
publicidad engañosa
(Ven) false advertising
publicidad especial
(Ar) specialty advertising
publicidad especializada
(Ch) specialty advertising
publicidad falsa false advertising
publicidad financiera financial
advertising
publicidad industrial industrial
advertising
publicidad subliminal
(Sp) subliminal advertising
público audience
pueblo nuevo new town
puerto de entrada port of entry
puerto franco/libre free port
puesto de transacciones trading
post
pugna en cuanto a patentes
(Ven) patent warfare
puja (Mex) outbid
punta peak
puntear check
punteo check
(Sp) tick
punto point
punto base 100th of 1%, basis
point
punto crítico break-even point
punto básico (Sp) basis point

punto cero de la parcelación
(Mex) zero lot line
punto de clasificación gross rating
point (GRP)
punto de equilibrio break-even
point
punto de interrupción cutoff
point
punto de intervención trigger
point
punto de referencia benchmark
punto débil (Ch) soft spot

punto límite cutoff point
punto más bajo trough
punto muerto break-even point
punto vulnerable (Mex) soft spot
puntos altos highs
puntos de descuento discount
points
**puntuación beta de cartera de
valores** portfolio beta score
puntuación Z (Mex) Z score
pupitre console, desk
purificar clean

Q

que requiere muchas personas
people intensive

quedar maltrecho (Ven) take a
bath, take a beating

querellante plaintiff

quiebra voluntaria voluntary
bankruptcy

quien crea un fideicomiso
trustor

quien establece el ritmo
(Ch) pacesetter

quien no puede ser empleado
unemployable

quien tiene negocio propio self-
employed

quien vende opciones writer

quincenal semimonthly

quita release

quitclaim deed

quórum quorum

R

racionamiento de capital capital
  rationing
racionamiento de productos
  rationing
radio de explotación (Sp) operating
  ratio
rango range
rango de error de bits bit error rate
rapidez velocity
rápido express
rarefacción (Ar) depletion
rastreador trace, tracer
rastrear trace, tracer
rastro (Ar) (Ch) trace, tracer
rastro de auditoría audit trail
ratificación ratification,
  recognition
razón (Sp) rate
razón corriente current ratio
razón de acciones comunes
  common stock ration
razón de activo disponible y pasivo
  corriente quick ratio
razón de administradores
  management ratio
razón de capital de trabajo
  (Mex) current ratio
razón de cobros collection ratio
razón de conversión conversion
  ratio
razón de deuda-capital debt-to-
  equity ratio
razón de dividendos a ganancias
  payout ratio
razón de efectivo cash ratio
razón de explotación operating
  ratio
razón de ganancia bruta gross
  profit ratio
razón de gastos expense ratio
razón de liquidez liquidity ratio
razón de pérdidas loss ratio
razón de solvencia debt coverage

ratio
razón de valoración assessment
  ratio
razón del préstamo al valor total
  loan-to-value ratio (LTV)
razón o relación de pago de
  dividendos dividend payout
  ratio
razón operativa operating ratio
razón rápida (Mex) quick ratio
razón social firm
  (Ch) legal name
razonado/de criterio
  (Mex) judgment sample
razonamiento deductivo deductive
  reasoning
razonamiento inductivo inductive
  reasoning
reacción (Ven) response projection
reacción response
reajuste readjustment
  (Ch) indexation
real real
realizado executed
realizar execute
realizar negocios bancarios
  (Ven) bank
realizar un trueque barter
reamillaramiento reassessment
reaseguro reinsurance
reaseguro de cartera de valores
  portfolio reinsurance
rebaja abatement, discount, rebate
  (Mex) (Ven) markdown
rebajado off-price
recalentamiento
  (Ven) overheating
recapitalización recapitalization
recapturar recapture
recargar surcharge
  (Sp) overcharge
recargo overcharge, surcharge
  (Ar) additional mark-on

recargo por demora/incumplimiento
(Sp) penalty
recargo por matrimonio
(Mex) marriage penalty
recargo por prepago prepayment
penalty
recaudación (Ven) taking
recaudación de fondos (Ch) fund-
raising
recaudación de impuestos
(Mex) levy
recaudar impuestos (Sp) levy
receipt book receipt
recepción receipt
(Sp) acceptance
recepción constructiva de ingresos
constructive receipt of income
recepción de un pedido
(Ven) taking delivery
receptor (Sp) receiver
receptor de oferta offeree
receptoría (Mex) receivership
recesión recession
receso económico depression
receta (Ar) (Mex) prescription
rechazo disclaimer, repudiation
rechazo (de una demanda)
dismissal
recibidor receiver
recibo receipt, voucher
recibo de pago preliminar binder
recibo acknowledgment
reciclaje recycling
reciprocidad reciprocity
reclamación claim, demand
reclamante (Sp) plaintiff
reclamar claim, demand
reclamo claim
reclutamiento recruitment
recobrar recapture
recoger (Mex) taking
recolocación preferente
(Mex) rehiring
recomendación general blanket
recommendation
recompensa recompense,
remuneration
recompensa intangible intangible

reward
recompra buy-back
reconciliación reconciliation
recondicionamiento de propiedad
reconditioning property
reconocimiento acknowledgment,
recognition
reconocimiento de efectivo cash
acknowledgement
reconsignar reconsign
reconvención counterclaim
récord record
recorrido aleatorio (Ven) random
walk
recorrido de la variable (Sp) range
rectificación (Sp) amendment
rectificar (Ch) amend
rectificatorio (Ch) amended tax
return
recuento (Ar) tally
recuperable collectible
recuperación buyout, collection,
rally, recoupment, recovery
(Mex) restitution
(Ven) payback period
recuperación de depreciación
depreciation recapture
recuperación de deuda/crédito
incobrable bad debt recovery
recuperación de la base recovery
of basis
recuperación técnica
(Mex) technical rally
recuperación temporal del mercado
(Ven) rally
recuperar buyout, recapture, recoup
recuperarse rally
recurso recourse, remedy
recurso de capital capital resource
recurso natural agotable waste
assets
recurso natural renovable
renewable natural resource
recursos resources
recursos humanos human
resources
recursos naturales natural
resources

recursos naturales no renovables
nonrenewable natural resources
recursos propios equity
(Sp) shareholder's equity,
stockholder's equity
red de comunicaciones
communications network
red social social networking site
redactar draft
redención redemption
redención de bonos call
redesarrollar redevelop
redescontar rediscount
redescuento rediscount
redimible callable
redimir call, redeem
redistribución de ingresos
income redistribution
rédito (Sp) revenue
reducción abatement, concession,
contraction, depression,
discount, markdown, shrinkage
(Ar) depletion
reducción de personal efectivo
downsizing
reducción de precio markdown
reducción de un impuesto
(Sp) tax abatement
reducción del plan de jubilación
curtailment in pension plan
reducción en ganancias por costos
crecientes profit squeeze
reducción excepcional (Ar) unique
impairment
reducción impositiva tax
abatement
reducción natural del personal
attrition
reducir gradualmente
(Ven) rundown
reembolsar call, recoup, refund
reembolso rebate, recoupment,
refund, refunding
reembolso de rango superior
(Ven) senior refunding
reembolso por experiencia
experience refund
reemplazo de ingresos income
replacement

reenganche preferencial
(Ven) rehiring
reestimación reassessment
reestructuración shakeout
reestructuración de deuda que está
en riesgo (Ar) (Ch) troubled
debt restructuring
reestructuración de deudas
problemáticas (Ven) troubled
debt restructuring
reevaluación (Ar) reappraisal lease
(Ven) reassessment, revaluation
referencia referral
referencia de auditoría (Sp) audit
trail
referéndum (Ar) strike vote
referido referral
refinanciación (Sp) refunding
refinanciar refinance
reforma amendment
reformación reformation
reformar amend
refrendo authentication
refundir una deuda
(Mex) recasting a debt
regalo (Ven) gift
región crítica critical region
registrador registrar
registrar book
registrar en un manifiesto de carga
manifest
registro inspection, list, protocol,
record, recording, registration
registro de acciones stock record
registro de comprobantes
(Sp) voucher register
registro de contribuyentes tax roll
registro de cuentas por pagar
accounts payable ledger
registro de cheques check register
registro de facturas (Sp) purchase
journal
registro de fondos application of
funds
registro de inicio/arranque boot
record
registro de pólizas (Sp) voucher
register
registro de propiedad registry of

deeds
registro de recepción de mercancía
(Ven) receiving record
registro de títulos de propiedad
registry of deeds
registro público   public record
registros contables   accounting
records
registros de costos   cost records
regla   regulation
regla de un voto por una acción
statutory voting
regla del dos por ciento   (Ven) two
percent rule
reglamentación   control
reglamentación de pedidos
(Ven) order regulation
reglamento   regulation
reglamentos interiores   bylaws
**reglamentos sobre la utilización de
tierras**   land-use regulation
**reglas de conocer ciertos datos de
clientes**   know-your-customer
rule
reglas de ventas al descubierto
short-sale rules
regresión múltiple   multiple
regression
regulación   regulation
regulación de pedidos
(Ar) order regulation
rehabilitación   rehabilitation
rehabilitación del fallido
discharge in bankruptcy
rehabilitación del quebrado
discharge in bankruptcy
rehabilitación vocacional
vocational rehabilitation
reindustrialización
(Ar) (Mex) reindustrialization
reinstalación   reinstatement
reintegrar   call, refund
reintegro   refund
(Sp) refunding
reinversión automática   automatic
reinvestment
reinvertir   (Ch) plow back
relvindicación   replevin
relación   (Mex) index

(Sp) rate
relación auxiliar
(Mex) (Sp) schedule
relación contractual   privity
relación corriente   (Ar) current
ratio
relación costo-rendimiento
(Ar) cost-effectiveness
relación de endeudamiento   debt
coverage ratio
relación de escala   scale
relationship
relación de gastos   (Ar) expense
ratio
relación de tesorería   acid test
ratio
relación de utilidad bruta   gross
profit ratio
relación del servicio de la deuda
(Ar) debt coverage ratio
**relación entre activo disponible y
pasivo corriente**   (Sp) quick
ratio
**relación entre las pérdidas pagadas
y las primas ganadas**
(Ar) loss ratio
relación jurídica   privity
relaciones humanas   human
relations
relaciones industriales   industrial
relations
relaciones públicas   public
relations (PR)
relativo a las fechas   dating
relevancia   relevance
relleno   (Ch) (Mex) padding
**relleno ficticio de documentos
contables**   (Ven) padding
remanente   remainder
(Mex) balance
rematar   (Sp) auction
remate   auction or auction sale
remedio   remedy
remesa   consignment
(Sp) remit
remisión   (Ar) release
remitente   consignor
remitir   remit
remonetización   remonetization

remuneración compensation, consideration, remuneration, salary, wage

remuneración razonable/equitativa just compensation

remunerar pay

rendición de gastos (Ch) expense report

rendimiento efficiency, payout, performance, return, yield

rendimiento a la redención yield to call

rendimiento a la vida media yield to average life

rendimiento al punto crítico (Mex) hurdle rate

rendimiento al vencimiento yield-to-mature (YTM)

rendimiento corriente current yield

rendimiento de descuento discount yield

rendimiento de la inversión (Ven) return of capital

rendimiento de la inversión en acciones comunes return on equity

rendimiento de los activos del plande retiro (Ar) (Ven) return on pension plan assets

rendimiento de ventas return on sales

rendimiento del capital (Ven) return of capital

rendimiento del capital invertido return on invested capital

rendimiento equivalente corporativo corporate equivalent yield

rendimiento gravable equivalente equity reit

rendimiento histórico historical yield

rendimiento medio mean return

rendimiento menor que el costo de posesión negative carry

rendimiento neto net yield

rendimiento nominal nominal yield

rendimiento simple simple yield

rendimiento sobre ventas (Ven) return on sales

rendimientos y bonificaciones de las ventas (Ar) sales returns and allowances

rendir (Sp) return yield

renegociar renegotiate

renovación urbana urban renewal

renta income, rent, revenue, yield

renta de inversiones (Sp) unearned income (revenue)

renta del terreno ground rent

renta económica (Ar) economic rent

renta fija fixed income

renta global (Ar) aggregate income

renta imponible (Sp) taxable income

renta justa de mercado market rent

renta líquida (Sp) net income

renta neta net income

renta neta generada (Sp) net operating income (NOT)

renta real (Sp) real income

renta vitalicia fija (Ar) fixed annuity

renta vitalicia/anualidad híbrida (Ar) hybrid annuity

renta vitalicia por hipoteca revertida (Ar) reverse annuity mortgage (RAM)

rentabilidad profitability (Sp) return, yield

rentabilidad de los recursos propios (Sp) return on equity

rentabilidad hasta la fecha (Sp) yield-to-mature (YTM)

rentabilidad nominal (Sp) nominal yield

rentar pay

rentas del trabajo earned income

rentas públicas (Mex) revenue

rentas sujetas a gravamen (Sp) taxable income

rentista annuitant

renuncia disclaimer, surrender, waiver

renunciar surrender
reorganización reorganization,
   shakeout
reorganización total shakeup
reparación partition
reparación por daños y perjuicios
   damages
reparación positiva affirmative
   relief
reparaciones repairs
repartición apportionment,
   distribution
repartir (Mex) allocate
   (Sp) share
reparto de utilidades
   (Mex) employee profit sharing
reparto de utilidades
   (Mex) profit-sharing plan
repatriación repatriation
repetición iteration
réplica answer
representado (Sp) principal
representante agent, attorney-in-
   fact, nominee, spokesperson
representante de servicio al cliente
   customer service representative
repudio repudiation
reputación reputation
requerimientos para calificar
   (Ch) eligibility requirements
requerir (Ven) enjoin
requisar embargo
requisición (Mex) solicitud
requisito de capital capital
   requirement
requisito de dividendos dividend
   requirement
requisito de reservas reserve
   requirement
requisitos de aceptabilidad
   eligibility requirements
requisitos de crédito credit
   requirements
requisitos de elegibilidad
   eligibility requirements
**requisitos para admisión de valores
   en bolsa** listing requirements
requisitos para cotizar en bolsa
   (Ar) listing requirements

resarcimiento indemnity
resarcir indemnify
   (Mex) recoup
rescatable (bond) (Ar) amortizable
rescatar redeem
rescate redemption, bailout
rescate de la deuda (Ar) debt
   retirement
rescindir cancel
   (Ar) abrogate
rescisión rescission
reserva margin, reserve, stockpile
reserva ajena borrowed reserve
**reserva de deuda o crédito
   incobrable** bad debt reserve
reserva de balance balance
   sheet reserve
reserva de balance de situación
   balance sheet reserve
reserva de balance general
   (Ven) balance sheet reserve
reserva de estado (Ar) balance
   sheet reserve
reserva de prima de emisión
   capital contributed in excess of
   par value
reserva de reposición
   (Ch) (Ven) replacement reserve
reserva de utilidades retenidas
   (Ch) retained earnings,
   appropriated
reserva en efectivo cash reserve
Reserva Federal (Mex) Federal
   Reserve Bank
reserva mínima (Ar) reserve
   requirement
reserva monetaria monetary
   reserve
reserva obtenida en préstamo
   borrowed reserve
reserva para casos de necesidad
   (Ar) nest egg
reserva/provisión para depreciación
   (Ven) allowance for depreciation
reservar book, reserve
reservas de capital (Sp) surplus
reserva para depreciación
   depreciation reserve
   (Ar) capital consumption

allowance
(Ven) capital consumption
allowance
reserva para inversiones
(Ar) cash reserve
reservas en exceso excess reserves
reservas prestadas borrowed
reserve
resguardo (Sp) receipt
resguardo de transporte por tren
(Sp) waybill
resguardo provisional (Ar) binder
residencia principal principal
residence
residencial residential
residente en un terreno settler
residir domicile
residuo (Ven) remainder
resistencia (Mex) (Ven) staying
power
resolución resolution
resolver (Mex) work out
(Sp) settle
respaldo endorsement
responsabilidad accountability,
liability
(Ar) business exposures
responsabilidad a largo plazo
long-term debt or long-term
liability
responsabilidad absoluta absolute
liability
responsabilidad acumulativa
cumulative liability
responsabilidad civil civil liability
responsabilidad contingente
contingent liability
responsabilidad criminal/penal
liability, criminal
responsabilidad de pensión mínima
minimum pension liability
responsabilidad directa direct
responsibility
responsabilidad incondicional
(Sp) absolute liability
responsabilidad indirecta
vicarious liability
responsabilidad laboral
(Mex) liability, business

exposures
responsabilidad legal
legal liability
responsabilidad limitada
limited liability
responsabilidad mancomunada
joint liability
responsabilidad objetiva
(Ar) absolute liability
responsabilidad personal personal
liability
responsabilidad por el riesgo del
negocio (Ch) liability, business
exposures
responsabilidad por los productos
vendidos en el mercado
product liability
responsabilidad profesional
professional liability
responsabilidad social social
responsibility
responsabilidad solidaria joint
and several liability
responsable liable
responsable de materiales
(Mex) material man
respuesta answer, response
restablecimiento restitution
restitución restitution
restitución de la propiedad
(Ar) reconveyance
resto (Sp) remainder
restricción protocol, reserve,
restriction, squeeze
restricción al comercio restraint of
trade
restricción de escritura deed
restriction
restricción de transferencia
restraint of alienation
resultado product
resultado de la gestión
(Sp) performance
resultados atípicos (Sp) windfall
profit
resumen de título abstract of title
retasación reassessment,
revaluation
retención deduction, escrow,

withholding

retención de atrasos (Ven) back up withholding

retención de cheques cancelados truncation

retención de impuestos withholding tax

retención de reserva backup withholding

retener holdback, reserve

retener el pago (Sp) stop payment

retirada recall

retirar recall, retire

retirarse retire

retiro retirement, withdrawal

retiro automático automatic withdrawal

retiro de crédito debt retirement

retiro de personal por causa de edad avanzada attrition

retorno return
(Sp) rebate

retorno de capital return of capital

retorno sobre los activos del plan de pensiones (Ch) return on pension plan assets

retraspaso fee, reconveyance
(Ven) standby fee

retroactivación de los beneficios carryback

retroactivo retroactive

retrocesión (Sp) reversal

retroceso (Sp) reversal setback

reubicar relocate

reunión assemblage
(Mex) open house

reunión anual annual meeting

revalorización (Sp) appreciation, revaluation

revalorizar, revaluar revalue, reappraise

revelación disclosure

revendedor (Ven) retailer's service program

reversión reversion
(Ar) reversal

reververencia courtesy

revés (Ven) setback

revestir cover

revisar review

revisar las cuentas (Sp) audit

revisión review

revisión al azar spot check

revisión analítica analytical review

revisión de cuentas (Sp) audit

revisor auditor

revista de una profesión o ramo determinados trade magazine

revocación defeasance, recall, revocation
(Ar) counterdemand

revocar recall
(Sp) abrogate

revolución industrial industrial revolution

rezago de pedidos backlog

rezonificación rezoning

rezonificación para disminuir la intensidad de uso
(Mex) (Ven) downzoning

rico rich

riesgo exposure, risk

riesgo a la baja downside risk

riesgo adicional (Mex) extended coverage

riesgo colectivo (Sp) joint venture

riesgo crediticio (Ar) credit risk

riesgo de catástrofe
(Mex) catastrophe hazard

riesgo de trabajo occupational hazard

riesgo en descenso downside risk

riesgo especulativo speculative risk

riesgo estático static risk

riesgo laboral (Ven) occupational

riesgo ocupacional occupational hazard

riesgo por país sovereign risk

riesgo profesional
(Sp) occupational hazard

riesgo sistemático systematic risk

riesgo sobre créditos concedidos credit risk

riesgos comerciales (Ar) liability business exposures

riqueza nacional
   (Mex) (Ch) national wealth
rival   competitor
rivalidad   competition
robar/sacar dinero   (Ch) shakedown
rol de contribuyentes   (Ch) tax roll
rompehuelgas   strikebreaker, scab
romper   break, breakup
ropa blanca   white goods
rotación   (Ch) turnover
rotación de capital   capital turnover
rotación de cuentas por cobrar
   (Ch) (Ven) receivables turnover
rotación de cuentas por cobrar

   (Mex) collection ratio
rotación de existencias
   (Ar) inventory turnover
rotación de inventario
   inventory turnover
rotación de inventario   stock
   turnover
rotación de trabajo   job rotation
ruina   default
rumbos y distancias   metes and
   bounds
ruptura   breakup
rural   rural
rurbano   (Ar) rurban

S

sabiduría discretion
sabotaje sabotage
sabotear (Sp) sabotage
sacar a subasta (Sp) auction
sacar de la aduana clear
sacar provecho dos veces
  (Ch) double-dipping
sacar provecho/beneficio de algo
  (Ch) milking
sala de asamblea boardroom
sala de despacho desk
sala de juntas (Ven) boardroom
sala del directorio boardroom
salario paycheck, salary, wage
  (Mex) breadwinner
  (Sp) pay
salario anual annual wage
salario anual garantizado
  guaranteed annual wage (GAW)
salario base (Mex) base rate pay
  (Sp) wage floor
salario base estándar
  (Ven) standard wage rate
salario básico base rate pay
salario diario (Mex) rate
salario escalonado graduated wage
salario mínimo minimum wage,
  wage floor
salario neto take-home pay
salario nominal nominal wage
salario por parte piece rate
salario progresivo (Ar) graduated
  wage
salario real real wages
salarios caídos (Mex) back pay
saldar balance, pay
  (Sp) liquidate
saldar una cuenta (Mex) settle
saldo balance
  (Mex) remainder
saldo acreedor credit balance
saldo al haber credit balance
saldo anterior (Mex) carryover
saldo de cuentas arrearage

saldo negativo deficit
saldo pendiente outstanding balance
saldo promedio (diario) average
  (daily) balance
saldo vivo (Sp) outstanding balance
salida en orden inverso al de
  entrada last in, first out (LIFO)
salir mal (Ven) take a bath, take a
  beating
salutación (Mex) attention line
salvapantalllas screensaver
sanción (Mex) penalty
sanción por prepago
  (Mex) prepayment penalty
sanción por retiro prematuro de
  fondos (Mex) early withdrawal
  penalty
sanciones administrativas
  (Ar) civil penalty
sanciones económicas economic
  sanctions
sangrar (Ven) bleed
satisfacción de necesidades
  (Mex) (Ch) need satisfaction
satisfacción en el trabajo
  job satisfaction
satisfacción laboral
  (Ven) job satisfaction
saturación glut
saturación ilegal dumping
saturar glut
sección department
secreto confidential
secreto comercial trade secret
sector sector
secuestro (Sp) attachment
secundario minor
sede (Ch) seat
segmentación de mercado market
  segmentation
segregación de deberes segregation
  of duties
seguidor follower
seguimiento trace, tracer

seguir follow
seguir la pista trace, tracer
seguir la pista rápida (Ch) fast
tracking
según el valor (Ar) ad valorem
según es(tá) (Sp) as is
según ítem ad item
segunda hipoteca second mortgage
seguridad security
seguridad de trabajo job security
seguro insurance
seguro a todo riesgo
(Ven) comprehensive insurance
seguro abierto blanket insurance
seguro colectivo de enfermedad
(Ven) group health insurance
seguro colectivo de salud
(Ch) group health insurance
seguro colectivo por incapacidad
(Ch) (Mex) (Ven) group
disability insurance
seguro con participación
participating insurance
seguro contra todos los riesgos
comprehensive insurance
seguro contra daños (Ar) casualty
insurance
**seguro contra el robo por
empleados** fidelity bond
**seguro contra falsificación
comercial** (Ven) commercial
forgery policy
seguro contra incendios fire
insurance
**seguro contra muerte/incapacidad
de empleado clave** key person
life and health insurance
seguro contra peligros múltiples
multiple-peril insurance
seguro contra pérdida de ingresos
loss of income insurance
seguro contra responsabilidad
civil liability insurance
seguro contra riesgos
(Mex) casualty insurance
seguro contra riesgos hazard
insurance
seguro contraído por el arrendatario

(Ar) leasehold insurance
seguro copartícipe
(Ar) coinsurance
seguro crediticio colectivo
group credit insurance
seguro de accidente casualty
insurance
seguro de arrendamiento
(Mex) leasehold insurance
seguro de carga cargo insurance
seguro de certificados de depósito
(Mex) floor plan insurance
seguro de consignación
consignment insurance
seguro de crédito comercial
commercial credit insurance
seguro de diagrama de planta
(Ar) floor plan insurance
seguro de documentos importantes
(Ven) valuable papers (records)
insurance
**seguro de falsificación de
depositante** depositor's forgery
insurance
seguro de flete freight insurance
seguro de grupo de deudores
group credit insurance
seguro de grupo por incapacidad
group disability insurance
seguro de ingresos por incapacidad
disability income insurance
seguro de ingresos por invalidez
(Ven) disability income
insurance
seguro de inundación flood
insurance
seguro de operaciones concluidas
completed operations insurance
**seguro de pérdidas ocasionadas por
lluvia** rain insurance
seguro de plano de piso floor plan
insurance
seguro de planta de piso floor plan
insurance
seguro de plusvalía y mejoramiento
improvements and betterments
insurance
seguro de procesamiento de datos

(Mex) data processing insurance

seguro de proceso de datos   data processing insurance

seguro de recuperación por incapacidad   disability buy-out insurance

seguro de recuperación por invalidez   (Ven) disability buy-out insurance

seguro de responsabilidad civil (Ven) casualty insurance

seguro de responsabilidad general general liability insurance

seguro de responsabilidad por los productos vendidos en el mercado   product liability insurance

seguro de responsabilidad suplementario para aumentar la cobertura   umbrella liability insurance

seguro de salud comercial commercial health insurance

seguro de salud de grupo group health insurance

seguro de término renovable anualmente   annual renewable term insurance

seguro de título   title insurance

seguro de vida   (Ar) surrender, life insurance

seguro de vida a plazo fijo convertible   convertible term life insurance

seguro de vida ajustable   adjustable life insurance

seguro de vida amortizable (Ar) depreciable life

seguro de vida colectivo (Ch) (Mex) (Ven) group life insurance

seguro de vida de grupo   group life insurance

seguro de vida de pagos limitados limited payment life insurance

seguro de vida de prima indeterminado   indeterminate premium life insurance

seguro de vida de prima única

single premium life insurance

seguro de vida entera   whole life insurance

seguro de vida indexado   indexed life insurance

seguro de vida individual individual life insurance

seguro de vida modificado modified life insurance

seguro de vida por un término fijo term life insurance

seguro de vida temporal convertible (Mex) convertible term life insurance

seguro de vida universal   universal life insurance

seguro de vida variable   variable life insurance

seguro general   (Ar) blanket insurance

seguro global   comprehensive insurance

seguro hipotecario   mortgage insurance

seguro hipotecario privado private mortgage insurance

seguro informático   data processing insurance

seguro médico   (Mex) commercial health insurance

seguro médico colectivo (Mex) group health insurance

seguro múltiple   blanket insurance

seguro obligatorio   compulsory insurance

seguro sobre el arrendamiento (Ch) leasehold insurance

seguro sobre los documentos valiosos   (Ar) (Ch) valuable papers (records) insurance

seguro social   social insurance

seguro total   (Mex) comprehensive insurance

seguro   cover

sello   seal

sello de aprobación   seal of approval

semana laboral   work week

semestral   biannual, semiannual

semianual   semiannual

semiconductor
(Ar) (Mex) (Ven) semiconductor
semiduplex half duplex
sentada (Sp) sit-down strike
sentar en el diario journalize
sentencia judgment
sentencia mandada por el juez
(Ch) directed verdict
sentencia por la diferencia
deficiency judgment
seña (Ar) earnest money
señal benchmark, earnest money,
trace, tracer
señalar (Sp) point
señales mixtas mixed signals
ser aval de guarantee
serie battery, run
serruchado (Ven) whipsawed
servicio service, servicing
servicio al cliente customer service
servicio anual a la deuda
(Ch) (Ven) annual debt service
Servicio de Administración
Tributaria (Mex) Internal
Revenue Service (IRS)
servicio de asesoría de inversions
investment advisory service
servicio de comercialización
(Ar) merchandising service
servicio de compras shopping service
Servicio de Impuestos Internos
(Ch) Internal Revenue Service
(IRS)
servicio de la deuda debt service
servicio de la deuda anual
annual debt service
servicio de la deuda parejo level
debt service
servicio de mercadeo
(Ch) merchandising service
servicio de mercadotecnia
(Mex) merchandising service
Servicio de Rentas Internal
Revenue Service (IRS)
servicio hipotecario mortgage
servicing
servicios administrativos solamente
(SAM) administrative services only
(ASO)

servicios públicos (agua,
electricidad, gas) (Ar) (Ch)
utility
servidumbre easement
servidumbre de compañías de
servicio público utility
easement
servidumbre de paso right-of-way
servidumbre escénica (Ven) scenic
easement
servidumbre para preservar lo
escénico de un lugar
(Ch) scenic easement
servidumbre sobreentendida
implied easement
servidumbre tácita implied
easement
servil (Ch) menial
sesión hearing, session, term
simbolismo (Ar) (Ven) tokenism
símbolos de acciones stock symbols
símbolos de posición social status
symbols
simplificación del trabajo
(Ar) (Ch) (Ven) work simplification
simplificación laboral (Mex) work
simplification
simulación simulation
simulación de gestión
(Ar) management game
sin crecimiento (Ar) (Ch) no-growth
sin cualificar unskilled
sin culpa clean hands
sin efecto ni valor null and void
sin fin ad infinitum
sin fines de lucro (Ch) (Mex) not
for profit
sin fondos suficientes NSF
sin interés flat
sin recurso nonrecourse, without
recourse
sin reservas clean
sin tope/restricción (Ch) open-end
sindicación syndication
sindicador syndicator
sindicar (Sp) syndicate
sindicato syndicate, trade union
(Ch) labor union

sindicato de la empresa
company union
sindicato de obreros calificados
craft union
sindicato de un diario
(Ch) newspaper syndicate
sindicato gremial   (Ar) labor union
(Ven) craft union
sindicato independiente
independent union
sindicato industrial   industrial
union
sindicato internacional
international union
sindicato obrero labor union
(Sp) trade union
sindicato periodístico
(Mex) newspaper syndicate
sindicato profesional   (Ar) craft
union
sindicato vertical   vertical union
sindicatura de una quiebra
(Mex) receivership
síndico (Mex) trustee
(Sp) receiver
síndico concursal   trustee in
bankruptcy
síndico de una quiebra
(Sp) receiver, trustee in bankruptcy
sinergia synergy
sinopsis de los autos abstract of
record
sintonizar un aparato receptor
dialup
sistema system
sistema a saldo fijo   imprest fund,
imprest system
**sistema acelerado de recuperación
de costos (SARC)** accelerated
cost recovery system (ACRS)
sistema administrativo
management system
sistema administrativo
(Ar) managerial grid
sistema alodial   allodial system
sistema autónomo
(Ar) (Mex) stand-alone system
**sistema básico de entrada/salida
(BIOS)** basic input-output system

sistema contable accounting system
sistema de apoyo de decisiones
decision support system (DSS)
sistema de ganancias
(Ar) (Ven) profit system
sistema de información de mercadeo
marketing information system
sistema de información gerencial
(Ven) management information
system (MIS)
Sistema de la Reserva Federal
Federal Reserve System (FED)
sistema de mercado
(Ar) (Mex) market system
**sistema de pesas en países de habla
inglesa** avoirdupois
sistema de pizarra de anuncios
bulletin board system (BBS)
**sistema de posicionamiento global
(GPS)** global positioning system
(GPS)
sistema de precios price system
sistema de sugerencias
(Mex) suggestion system
sistema de sugestiones suggestion
system
sistema de tablero de anuncios
(Ar) bulletin board system (BBS)
sistema económico economic system
**sistema económico basado en el
mercado** (Ch) market system
**Sistema Estándar de Clasificación
Industrial** (Ar) (Ch) (Ven)
Standard Industrial Classification
(SIC) System
sistema interactivo   interactive
system
sistema métrico metric system
**sistema normalizado de clasificación
industrial** (Mex) Standard
Industrial Classification (SIC)
System
sistema operativo (Sp) operating
system
sistema operativo básico
basic operating system
**sistema que funciona en forma
independiente** (Ch) (Ven) stand-
alone system

sitio site
situación footing
situación económica en que es difícil
   obtener crédito tight money
situación especial special situation
soborno graft
   (Ven) payola, sweetener, kickback
sobrante remanente, surplus
   (Ar) carryover
   (Mex) remainder
sobrante (faltante) (Ch) over (short)
sobrante de dinero (Mex) overage
sobrantes y faltantes over-and-
   short
sobre de respuesta comercial
   (Mex) business reply envelope
sobre de respuesta de negocios
   business reply envelope
sobre la línea above the line
sobrecalentamiento
   (Ar) (Ch) (Mex) overheating
sobrecargar overcharge
sobrecomprado overbought
sobrecostos overrun
   (Ar) cost overrun
sobredestrucción (Mex) overkill
sobreemisión overissue
sobreestadía demurrage
sobremejoramiento
   overimprovement
sobrepago (Mex) overpayment
sobreprecio surcharge
   (Mex) profiteer
sobreprecio en venta de acciones
   propias (Ch) capital contributed
   in excess of par value
sobreprecio en venta de acciones
   propias (Ch) paid-in surplus
sobreproducción overproduction,
   overrun
sobrepujar (Sp) (Mex) outbid
sobretasa surtax
   (Sp) surcharge
sobretiempo overtime
sobrevalorado overbought,
   overvalued
sobrevendido (Ven) overlooked
sobrevoltaje momentáneo
   (Ven) power surge

socialismo socialism
sociedad association, company,
   firm, partnership
sociedad anónima (Mex) limited
   company
   (Sp) joint-stock company
sociedad anónima cerrada
   (Ch) closely held corporation
sociedad anónima nacional
   (Ch) domestic corporation
sociedad colectiva (Sp) partnership
sociedad comanditaria limited
   partnership
   (Sp) partnership
sociedad constituida en otra
   jurisdicción (Ar) alien
   corporation
sociedad de control (Mex) holding
   company
sociedad de control bancaria bank
   holding company
sociedad de fideicomiso
   (Mex) trust company
sociedad de gerencia administrativa
   administrative management society
sociedad de gestión administrativa
   administrative management
   society
sociedad de inversiones estable
   balanced mutual fund
sociedad de inversiones limitada
   closed-end mutual fund
sociedad de pocos socios
   (Ven) closely held corporation
sociedad de responsabilidad
   limitada (S.L.) (Sp) limited
   company
sociedad en comandita por acciones
   (Sp) joint-stock company
sociedad en comandita privada
   private limited partnership
sociedad en nombre colectivo
   (Mex) partnership
sociedad en participación joint
   venture
sociedad filial controlled company
   (Sp) affiliated company
sociedad general de inversiones
   (Ven) trust, general management

sociedad inmobiliaria
(Ar) developer
sociedad matriz (Sp) parent
company
**sociedad mercantil defraudadora
de impuestos** (Ven) collapsable
corporation
sociedad no consolidada
(Mex) unconsolidated subsidiary
sociedad/compañía financiera
finance company
sociedad por acciones (Ar) joint-
stock company
sociedad por acciones cerradas
(Ar) closely held corporation
sociedad sin acciones
(Ven) nonrenewable natural
resources
sociedad sin fines de lucro
(Ven) nonprofit corporation
sociedad tenedora holding company
sociedad urbanizada (Ar) developer
, **socio** partner
socio capitalista
(Mex) (Sp) silent partner
(Ven) general partner
socio comanditario limited or
special partner
socio de reciente incorporación
junior partner
socio general general partner
socio menor junior partner
socio moderno (Sp) junior partner
socio oculto silent partner
socio regular general partner
socio solidario general partner
socios ordinarios (Ar) rank and file
software de aplicación
application software
software de contabilidad
accounting software
solicitado asked
solicitar (Sp) petition
solicitud (Sp) petition
solicitud de fondos application of
funds
solicitud de préstamo loan
application
solicitud de propuesta

(Ch) (Ven) request for proposal
(RFP)
solvencia solvency
(Ar) credit rating
solvencia crediticia (Ven) credit
rating
solventar (Sp) settle
someter al vendedor (Ven) put to
seller
soplón (Ven) stool pigeon
soporte (Sp) medium
sorteo (Sp) sweepstakes
sostén de la familia breadwinner
sostenido firm
status status
suavización de datos exponencial
exponential smoothing
subarrendamiento
(Ar) (Mex) sublease
subarrendar sublet
subarrendatario (Sp) subtenant
subarriendo sublease
subasegurado (Ar) underinsured
subasta tender
subasta holandesa dutch auction
subasta/venta de liquidación
auction or auction sale
subastar (Sp) auction
subcapitalización ndercapitalization
subclase underclass
subcontratista subcontractor
subdivide, el que (Ven) subdivider
subdividir subdividing
subdivisión subdivision
subempleado underemployed
subida de voltaje (Ch) power surge
subíndice (Mex) subscript
subinquilino subtenant
subir upload
submarginal submarginal
suboptimizar suboptimize
subordinación subordination
subordinado subordinated,
dependent
subproducto by-product
subprograma (Mex) subroutine
subremuneración (Ven) underpay
subrogación subrogation
subrutina subroutine

subscribir subscribe

subscripción de fondos application
   of funds

subscriptor subscriber

subscrito (Ch) subscript

subsidiaria no consolidada
   (Ar) (Ch) (Ven) unconsolidated
   subsidiary

subsidiario subsidiary

subsidio grant, subsidy

subsidio específico specific subsidy

subsistencia subsistence

subtotal subtotal

subvalorado undervalued

subvención merchandise allowance,
   grant, subsidy
   (Ven) volume

sucesión inheritance

sucesión en la utilización de tierras
   (Ar) (Ch) land-use succession

sucursal agency

sucursal de una cadena de
   establecimientos chain store

sueldo pay, salary, wage
   (Ch) stipend, stipendiary
   (Mex) breadwinner

sueldo base (Ar) base rate pay

sueldo líquido (Ch) take-home pay

sueldo neto (Sp) take-home pay

sueldo(s) atrasado(s) back pay

suficiencia de campo de aplicación
   adequacy of coverage

suficiencia de cobertura
   adequacy of coverage

sufrir un revés (Ven) take a bath,
   take a beating

sufrir una pérdida considerable
   (Ch) (Mex) take a bath, take a
   beating

sujeto a hipoteca subject to
   mortgage

suma alzada (Ch) lump sum

suma anterior carryover

suma de dividendos dividend
   addition

suma de verificación (Mex) hash
   total

suma global lump sum

suma horizontal cross-footing

suma redondeada (Sp) lump sum

suma/total de una columna
   (Ar) footing

sumar en forma cruzada
   (Mex) cross-footing

suministro (Mex) supply

superávit surplus

superávit agrícola farm surplus

superávit donado donated surplus

superávit/excedente de capital
   capital surplus

superávit pagado paid-in surplus

superávit restringido restricted
   surplus

superficie cultivada (Ar) acreage

superficie en acres (Ar) acreage

superfondo superfund

superintendente superintendent

supermercado supermarket

supermercado financiero financial
   supermarket

supervisor (Mex) principal

supervivencia survivorship

suplemento addendum

suplemento de una póliza
   (Sp) rider

suplir (Mex) supply

suposición hypothesis

suposición alterna alternative
   hypothesis

suposición hipotecaria mortgage
   assumption

suprimir abrogate, disaffirm

surtido de productos product mix

susceptible de ser asegurado
   insurability

suscribir subscribe

suscripción subscription

suscripción sin garantía
   (Mex) writing naked

suscriptor drawer, underwriter

suscriptor a prueba
   (Ar) (Mex) trial subscriber

suscriptor de prueba (Ven) trial
   subscriber

suspender a un empleado lay off

suspender el pago (Sp) stop
   payment

suspensión suspension, substitution

T

tabla de acciones más cotizadas
(Ch) big board
tabla de contingencias
contingency table
tablas de demanda demand
schedule
tablas de mortalidad mortality
tables
tabla descriptiva index
tablet tablet
tablón wall, noticeboard
tabulación cruzada cross
tabulation
tabulador de salarios (Mex) wage
rate
tácito implied contract
táctica tactic
táctica obstruccionista
(Ven) stonewalling
tal cual (Sp) as is
talón (Sp) receipt
talón de cheques check stub
talón de ferrocarril (Sp) waybill
taller shop
taller de ferrocaril roundhouse
taller múltiple (Ar) multiple shop
tanteo trial and error
tanto alzado lump sum
tanto por ciento (Sp) percent
taquilla desk
tarifa rate, scale, tariff
tarifa a destajo piece rate
tarifa combinada de envío through
rate
tarifa conjunta joint fare, joint rate
tarifa fija (Ar) flat rate
tarifa rebajada (Ch) supersaver
fare
tarifa según contador (Ven) meter
rate
tarifa super económica
(Ch) supersaver fare
tarifa tentadora (Mex) teaser rate
tarifario rate

tarifas por carros completos
(Ven) carload rate
tarifas y clasificaciones (Ch) rates
and classifications
tarjeta (Mex) job ticket
tarjeta de anuncios (Ven) rate
card
tarjeta de crédito credit card
tarjeta de horas trabajadas job
ticket
tarjeta de pedidos
(Ar) (Ch) (Mex) (Ven) order card
tarjeta de respuesta comercial
(Mex) (Ven) business reply card
tarjeta de respuesta de negocios
business reply card
tarjeta de tiempo (Mex) time card
tarjeta laboral job ticket
tarjeta para registrar horas de
trabajo time card
tarjeta tarifa (Ven) rate card
tasa duty, rate
tasa al por menor (Ven) retail rate
tasa anualizada annualized rate
tasa combinada blended rate
tasa comercial trade rate
tasa contractual contract rate
tasa contributiva efectiva effective
tax rate
tasa crítica de rentabilidad
(Ar) hurdle rate
tasa de absorción absorption rate
tasa de ahorros savings rate
tasa de alquiler rental rate
tasa de ausencia absenteeism
tasa de cambio exchange rate
tasa de cambio de divisa flotante
floating currency exchange rate
tasa de cambio flotante floating
exchange rate
tasa de capitalización
capitalization rate
tasa de carga de un carro
carload rate

tasa de crecimiento growth rate
tasa de descuento discount rate
tasa de descuento ajustada por riesgo risk-adjusted discount rate
tasa de crecimiento compuesta compound growth rate
tasa de crecimiento económico economic growth rate
tasa de fondos federales federal funds rate
tasa de inflación inflation rate
tasa de inflación de 10% o más (Ar) double-digit inflation
tasa de interés interest rate
tasa de interés anual (Ar) annual percentage rate (APR)
tasa de interés nominal face interest rate, nominal interest rate (Ar) (Ch) (Mex) face interest rate
tasa de interés para fondos federales (Ar) federal funds rate
tasa de interés para préstamos preferenciales (Sp) prime rate
tasa de interés preferencial prime rate
tasa de interés variable variable interest rate
tasa de menudeo (Ar) retail rate
tasa de porcentual anual (TPA) annual percentage rate (APR)
tasa de préstamo de corredor broker loan rate
tasa de prima premium rate
tasa de producción production rate
tasa de recaptura (Ch) recapture rate
tasa de redescuento rediscount rate
tasa de reinversión reinvestment rate
tasa de remesa (Ven) remit rate
tasa de remisión (Ar) remit rate
tasa de rendimiento antes de impuestos pretax rate of return
tasa de rendimiento contable accounting rate of return
tasa de rendimiento de administración financiera financial management rate of return (FMRR)
tasa de rendimiento equitativa fair rate of return
tasa de rendimiento global overall rate of return
tasa de rendimiento interno internal rate of return (IRR) (Sp) yield-to-mature (YTM)
tasa de rendimiento real real rate of return
tasa de rendimiento real después de impuestos (Mex) after-tax real rate of return
tasa de rendimiento real posterior a impuestos after-tax real rate of return
tasa de rendimiento requerida required rate of return
tasa de rentabilidad interna internal rate of return (IRR)
tasa de rescate (Ven) recapture rate
tasa de retorno (Ar) current yield (Mex) accounting rate of return
tasa de retorno asegurada (Ar) locked in
tasa de una sola vez one-time rate
tasa de vacantes vacancy rate
tasa efectiva effective rate
tasa enigmática (Ven) teaser rate
tasa fiscal (Mex) tax rate
tasa fiscal/impositiva real (Mex) effective tax rate
tasa hipotecaria ajustable adjustable-rate mortgage (ARM)
tasa hipotecaria renegociada (Ar) renegotiated rate mortgage (RRM)
tasa impositiva tax rate
tasa impositiva marginal marginal tax rate
tasa impositiva media (Ar) average tax rate
tasa interna de retorno (TIR) (Ar) (Ch) internal rate of return (IRR)
tasa neta net rate
tasa oficial de cambio (Sp) official exchange rate

tasa por unidad de consumo meter
rate
tasa prima (Mex) prime rate
tasa promedio de impuestos
(Ch) average tax rate
tasa reducida reduced rate
tasa salarial wage rate
tasa salarial estándar
(Ar) standard wage rate
tasa según contador meter rate
tasa única (Ch) flat rate
tasa uniforme flat rate
tasable rateable
tasación dividends, valuation
(Ar) (Ch) appraisal
(Ven) interest on taxation
tasación de experiencia experience
rating
tasador (Ar) (Ch) (Sp) appraiser,
adjuster
(Ar) assessor
tasador independiente
(Ch) independent adjuster
tasar (Ar) (Ch) (Sp) appraise
(Sp) rate
(Ar) assess
tasas de mercado libre
(Ven) open-market rates
tasas fijadas por el mercado libre
(Ar) open-market rates
taza impositiva expresada mileage
rate
techo (Sp) cap
tecla key
tecla Alt Alt key
tecla bloq mayus Caps Lock key
tecla Bloq Num Num Lock key
tecla de control control key (Ctrl)
tecla de retroceso Backspace key
tecla Escape Escape key (esc)
tecla Inicio Home key
tecla Mayus Shift key
tecla suprimir delete key (del)
tecla Tab Tab key
teclado keyboard
teclado QWERTY QWERTY
keyboard
técnica technology
técnica contable (Mex) accountancy

técnica de contabilidad
(Mex) accountancy
técnicas mercantiles merchandising
tecnología technology
tecnología avanzada high
technology
techo caps
techo salarial wage ceiling
tejidos dry goods
telecomunicaciones
telecommunications
telegrama diferido (Ar) night letter
telemarketing (Mex) telemarketing
telemercadeo telemarketing
teletrabajar telecommute
tema (Ch) issue
tendencia trend
tendencia a largo plazo long-term
trend
tendencia al alza (Ven) uptrend
tendencia alcista (Ar) (Mex) uptrend
tendencia ascendiente (Ch) uptrend
tendencia central central tendency
tendencia en el flujo de pedidos
(Ch) order flow pattern
tenedor occupant, payee
(Mex) tender
tenedor de acciones (Sp) stockholder
tenedor de buena fe
(Ven) holder in due course
tenedor de libros bookkeeper
(Sp) accountant
tenedor de opciones option holder
tenedor de póliza policy holder
tenedor de un inmueble tenant
tenedor legal holder in due course
tenedor legítimo (Ven) holder in due
course
tenedor registrado holder of record
tenencia occupation, occupancy,
tenancy
tenencia conjunta joint tenancy,
cotenancy
tenencia conjunta entre cónyuges
tenancy by the entirety
tenencia de tierras (Ar) tenure in
land
tenencia en sociedad tenancy in
common

tenencia exclusiva (Ch) tenancy in severalty
tenencia mancomunada joint tenancy
tenencia mes a mes (Ch) month-to-month tenancy
tenencia por años (Ch) (Ven) tenancy for years
tener vigencia run
teoría de cartera de valores portfolio theory
teoría de cartera de valores moderna modern portfolio theory (MPT)
teoría de conjunto de derechos (Ven) bundle-of-rights theory
teoría de la propiedad (Mex) title theory
teoría de motivación externa field theory of motivation
teoría de título (Ven) title theory
teoría del eslabón más débil (Ven) weakest link theory
tercer mercado third market
tercera parte (Sp) third party
tercería (Sp) arbitration (Ven) interpleader
tercerización (Ar) outsourcing
tercero third party
tercero portador holder in due course
tergiversación twisting
terminación (de un período) fulfillment
término term
términos terms
terrateniente landlord
terreno tract
terreno al borde de frontage
terreno entre una casa y la carretera frontage
terreno mejorado improved land
terreno ocioso (Ven) vacant land
terreno sin mejoras raw land
terreno vacante (Ar) vacant land
terrenos (Sp) land
tesorería cash
tesorero treasurer
tesoro nacional (Ar) national wealth
testado (Ch) (Mex) (Ven) testate

testador (Sp) testator
testaferro (Mex) straw man
testamento testament, will
testar bequeath
testimonio affidavit (Ar) testimonial
testimonium testimonial
textear text
texto text
texto obligatorio mandatory copy
tiburón (Sp) raider
ticket de trabajo (Ar) job ticket
tiempo compartido (Sp) time-sharing
tiempo compensatorio compensatory time
tiempo concedido allowed time
tiempo de acceso access time
tiempo de descanso (Ven) off time
tiempo de detención (Ch) downtime
tiempo de ejecución (Ar) lead time
tiempo de espera de entrega tras la orden lead time
tiempo de respuesta (Sp) turnaround time
tiempo de suspensión downtime
tiempo doble double time
tiempo extra (Mex) overtime
tiempo libre (Ch) (Mex) off time
tiempo muerto dead time, downtime
tiempo ocioso downtime
tiempo permitido allowed time
tiempo suplementario overtime
tiempo y medio time-and-a-half
tienda shop, store
tienda con variedad de productos variety store, neighborhood store
tienda de ventas a descuento de mercancía outlet store
tienda especializada specialty shop
tienda independiente (Mex) independent store
tienda o negocio familiar (Mex) Mom and Pop store, retail outlet
tierra vendible land
timbrar (Sp) seal
timbre seal

tipo rate
tipo de cambio exchange rate
tipo de cambio oficial official
   exchange rate
tipo de descuento discount rate
tipo de interés interest rate
tipo de interés combinado blended
   rate
tipo de interés nominal
   (Sp) nominal interest rate
tipo de interés preferencial
   (Sp) prime rate
tipo de interés real
   (Sp) real interest rate
tipo de interés variable
   (Sp) variable interest rate
tipo de la par at par
tipo de redescuento
   (Sp) rediscount rate
tipo de sueldo estándar
   (Ch) standard wage rate
**tipo porcentual anual sobre
   descubiertos** (Sp) annual
   percentage rate (APR)
**tipografía de procesamiento
   automático** wraparound type
titular de las acciones
   (Sp) stockholder of record
titularidad ownership
título charter, debenture, title, deed
título asegurable insurable title
título de constitución de hipoteca
   (Sp) trust deed
título de garantía especial
   (Ar) special warranty deed
título de guardián guardian deed
título de propiedad muniment of
   title
   (Mex) deed, evidence of title
   (Sp) title
**título de propiedad defectuoso/
   imperfecto** (Ven) bad title
título defectuoso defective title
título imperfecto bad title
título limpio/seguro/válido
   (Ven) marketable title
título nominativo (Sp) registered
   bond
título o bono al portador bearer

bond
**título por valor inferior a 1.000
   dólares** (Ar) baby bond
título seguro/limpio clear title
título válido/seguro good title
título valor (Ar) wallflower
título valor firme (Ar) defensive
título valor firme (Ar) defensive
   securities
títulos (Sp) securities
títulos negociables (Sp) negotiable
   instruments
títulos negociables float
títulos valores (Ven) securities
títulos con garantía hipotecaria
   (Sp) mortgage-backed security
títulos de crédito a corto plazo
   commercial paper
título-valor de renta fija responsiva
   (Sp) bond
tocar fondo bottom
todo riesgo/todo peligro all risk/all
   peril
toma (Ar) taking
toma de posesión accession
toma el control takeover
tomador (Sp) receiver payee
tomar inventario taking inventory
tomar/adoptar posición
   (Mex) take a position
tomar una decisión
   (Ch) take a position
tomar una posición
   (Ch) take a position
tonelaje bruto (Ven) gross ton
tonelada larga gross tonnage
tope (Ar) caps
tope salarial (Sp) wage ceiling
topógrafo (Ch) (Ven) surveyor
tormenta de ideas brainstorming
total de control hash total
total de una suma footing
total pagado (Ch) (Ven) total paid
total parcializado (Mex) hash total
trabajador clerk
   (Ch) employee
trabajador a destajo (Ven) jobber
trabajador ambulante itinerant
   worker

trabajador de producción
production worker
trabajador en el campo de servicios
(Ch) service worker
trabajador eventual
(Ar) (Mex) casual laborer
trabajador manual blue collar
trabajador migratorio migrant
worker
trabajador modelo (Mex) pacesetter
trabajador ocasional/temporero
casual laborer
trabajador temporal/itinerante
(Ven) itinerant worker
trabajadores agremiados
organized labor
trabajadores sindicados organized
labor
trabajar labor
trabajo job, labor
trabajo a destajo piece work
trabajo compartido (Mex) job
sharing
trabajo de aprendiz entry-level job
trabajo en proceso
(Ch) (Ven) work in progress
trabajo por pieza (Mex) piece work
trabajo sin porvenir dead-end job
trabajo/empleo sin futuro
(Ven) dead-end job
trabajos especiales (Ven) special
assignment
tracto (Mex) tract
traducir translate
tráfico (Sp) trade
tráfico de influencias (Ven) undue
influence
traición treason
tramitador dispatcher
tramitar administrar
trámites burocráticos excesivos
red tape
tramo de impuestos
(Ch) tax bracket
tranquilidad del ambiente
(Mex) scenic easement
transacción acquisition, settlement,
transaction
transacción bursátil de menos de

cien acciones odd lot
transacción entre iguales
(Ar) arm's length transaction
transacción entre partes
relacionadas related party
transaction
transacción garantizada secured
transaction
transacción imparcial arm's length
transaction
transacción neta net transaction
transacción programada program
trade
transacciones excesivas overtrading
transar settle
transferencia conveyance, rollover
(Mex) transfer payment
(Sp) assignment
transferencia a título gratuito
voluntary conveyance
transferencia cablegráfica
(Mex) cable transfer
transferencia de ingresos
assignment of income
transferencia por cable cable
transfer
transferencia que salta
generaciones (Ch) generation-
skipping transfer
transferencia voluntaria voluntary
conveyance
transferencias a título gratuito
gift deed, gift tax
transferir forward
transformación conversion
transgresión (Mex) (Ven) trespass
transmisión alienation
transmisión de bienes descent
transmitir convey
transnacional transnational
transportación transportation
transportador carrier
transportador público common
carrier
transportar convey
transporte conveyance,
transportation
transporte por camión cartage
transporte por medio de barcazas

lighterage
transportista carrier
transportista interior inland
  carrier
transportista terrestre inland
  carrier
**traslado de pérdidas a ejercicios
  anteriores** (Ar) loss carry
  back
**traslados de pérdidas a ejercicios
  futuros** (Ar) loss carry forward
traspasar los límites (Ch) trespass
traspaso (Sp) assignment
tratante (Sp) trader
tratar (Sp) trade
tratar con banco bank
trato justo   fair trade
trayectoria aleatoria
  (Ven) random walk
trazador plotter
  (Ar) trace, tracer
trecho (Ch) tract

tribunal aduanero customs
  court
tribunal de apelaciones
  appellate court (appeals court)
tribunal de equidad chancery
tribunal de registro/autos
  court of record
tributación (Ar) (Ven) taxation,
  interest on dividends
tributo tax
tributo regresivo
  (Sp) regressive tax
trimestralmente quarterly
trocha (Ven) tract
trueque barter, exchange
  (Ven) permutations
truncamiento truncation
turno shift
turno de noche graveyard shift
turno de tarde swing shift
turno rotativo (Ar) rotating shift
twittear tweet

U

última entrada-primera salida
(Sp) last in, first out (LIFO)
última voluntad (Sp) will
umbral de rentabilidad
(Ven) break-even point
unidad unit
unidad (peso, medida, etc.)
denomination
unidad central de proceso (CPU)
central processing unit
unidad completa de transacción
round lot
unidad de gestión bargaining unit
unidad de mando unity of command
unidad de negociación bargaining
unit
unidad de transacción trading unit,
unit of trading
unidad incompleta de transacción
odd lot
unidad modelo model unit
unión annexation, incorporation
unión abierta open union
unión horizontal horizontal union
unir incorporate, merge
urbanización land development
urbano urban
uso rundown
uso de instalaciones portuarias
docking
uso intensivo de bienes de capital
capital intensive
uso no conforme a la zonificación
nonconforming use
uso preexistente preexisting use
uso público public use
uso y desgaste (Sp) wear and tear
usuario suburbano (Mex) commuter
usufructuario beneficial owner
usufructuario vitalicio life tenant

usura usury, attrition
usurpación encroachment
usurpar encroach
utilidad gain, profit
utilidad antes de impuestos
(Mex) pretax earnings
utilidad de explotación operating
profit
utilidad de operación
(Mex) operating profit
utilidad imponible (Sp) taxable
income
utilidad marginal marginal utility
utilidad neta (Mex) net profit
(Sp) net income
utilidad por acción ordinaria
(Ar) net income per share of
common stock
utilidad por acción ordinaria antes
de dilución primary earnings
per (common) share
utilidad preimpositiva
(Ar) earnings before taxes
utilidades income
utilidades acumuladas
(Mex) retained earnings
utilidades anuales
(Ch) annual earnings
utilidades incorporadas
(Ar) retained earnings
utilidades incorporadas,
distribuidas retained earnings,
appropriated
utilidades no realizadas (Sp) paper
profit (loss)
utilidades retenidas no distribuidas
(Mex) unappropriated retained
earnings
utilidades retenidas retained
earnings

V

vaca lechera cash cow
vacante vacant
  (Ar) unoccupancy
vacío inflacionario inflationary gap
vacío legal (Sp) loophole
vagón cisterna
  (Ar) (Mex) (Ven) tank car
vale promissory note
  (Sp) note
vale de dividendos (Mex) liability
  dividend
vale/bono de descuento coupon
  bond
vale vista (Ch) cashier's check
  sight draft
valía (Sp) value
válido valid
valor effective date, rate, value,
  worth
valor a cambio (Ch) (Ven) value
  in exchange
valor a la par par value
valor activo neto net asset value
  (NAV)
valor actual present value
valor actual de 1
  (Ar) (Mex) (Ven) present value
  of 1
valor actual de anualidad present
  value of annuity
valor base tributario ajustado
  (Ch) adjusted basis or adjusted
  tax basis
valor bursátil colateral
valor capitalizado capitalized value
valor catastral (Sp) assessment
valor combinado blended value
valor comercial (Sp) market value
valor comparable comparable
  worth
valor contable (Ar) depreciated
  cost
valor contable book value
valor contable neto (Sp) net book

value
valor contable reducido
  (Ar) (Mex) written-down value
valor corriente de mercado
  current market value
valor de cambio (Mex) value in
  exchange
valor de cotización (Sp) market price
valor de desecho (Sp) residual
  value, salvage value
valor de liquidación liquidating
  value
valor de mercado market value
valor de p p value
valor de refugio hedge
valor de rescate cash surrender
  value
  (Sp) salvage value
valor de rescate en efectivo
  (Ven) cash surrender value
valor declarado
  (Mex) stated value
valor del interés que tiene el
  arrendatario en la propiedad
  leasehold value
valor del mercado actual current
  market value
valor del préstamo loan value
valor del tiempo time value
valor después de un castigo
  (Ch) written-down value
valor económico economic value
valor efectivo de mercado
  (Sp) actual cash value
valor efectivo neto (Ven) effective
  net worth
valor en dólares de últimas
  entradas dollar value LIFO
valor en el mercado market value
  (Sp) market price
valor en intercambio (Ar) value
  in exchange
valor equitativo de venta fair
  market value

321

valor esperado expected value

valor establecido stated value

valor establecido por el mercado objective value

valor facial face amount

valor imputado/ingreso imputado imputed value or imputed income

valor inactivo inactive stock or inactive bond

valor intangible intangible value

valor intrínseco intrinsic value

valor justo de mercado fair market value

valor justo en el mercado market price, market value

valor legal (Mex) legal tender

valor mínimo de variación (Sp) tick

valor monetario real (Ven) actual cash value

valor neto de realización (Mex) net proceeds

valor neto efectivo effective tax rate

valor neto negativo deficit net worth

valor neto en libros (Mex) (Ven) net book value

valor no cotizado en una bolsa over the counter (OTC)

valor nominal denomination, face amount, face value, par, par value

valor nominal neto (Sp) principal

valor/acción de crecimiento growth stock

valor/ingreso presunto (Ch) imputed value or imputed income

valor objetivo objective value

valor parcialmente amortizado (Ven) written-down value

valor poco cotizado (Mex) wallflower

valor por escasez scarcity, scarcity value

valor presente neto net present value (NPV)

valor previsto expected value

valor real de mercado (Mex) fair market value

valor real del dinero real value of money

valor real en efectivo actual cash value

valor realizable neto net realizable value

valor residual residual value, salvage value

valor reversionario reversionary value

valor revertido (Ar) reversionary value

valor según libros book value, depreciated cost

valoración assessment, valuation (Ar) appreciation (Sp) appraisal

valoración de deficiencia assessment of deficiency

valorar assess

valores securities

valores bursátiles (Sp) listed securities

valores circulantes floating securities

valores cotizables (Sp) listed securities

valores cotizados listed securities (Mex) marketable securities

valores de caja (Ar) cash basis

valores de primer nivel glamour stock

valores de primera clase (Ar) blue-chip stock

valores de rango superior senior security

valores de una serie cronológica (Mex) time series data

valores en cartera portfolio

valores exentos exempt securities

valores exentos de impuestos tax-exempt securities

valores flotantes floating securities

valores inscritos en bolsa (Sp) listed securities

valores mobiliarios (Sp) securities

valores negociables marketable securities

valores no cotizados unlisted security

valores/efectos negociables (Ar) eligible paper

valores registrados registered securities

valores respaldados por hipotecas mortgage-backed security

valores seguros (Mex) defensive securities (Ven) blue-chip stock

valores sin certificados book-entry securities

valores subordinados junior securities

valores subyacentes underlying securities

valuable (Sp) rateable

valuación appraisal, valuation (Ar) appreciation

valuación base (Ar) rate base

valuación evaluada assessed valuation

valuación fiscal (Ar) rateable

valuador appraiser

valuar appraise

variable dummy, variable

variable ascendente (Mex) upwardly mobile

variable con índice (Mex) subscripted variable

variable suscrito (Ven) subscripted variable

variables independientes independent variables

variación change, fluctuation, variance

variación cíclica cyclic variation

varianza variance

variar el precio según las noticias discount the news

velo corporativo corporate veil

velocidad velocity

velocidad en baudios baud rate

vencer (Mex) accrue

vencido payable

vencido y pendiente de pago delinquent

vencimiento abandonment, expiration, maturity

vencimiento a largo plazo going long

vencimiento a medianoche midnight deadline

vencimiento original original maturity

vendedor salesperson

vender market, merchandise

vender al por menor retail

vender bajo presión sell off

vender corto going short

vender corto contra la caja (Ar) against the box

vendible merchantable

vendido rápidamente blowout

venta sale (Ar) (Mex) divestiture

venta a domicilio house-to-house selling

venta a plazos installment sale

venta a precio mayor que la anterior plus tick

venta a terceros (Ch) third-party sale

venta absoluta absolute sale

venta al descubierto against the box

venta al por menor retail

venta casi inmediata debido a la gran demanda (Ar) blowout

venta con pérdidas en el mercado exterior dumping

venta condicional conditional sale

venta de activos divestiture

venta de artículos selectos o de calidad (Ven) specialty selling

venta de descuento dutch auction, discount window

venta de liquidación clearance sale

venta de propiedad por incumplimiento de los deberes impositivos tax sale

venta de puerta en puerta (Ven) house-to-house selling

venta de saldos clearance sale

venta de terceros (Ar) (Ven) third-party sale

venta de títulos float

venta directa al menudeo
(Mex) nonstore retailing
venta en abonos (Mex) installment
sale
venta especializada
(Ar) (Ch) specialty selling
venta ficticia wash sale
venta forzada forced sale
venta incondicional (Ven) absolute
sale
venta judicial judicial foreclosure
or judicial sale
venta más reciente last sale
venta o cambio (Ven) sale or
exchange
venta o canje (Ch) sale or
exchange
venta o intercambio (Ar) sale or
exchange
venta personal personal selling
venta por abajo de la mesa
(Mex) under the counter
venta pública public sale
ventaja gain
(Mex) leverage
ventaja absoluta absolute
advantage
ventaja diferencial differential
advantage
ventana window
ventana de aplicación application
window
ventanilla de descuentos
(Ven) discount window
ventas (Sp) sales revenue
ventas al descubierto (Sp) short
covering
ventas al detalle sin tienda
(Ch) nonstore retailing
ventas directas direct sales
ventas en el mercado paralelo
(Ven) over-the-counter retailing
ventas netas net sales
**ventas tras alzas significativas a
corto plazo de valores** profit
taking
verdadero real
veredicto mandado por el juez
directed verdict

verificación audit, check,
inspection
verificación de antecedentes
background check
verificación de paridad (Sp) parity
check
verificación interna internal check
verificador auditor, comptroller
verificar audit, check
vertiginoso (Ven) snowballing
vestigio (Ar) trace, tracer
vía (Mex) tract
viaje de retorno back haul
viajero frecuente (Ar) commuter
viajero(a) commuter
viáticos (Ch) (Ven) per diem
(Mex) subsistence
vicepresidente vice-president
vicio oculto latent defect
vida depreciable depreciable life
vida económica economic life
vida media (Mex) half-life
vida promedio (Ar) half-life
vida útil useful life
(Ch) depreciable life
vida útil de un activo economic
life
vidas útiles de referencia
(Ch) guideline lives
vigencia (Mex) term, effective date
vigente valid
(Sp) outstanding
violación breach, violation
(Ar) trespass
violación anticipada anticipatory
breach
violación de derechos
(Mex) (Ven) trespass
violación de garantía breach of
warranty
violación de patente (Ven) patent
infringement
violar breach, break
visión retrospectiva (Sp) review
viva voz (Sp) open outcry
viviendas en construcción housing
starts
viviendas en grupo cluster housing
vocero spokesperson

volátil volatile
volumen volume
volumen de negocio (Sp) turnover
volumen de trabajo atrasado
   (Ar) (Ven) backlog
volumen total total volume
voluntad will
volver a arrancar boot
volver a arrendar release
volver a comprar buyout
votación (Ar) ballot

votación cumulativa cumulative
   voting
votación de ir a la huelga
   (Ven) strike vote
votación obligatoria (Ar) statutory
   voting
votar ballot
voto acumulativo (Ar) cumulative
   voting
voto de huelga (Mex) strike vote
voto sindical (Mex) strike vote

WXYZ

zona de empleo zone of employment

zona de desarrollo empresial (Ven) enterprise zone

zona de pobreza (Ven) blighted area

zona franca (Ven) foreign trade zone, freeport

zonificación zoning

Order Form

Fax orders (Send this form): (443) 920-3540. Telephone orders: Call 1 (800)296-1961 [in Maryland: (301) 725-3906]
E-mail orders: schreiberpublishing@comcast.net
Mail orders to: Schreiber Publishing, PO Box 4193, Rockville, MD 20849 USA
Please send the following books, programs, and/or a free catalog. I understand that I may return any of them for a full refund, for any reason, no questions asked:

- **The Translator's Handbook** 8th Revised Edition - $25.95
- **Spanish Business Dictionary** 3rd edition - Multicultural Spanish - $24.95
- **German Business Dictionary** - $24.95
- **French (France and Canada) Business Dictionary** - $24.95
- **Chinese Business Dictionary** - $24.95
- **Japanese Business Dictionary** - $24.95
- **Russian Business Dictionary** - $24.95
- **Global Business Dictionary (English, French, German, Russian, Japanese, Chinese)** - $33.95
- **Spanish Chemical and Pharmaceutical Glossary** - $29.95
- **The Translator Self-Training Program** (circle the language/s of your choice): Spanish French German Japanese Chinese Italian Portuguese Russian Arabic Hebrew - $69.00
- **The Translator's Self-Training Program Spanish Medical** - $69.00
- **The Translator's Self-Training Program Spanish Legal** - $69.00
- **The Translator's Self-Training Program - German Patents** - $69.00
- **The Translator's Self-Training Program - Japanese Patents** - $69.00
- **Multicultural Spanish Dictionary** 3rd revised edition- How Spanish Differs from Country to Country - $24.95
- **21st Century American English Compendium** - The "Odds and Ends" of American English Usage - $24.95

Name: _____

Address: _____
_____

City:_____ State: _____ Zip:_____

Telephone: _____ e-mail: _____
Sales tax: Please add 5% sales tax in Maryland
Shipping (est.): $4 for the first book and $2 for each additional book
International: $9 for the first book, and $5 for each additional book

Payment: • Check • Credit card: • Visa • MasterCard
• •Amex • •Disc

Card number: _____

Name on card: _____ Exp. Date: ___/____